MENOPOZ

Dr. Akif Poroy
Kadın Hastalıkları ve Doğum Uzmanı

Alfa Yayınları **1701**
Başvuru - Hobi **35**

MENOPOZ

Dr. Akif Poroy
sexualth@superonline. com
akifporoy@yahoo.com

1. Basım : Mayıs 2006
ISBN : 975-297-757-X

Yayıncı ve Genel Yayın Yönetmeni M. Faruk Bayrak
Yayın Koordinatörü ve Editör Rana Gürtuna
Pazarlama ve Satış Müdürü Vedat Bayrak
Kapak Tasarımı Utku Lomlu

Bu kitaptaki bazı örnek olarak verilmiş alıştırma ve egzersizlerin, krem, yüz maskesi gibi tariflerin bir uzman gözetiminde yapılması uygundur. Bu kitapta yazılanlar genel bilgilerdir. Yanlış anlama veya yanlış uygulamalarınızdan dolayı, konunun uzmanı yanınızda olmadan tek başına yapacağınız çalışmalardan doğacak alerji ve diğer tüm sorunlardan yazar, editör ve yayınevi olarak sorumlu değiliz.

Alfa Basım Yayım Dağıtım Ltd. Şti.
Ticarethane Sokak No: 53 Cağaloğlu 34410 İstanbul, Turkey
Tel: (212) 511 53 03 - 513 87 51 - 512 30 46 Faks: (212) 519 33 00
www.alfakitap.com
info@alfakitap.com

Baskı ve Cilt
Melisa Matbaacılık
Çiftehavuzlar Yolu Acar Sanayi Sitesi No: 8 Bayrampaşa - İstanbul
Tel: (212) 674 97 23 Faks: (212) 674 97 29

İÇİNDEKİLER

HORMON TEDAVİSİ

KEMİK ERİMESİ: OSTEOPOROZ

KALP, ŞEKER HASTALIĞI, LİPİD, ALZHEİMER

MENOPOZ & KANSER

SAĞLIKLI MENOPOZ

ÖZEL YÖNTEMLER

ÖNSÖZ

Türkiye'de son yıllarda kadının ömrü uzamakta olduğu istatistik verileri ile saptanmaktadır. Bunun sonucu olarak menopoz ve menopoz sonrası yaşlarda olan kadın nüfus artmaktadır.

Menopoz yaş grubundaki kadınların çoğu menopozdaki şikâyetleri ile ilgili sağlıklı ve yeterli bilgiye ulaşamamaktadırlar. Menopozla ilgili günlük gazetelerde, haftalık dergilerde çıkan yazıların birçoğu çalakalem yazılmış tercümeler olduğu için anlaşılır yeterli bilgileri içermemektedir. Menopoz yaşlarında bulunan kadınlarımıza yardımcı olmak gayesiyle, menopoz ve menopoz sonrası oluşan sorunları ayrıntılı olarak irdeleyen, menopoz sorunlarına çare ve tedavi yöntemleri sunan bu kitabı sizler için hazırladım.

Menopozun belirtilerinden hormon tedavisine, kemik erimesinden menopozda kalp ve dolaşım sorunlarına, alzheimer hastalığından menopozdaki kanserlere, genç kalma yöntemlerinden antioksidanlara, menopozda cinsel sorunlardan kilo verme yöntemleri ve kaplıca tedavilerine kadar aklınıza gelen bütün soru ve sorunları ve çarelerini ayrıntılı olarak bu kitapta bulacaksınız. Kadın Hastalıkları ve Doğum Uzmanı olarak hem Türkiye'de hem de yurtdışında Amerikan ve Alman ekollerinde yıllardır edindiğim deneyimlerimi ve önerilerimi bilginize sunuyorum.

Menopoz ve sonrasındaki bayanlara faydalı bir kitap olduğu kadar, bu yaş grubu ile ilişkisi olan pratisyen hekimler, aile hekimleri, hemşireler, hastabakıcılar, yaşlı bakıcıları için özellikle bir rehber kitap olarak faydalı olacağı ümit ve düşüncesindeyim.

Dr. Akif POROY
Kadın Hastalıkları ve Doğum Uzmanı
Büyükada/Nişantaşı İSTANBUL
NİSAN 2006

GİRİŞ

Bütün memeli türlerinde dişinin doğurganlığı tükendiğinde dişi ölmektedir. Memelilerden olan insan türüne baktığınızda, kadınlar 19. yüzyıla kadar aşağı yukarı 50 yaş civarında ölmekte idiler. Bugün 21. yüzyılın başlarında ise, özellikle gelişmiş ülkelerde iyileşen yaşam ve sağlık koşulları nedeniyle kadınların ortalama ömrü 80'li yaşları geçmiştir. Türkiye'de de insanların bilinçlenmesi, yaşam koşullarının giderek iyileşmesi ve sağlığımıza daha fazla özen göstermemiz sonucunda, kadının ömrü uzamış, ortalama olarak 80'li yaşlara yaklaşmıştır.

Türkiye'de kadınların, kaba bir hesapla, ortalama olarak 50 yaş civarında menopoza girdiğini düşünürsek ve 80'li yaşlara kadar yaşayabileceğini varsayarsak, kadının yaşamının üçte birinin menopoz ve sonrası yıllarda geçtiğini görürüz. Diğer bir deyişle, kadın aşağı yukarı 30 yıl kadar menopoz ve sonrasında kadınlık hormonlarının artık vücutta yapılmadığı uzun bir yaşam bölümünün sorunları ile baş başa kalmaktadır. Bu nedenle birçok ruhsal ve bedensel sağlık sorunu kadının karşısına çıkmaktadır. Kadın bir taraftan ateş basması sıkıntıları ile ve âdetten kesilme sorunları ile uğraşırken, bir taraftan eski çekiciliğinin kaybolduğunu, cildinin bozulup kırıştığını görür. Sıkça idrar yoları iltihapları, cinsel sorunlar, tatminsizlikler oluşurken, uykusuzluk, sinirlilik hali eşi ile ilişkilerini de olumsuz etkiler. İlerleyen yıllarla beraber kemik ağrıları, kemik kırıkları, damar tıkanmaları, kalp sorunları, şişmanlama, oluşan urlar ve ne yapacağını bilmemek birçok kadını perişan eder. Halbuki bütün bu sorunların çaresi var. Modern tıbbın kadınlar için sunduğu büyük olanaklar var. En önemlisi, kadınların bu hormon eksikliği sonucu ortaya çıkan sorunlarını ortadan kaldıran güvenilir hormon tedavisi yapılan ilaçlar, bitkisel kökenli ilaçlar kullanılmakta.

Menopozla beraber ortaya çıkan bütün olumsuz belirtilere karşı geliştirilmiş modern ilaç ve tedavi yöntemleri artık kadının menopoz ve sonrası yaşam yıllarını, sağlıklı ve dinç bir şekilde huzurla geçirmesine olanak tanımaktadır.

Bu kitapta, menopozda oluşan bütün sorunları ve tedavisini, ayrıca genç kalmak için diğer yöntemleri ayrıntılı olarak bulacaksınız.

MENOPOZ NEDİR?

Menopoz, kadının yaşamında âdetten kesilme ile başlayan, ve ona rahatsızlıklar veren çok önemli bir yaşam bölümüdür. Bence menopozu bugün önemli kılan nedenlerin başında kadının ömrünün uzaması ve menopoz sorunlarını ortadan kaldırabilecek ilaçların olması gelir. Ve tabii ki kadınların yaşam kalitelerini artırma ve uzatma çabası...

Tıptaki gelişmeler kadınlara menopoz sırasında ve sonrasında konforlu bir yaşam hazırlamaktadır. Son yıllarda hormon tedavisi ile ilgili ortaya atılan tartışmalara da bu kitabımda konuyu detaylı olarak irdeleyerek açıklık getireceğim.

Menopozun sözcük anlamı aylık kanamaların durmasıdır. Kanamaların düzensizleşmeye başladığı zamana tıp dilinde "klimakteryum" denir. Önce kanamaların düzeni bozulur, sonra kanama tümüyle ortadan kalkar. Menopozla birlikte yaşam biçiminin de "önlenemez" biçimde değiştiğini belirttiği için yaşdönümü gibi terimler kullanılmaktadır. Türkiye'de ortalama olarak menopoz yaşı 50-55'tir.

Kitle iletişim araçlarının yönlendirmesi, aldıkları eğitim ve menopozun rahatsızlıklarını doğal olarak kabul eden yaşlı kadın akrabaların gösterdikleri tutum nedeniyle pek çok kadın menopozu katlanılması gereken, tedavi edilmeyecek bir durum olarak görür. Kuşkusuz bazı kadınların öbürlerinden daha fazla sorunları vardır, ama çoğu ne olduğunu bile ayırt etmeden menopozu yaşar. Kadınların büyük çoğunluğu ergenlik ve doğumla baş ettikleri gibi menopozla da baş ederler. Unutmayın ki menopoz, kadın yaşamının bir bölümünü noktaladığı gibi bir başka bölümünü de başlatır.

Menopozun bir başlangıç olması sizin elinizdedir; menopoz ileriye umutla bakış dönemi olmalıdır, mutsuzluk ve pişmanlık değil. Hatta bazı görüşlere göre menopoz istemeden gebe kalma korkusu ortadan kalktığı için, bazı kadınlar için cinselliğin daha rahat ve doyumlu yaşandığı bir tür ikinci balayı dönemidir diyebiliriz. Kendinize saygı duyun, güvenin. Yaşlılığın getirdiği ağırbaşlılık ve olgunlukla toplumda iyi bir yeriniz olduğunu bilin. Klimakteryum boyunca vücudunuzda neler olduğunu bilirseniz ve anlarsanız kendinize güveninizin artacağına, kuşkularınızın kaybolup gideceğine inanıyorum

Menopozun başlama yaşı değişkendir. Kadınların yüzde 50'si son âdetini 48 yaşına kadar görür. 56 yaşındaki kadınların yüzde 99'u âdetten kesilmiştir. 40 yaşlarının sonlarında kadın, çocuk yapma yeteneğini yitirmiştir. Çoğu kadın 50 yaşlarında âdetlerinin kesilmesini bekler. Beklenen menopoz yaşı MS altıncı yüzyıla dek uzanan tıbbi kayıtlara göre 50 civarı olmuştur.

Menopozun başladığı yaş aileye göre de değişir. Her kadının menopoz düzeni annesininkine benzer. İlk âdetin erken yaşta olması son âdetin geç olacağını düşündürür, ama menopozun ne olacağını tam olarak kestirmek olanaklı değildir. Menopozun yaklaşmakta olup olmadığını gösterecek basit ve karmaşık testler vardır. Bu testler kadın vücudundaki dişilik hormonu düzeylerini gösterir. En basit test dölyolu ağzından Pap smear yaptırmaktır; özel yöntemlerle boyayıp mikroskop altında incelendiğinde dölyolu hücrelerinden kadının hormonlarının oranı belirlenir. Bu da vücuttaki östrojen miktarına bağlıdır. Hipofiz hormonlarının düzeyini ölçmek için kan veya idrar ile daha karmaşık testler yapılabilir; ancak bu gereksiz, pahalı bir yöntemdir, daha ileri hormonsal incelemeler gerekirse yapılır.

Kadınlar, kuşaklar boyunca klimakterik dönemle birlikte görülen rahatsız edici belirtilere ve metabolik değişikliklere katlanmak zorunda kalmıştır. Fakat, menopozun yaşlanmanın doğal bir parçası olduğu kabul edilmekle birlikte klimakteryuma bağlı sorunların kaçınılmaz veya önlenemez olarak kabul edilmemesi gerektiği bilinmektedir. Uzun vadede ortaya çıkan osteoporoz, yani kemik erimesi gibi ciddi rahatsızlıklar göz önünde bulundurularak, yaşa bağlı diğer hastalıklar gibi ciddi bir hastalık olarak değerlendirilip bilinçli olarak tedavi edilmesi gerekmektedir. Klimakterik döneme giren, HRT (hormon replasman tedavisi) görmesinde bir sakınca olmayan tüm kadınlara eğer istiyorlarsa tedavi önerilebilir.

KADININ ANATOMİSİ

Kadının Cinsel Organları

Kadın cinsel organlarını veya diğer bir deyişle üreme organlarını aşağıdaki şekilde sıralayabiliriz:

1) Yumurtacık (ovulum) yapan yumurtalık (ovarium)
2) Yumurtacığı dölyatağına götüren yumurta kanalı (fallop borusu veya tuba)
3) Döllenmiş yumurtacığı büyüten dölyatağı (rahim) (uterus)
4) Kadında çiftleşme organı olan dölyolu, hazne (vajina) ve dış cinsel bölge küçük ve büyük dudaklardır.

Fizyolojik açıdan bakıldığında erkekte olduğu gibi dişide de üreme organları ikiye ayrılır: 1) Yumurta hücrelerinin oluştuğu yumurtalık (ovarium) üremenin esas organıdır. 2) Ergenlik devrinde belirli aralıklarla yumurtalıktan karın boşluğuna atılan

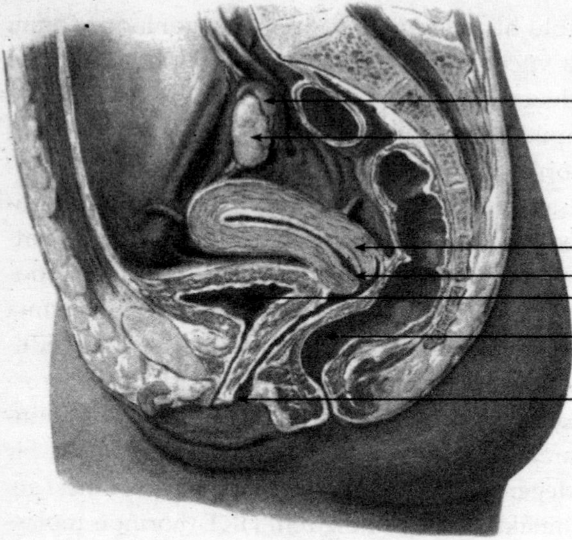

Kadın İç Cinsel Organları

yumurta hücrelerinin iletildiği ve ilkahın (dişi ve erkek hücrelerin birleştiği) yapıldığı yumurta kanalı, döllenme yeri dölyatağı (rahim) (uterus), cinsel birleşme sırasında kamışın girdiği dölyolu (hazne) (vajina), dış dudaklardan büyük dudaklar (labia majores) ve küçük dudaklar (labia minores) gibi cinsel organları oluştururlar. Bunlardan başka bütün memeli hayvanlarda olduğu gibi insanda da yeni doğan yavrunun beslenebilmesi için süt salgılayan memeleri de bu ikinci grup içinde sıralamak gerekir. Kadında dış cinsel organların tümüne vulva denir. Vulvanın kılla kaplı dış kısmına büyük ya da dış dudaklar denir. Dış dudaklar deri kıvrımlarından oluşan yağlı tabakaları içerirler. Vulvanın ortasında vulva yarığı adını alan bir çukurluk vardır ki, ortasına dölyolu ve idrar yolu açılır. Büyük dudaklar, önde Venüs tepesi denilen bir çıkıntı ile sonlanır. Büyük dudaklar arasında daha ince ve küçük olan küçük dudaklar yer alır. Küçük dudakların ön uçları klitoris denilen erektil organı çevreler. Klitoris, penisin yani kamışın, kadındaki karşılığıdır diyebiliriz.

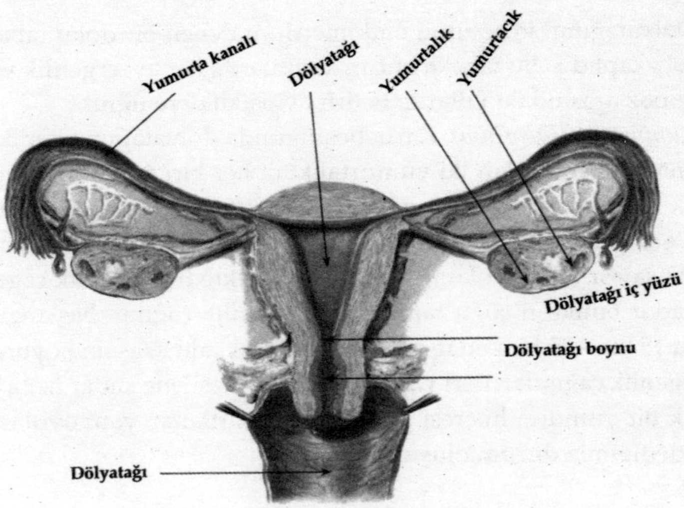

Kadın İç Cinsel Organları

Kamış gibi klitoris de cinsel birleşme sırasında sertleşir, kanla dolar. Klitoris cinsel açıdan gövdenin en duyarlı alanıdır.

Dölyolu (Hazne) (Vajina): Dölyolu, vulvadan dölyatağı boyuna kadar uzanan çok genişleyebilen mukoza ve kaslardan yapılı bir yoldur. İşlevi çiftleşme esnasında kamışı içerisine almaktır. Uzunluğu ortalama olarak 8 cm olup ön duvar 7, arka duvar 9 cm'dir. Bununla beraber 14 cm uzunluğunda dölyolu veya 4-5 cm dölyolu görülmüştür. Cinsel birleşmenin kısa dölyolunda çok zahmetli bir iş olacağı açıktır. Dölyolu genişliği 2.5 cm ise de çok genişleyebilir.

Dölyatağı (Rahim) (Uterus): Dölyatağı içi boş, duvarları kalın ve kasılabilir bir organ olup gebelik mahsulü burada gelişir. Dölyatağı, karın boşluğunun alt kısmında ve orta çizgi üzerinde mesane ile makat arasında, dölyolunun üstünde, bağırsakların altındadır. Önden arkaya basık bir balkabağına veya bir armuda benzetilebilir. Doğurmamışlarda dölyatağı 5-6 cm uzunluğundadır. Çok doğurmuşlarda uzunluk 6.5-7 cm'dir. Ağırlığı, doğurmamışlarda 40-50 gram olup doğurmuşlarda 60-70 gram olur.

Dölyatağının iç bölümü endometrium denen bir doku tabakasıyla kaplıdır. Bu tabaka bütün kadınlarda her ay, ergenlik ve menopoz arasındaki yıllarda belirli değişikliklere uğrar.

Yumurtalık (Ovarium): Karın boşluğunda dölyatağının her iki yanına yerleşmiş olan iki yumurtalıktan her biri 4-5 gram olup gerek büyüklüğü, gerekse görünüm olarak birer bademi andırır. Yeni doğmuş bir insanda, her iki yumurtalıkta bulunan yumurta sayısı 100 bin olarak tahmin edilmektedir. Ergenlik çağına kadar bunların çoğu tahrip olur, ergenlik çağının başlangıcında 15 bin - 35 binkadar yumurta hücresi kalır. Yaşam boyunca ergenlik çağından ileri yaşlarda âdetten kesilene kadar her ay ancak bir yumurta hücresi gelişerek yumurtlama, yani ovulasyon dediğimiz durum oluşur.

KADININ FİZYOLOJİSİ

Kadının fizyolojisini tümü ile inceleyecek olursak birkaç kitap yazmak gerekir. Menopozda en önemli belirti âdetin kesilmesidir. Bu nedenle burada sadece adet fizyolojisi ile ilgili kısa bilgi vermek istiyorum.

Özel bir yapı gösteren içsalgıbezlerinde veya bir hücre grubunda oluşarak kan yoluyla organizmanın her tarafına yayılan ve organların çalışmasında, metabolizma olaylarında etkili olan maddelere hormon diyoruz. Hormonlar birbirlerinin etkilerini destekleyerek veya önleyerek vücutta oluşan olayların normal sınırlar içinde devamını sağlar. Bunun işlemesinde sinir sisteminin ve vitaminlerin önemli rolünün olduğunun unutulmaması gerekir.

Cinsellik, âdet kanamasının düzenlenmesi ve üremeyle ilgili en önemli hormon bezleri beyindeki hipofiz ön bölümü ile karın boşluğundaki yumurtalıklardır. Hipofiz bezi beynin hemen altında "Cella Turcica" "Türk Eğeri" denen özel bir bölüm içinde yer alır ve yumurtalık hormonlarının salgılanmasını düzenler. Hipofiz ön lobu denen bölümünden salgılanan hormonlar ise beyindeki hipotalamus denen bölümdeki cinsel merkezin kumandası altında çalışır. Hipofiz ön lobundan salgılanan ve

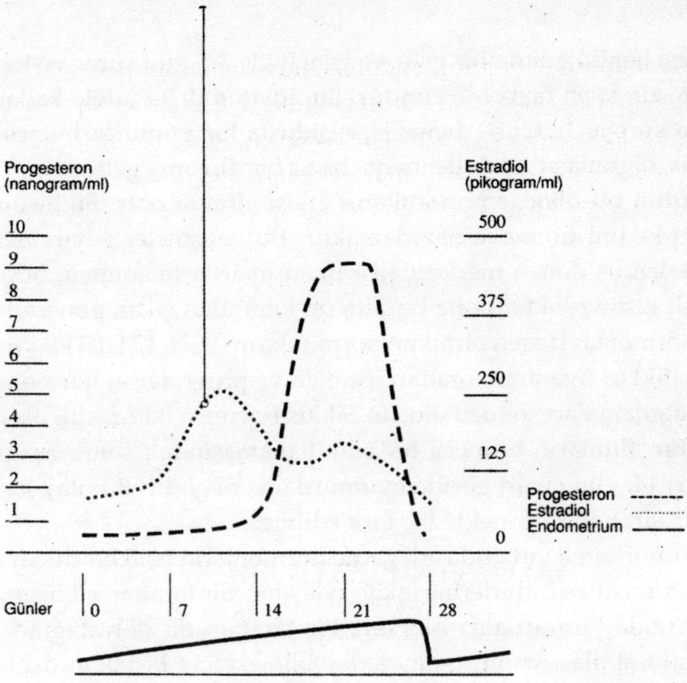

Âdet Düzeni Sırasında Hormon Düzeyleri

yumurtalıkların çalışmasına aracılık yapan hormonlara "gonadotrop hormonları" denir. Yumurtalıklarda salgılanan hormonlar ise östrojen ve progesteron hormonlarıdır.

Östrojen hormonu dişide ikincil cinsiyet niteliklerinin oluşmasını sağlar. Memeler gelişir, cinsel bölge ve koltuk altında kıllanma görülür, vücut yapısına ait özellikler belirir, ses kadınlara has tonunu kazanır. Ayrıca östrojen hormonu, kadının sinir sistemi ve ruhsal durumu üzerine de etkilidir.

Progesteron hormonunun ise genel anlamda en önemli görevi dölyatağına gebelik mahsulünün yerleşmesini, gelişme ve korunmasını sağlamaktır. Erginlik çağına gelip vücutta yapılan cinsel hormonlar belirli bir düzeye ulaştıktan sonra, âdet kanaması, belli bir düzen içinde her ay görülür. Normalde âdet kanaması her 28 günde bir gelir ve genellikle 3-5 gün sürer ve kanama süresi en fazla 6-7 gündür. Bir âdetten diğer âdete kadar geçen süreye "siklus" denir. Her siklusta bir yumurta hücresi gelişir, olgunlaşır ve döllenmeye hazır bir duruma gelir.

Bütün bu olaylar hormonların etkisi altında olur. Siklusun amacı kadını üremeye hazırlamaktır. Bu gelişmeler beyindeki hipotalamus denen merkezden kalkan uyarıların sonucu, beynin alt kısmındaki hipofiz bezinin ön lobundan çıkan gonodotrop hormonlar denen birtakım hormonların (FSH, LH, LTH) yumurtalıkları uyararak, oradan östrojen ve progesteron hormonları salgılamaları sonucu oluşur. Siklus boyunca iki önemli olay görülür. Bunların birincisi bir âdet kanamasından sonra aşağı yukarı 14. gün civarı görülen yumurtlama olayıdır. Bu olay kadınlar tarafından genelde hiç fark edilmez.

Yumurtlama yukarıda adı geçen hormonların belli bir düzeyde bulunuşu ve birbirlerine etkileriyle olur. Bir taraftan siklusun ortalarında yumurtlama olurken, bir taraftan da dölyatağında döllenmesi olası yumurtanın yerleşebilmesi için birtakım değişiklikler olur. Siklusun görülen ikinci önemli olayı ise âdet kanamasıdır. Eğer bu arada bir gebelik başlamazsa, aşağı yukarı 14 gün sonra dölyatağının gebeliğe hazırlanmış olan bu içyüzeyi gene hormonların belirli düzeylere ulaşması sonucu âdet kanaması şeklinde dışarı atılır. Âdet kanamasının fizyolojik sınırlar içinde olması için dölyatağının içyüzeyi yani endometrium, yumurtalıklar, beyindeki hipofiz ön lobu bölgesi ve hipotalamustaki odağın arasında uyumlu bir çalışma düzeni gereklidir.

HİPOTALAMUS-YUMURTALIKLAR

Kadınlarda, kadınlık hormonu ile hormonlarının çalışma merkezinin esası beyinde iç kısımda hipotalamus denilen bir bölgenin etkisi altında idare edilirler. Cinsellik, âdet kanamasının düzenlenmesi ve üreme ile ilgili kadının en önemli hormon bezleri beynin orta kısmında bulunan hipotalamusun altındaki hipofiz bölgesinin ön kısmı ve kadının cinsel organlarındaki yumurtalıklardır. Hipofiz bezi bütün dünya tıp kitaplarında yazıldığı gibi Latince ismi ile "Cella Turcica", yani "Türk Eğeri" denen özel bir bölüm içinde yer alır. Yumurtalıklardan kadınlık hormonlarının salgılanmasını düzenler. Bu hipofiz ön kısmından salgılanan hormonlar ise yukarıda değindiğimiz beyindeki hipotalamus denen bölümdeki cinsel merkezin kumandası altında çalışır. Eğer hipotalamustan salgılanan GnRH, yani Gonadotropin releasing hormonu bulunmasa, kadının diğer kadınlık hormonları da çalışmaz. Bu yukarıda değindiğimiz hormon neticesi hipofizin ön kısmından salgılanan Gonadotrop denilen hormonlar salgılanır. Bunlar da yumurtalıklarda östrojen ve progesteron denen kadınlık hormonlarının salgılanmasını sağlar. Ayrıntıları oldukça karmaşık olan bu sistemde, menopozla beraber bazı değişimler olur ve en önemli olarak âdet kesilmesi görülür. Bu hormonların imalatının durması menopozda görülecek diğer belirti ve sıkıntıların nedeni olurlar.

MENOPOZ BELİRTİLERİ

Âdet kanamaları başladıktan sonra yükselen FSH (folikül stimülan hormon) düzeyine yumurtalıklar her ay bir yumurta folikülü olgunlaştırarak yanıt verir. Luteinizan hormonun yükselmesi folikülü yırtarak olgunlaşan yumurtanın dışarı çıkmasını sağlar. Folikül önce östrojen, ovulasyondan sonra östrojen ve progesteron yapar. Menopoza doğru yumurtalıklar FSH'ye karşı direnç kazanır ve yanıt olarak yumurtayı olgunlaştırmaz. 30-40 yıl âdet gördükten sonra, kadının yumurtalıklarında bulunan yumurtalardan çoğu tükenmiş olur.

Hipofiz bezi kimi zaman yüksek düzeyde FSH salgılayarak yumurtalığın biraz daha çalışmasını sağlar. Sonunda yumurtalık tümden durur. Östrojen ve progesteron düzeyleri inip çıkar, arada bir âdet atlar, kanamalar azalır. Kimi zaman rahatsız edici belirtiler olur. Menopoz aşağıdaki biçimlerden herhangi birinde olabilir:

- Âdet kanamalarının aniden kesilmesi çok seyrektir. Kimi zaman bir âdet atlayana dek çok düzenli kanamalar olur; atlayan âdetten sonra bir daha hiç olmaz.

- Daha sık görüldüğü gibi, birkaç ay âdet görürsünüz, birkaç tane atlar; daha sonra birkaç normal âdet daha olur. Kanamaların arası uzar, sonunda kesilir.
- Âdet kanamalarınızın miktarı gittikçe azalır, süresi kısalır, sonunda durur.

50 yaşın altındaysanız ve 12 aydır âdet görmüyorsanız, 50 yaşın üzerindeyseniz ve altı aydır âdet görmüyorsanız âdetlerinizin tümden kesildiğinden hiç kuşkunuz olmasın. Klimakteryum sırasında sık sık ve kanama miktarı fazla âdet görmek normal değildir. Dölyolundan pıhtı halinde kan gelmesi de normal değildir. Âdetler arasında ya da cinsel ilişkiden sonra kanama ya da ağrılı âdet görme kesinlikle tehlike işaretidir. Bunların hiçbiri normal menopoz belirtisi değildir. Herhangi biri başınıza geldiği zaman hemen doktorunuza danışın.

Östrojen, progesteron ve FSH'nin düzeylerindeki değişimler pek çok gerçek ve rahatsız edici belirtiye yol açar. Östrojen ve progestoron yapımı tümden durduktan sonra belirtiler gerçek bir hormon yetersizliğine bağlı olarak sürer. Her kadın menopoz belirtilerinden yakınır; en sık üç belirtisi görülür: sıcak basmaları, gece terlemeleri, dölyolunda salgı eksikliği. Tüm bu belirtiler kandaki östrojen miktarının düşmesine bağlanmıştır. Bu düşüş aynı zamanda osteoporoz olarak bilinen, kemiklerden kalsiyum ve protein kaybına neden olur. Dışarıdan ek olarak östrojen almayan kadınların yaklaşık yüzde 20'sinde menopozdan sonra bu durum gelişir.

Eklem ve kas ağrıları da menopozda görülen şikâyetlerin arasında sıkça gözümüze çarpar. Artan bu eklem ağrılarının çoğunun nedeni hormon düzeyinin azalmasına bağlı olarak ortaya çıkar. Burada ayırıcı tanı çok önemlidir.

Göz kuruluğu menopoz sonrası oldukça sık görülür. Yapay gözyaşı ilaçları ile bu sorun kolayca tedavi edilir.

ÂDET KESİLMESİ

Âdet kesilmesi menopozun kadın için belki de en önemli belirtisidir. Bazı kadınlar üzerinde âdetten kesilmenin çok olumsuz etkiler yaptığını görmekteyiz. Bazı kadınlar ise âdetten kesilme olayını bir nevi her ay başlarına gelen bir kirlilik olayından kurtulmak gibi görürler. 'Menopozun Belirtileri' başlığı altında âdet kesilmesinin beyinden gelen ve yumurtalığın çalışmasıyla ilgili emirlerin dölyatağı üzerine ne şekilde etki yaptığını açıklamıştık.

Âdet kanamalarının birdenbire kesilmesi çok seyrektir. Bazen bu dönemde kadının bir ay âdeti gelir, ertesi ay gelmez. Derken öbür ay tekrar gelir. Âdet kanamasının bu şekilde düzensizlikler göstermesi, kadını genelde huzursuz eder. Ateş basması, terleme gibi belirtilerden kadın rahatsız olsa da, kendinde bir menopoz başlangıcı olduğunu konduramaz. Fakat âdetin gelmemesi, adeta yeni bir durum olarak karşısına çıkar. Bazen birkaç aylık düzensizlik sonrası birkaç ay düzenli gider, bazen de âdet kanamalarının arası uzar. Bu arada, bazılarında âdet kanamalarının miktarı da giderek azalır ve süresi kısalır. Sonunda da âdet tamamen kesilir. Bu fizyolojik değişimi ruhsal olarak da kadınların, sağlıklı bir şekilde nasıl karşılaması gerektiğini bu kitabın değişik bölümlerinde inceleyeceğiz. Kadınların bu sıkıntılı durumları atlatabilmeleri için neler yapması gerektiğini tıbbi önerilerimizle sunacağız.

ATEŞ BASMALARI

Menopozda kadını en çok rahatsız eden bulguların başında ateş basmaları gelir.

Aniden cildin kanlanması artar. Parlak pembe renk alır, terlemeye başlar. Gece terlemesi sıcak basmalarıyla birlikte olabileceği gibi ikisi de tek başına olabilir. Bazı kadınlarda sıcak basmaları hiç olmaz, çok azında yıllarca sürer. Çoğu kadında bir yıl kadar ciddi sıcak basması sürer, daha sonra yavaş yavaş geçer. Sıcak basmalarının ortaya çıkması için kandaki östrojen miktarının belirli bir düzeye düşmesi gerekir, çünkü bu durum ne menopoza girmemiş kadınlarda ne de âdetten tümüyle kesilmiş kadınlarda görülmektedir. Bu östrojen düzeyi her kadında değişiktir. Kandaki östrojenin düşüş hızına göre sıcak basmaları uzun sürer ya da kısa zamanda yok olur.

Gece terlemeleri: Bazı kadınlarda uykusuzluk yaratan, yatak örtülerini üzerlerinden attıran ve serinlemek için yataktan çıkmalarını gerektiren gece terlemeleri olur. Hemen her zaman uyku düzeni ciddi olarak bozulur; uzun süren gece terlemeleri olan bir kadın uykusuzluktan yorgun düşebilir. En belirgin özellik kimi zaman gecede birkaç kez yatak çarşaflarını değiştirtecek aşırı miktarda terlemedir.

BAYANLARDA İDRAR KAÇIRMA SORUNU

İdrar kesesi, böbrekler tarafından üretilen idrarın biriktiği ve tuvalete gidilmesi uygun olan bir zamana kadar saklandığı bir organdır.

Menopozda idrar kaçırma sorunu bu dönemin en rahatsız edici sorunlarındandır. Bu sorun, günlük işleri yaparken, gülerken, öksürürken, yürürken, egzersiz yaparken, oturur veya yatar durumdan ayağı kalkarken idrar kaçırma şeklinde görülebilir. Diğer bir idrar kaçırma tipi de, tuvalete yetişememe şeklindedir.

Hangi durumlarda görülür? İdrar kaçırma sorunu; aşırı ve zor doğum yapmış, daha önce cerrahi işlem görmüş, menopoz döneminde bel fıtığı gibi omurilik sorunları yaşayan her 10 kadından 8'inde görülür. İdrar kaçırmanın asıl nedeni, leğen kemiğinin tabanında yerleşmiş kasların ya da mesane boşalmasını kontrol eden kasların zayıflamasıdır.

Kısaca tedavi seçenekleri üzerinde duralım: İlaç tedavisi, davranış ve kas tedavisi, cerrahi müdahale başlıca tedavi seçenekleridir.

Günümüzde daha az kesi ile yapılan bazı operasyon teknikleri ile idrar kaçırma sorunları kolaylıkla çözülebilir. Ortalama 30-40 dakika süren bu operasyonlar, lokal ya da spinal, yani bel bölgesine şırınga ile verilen anestezi ile yapılır, hastanın şuuru açıktır, ancak herhangi bir acı veya ağrı duymaz. Hasta, aynı gün ya da ertesi gün taburcu edilir. Operasyon sonrasında ağrı, kanama, kaşıntı, kabızlık ya da oturamama gibi sorunlar ortaya çıkmaz. Uzun süreli hasta takip sonuçları, yüzde 100'e varacak şekilde başarılıdır.

DÖLYOLUNDA DEĞİŞİKLİKLER

Menopoz yıllarının en rahatsız edici yakınmaları dölyolu mukozasının incelmesi, kuruması ve duyarlılaşmasıdır. Buna karşın pek çok kadın bu belirtileri doktoruyla konuşmaktan çekinir. Doğurgan yaşam boyunca, östrojen, dölyolunun ıslak, sağlıklı kalmasını, iyi beslenmesini sağlar. Östrojen düzeyi düştükçe dölyolunda dramatik değişiklikler ortaya çıkar. Mukozadaki hücreler incelip kurumakla kalmaz, kendilerini bakterilere karşı koruyamaz hale gelirler. Menopozdaki kadınlarda iltihaplı dölyolu akıntıları sık görülür. Dölyolunda oluşan bu değişiklikler kimi zaman idrar yolunun ağzını da içerir; menopozdaki kadınların çoğunda sistit, idrar yaparken ağrı, yanmadan yakınma vardır. Yanlışlıkla bu belirtilerin bir bakteri enfeksiyonu nedeniyle ortaya çıktığı düşünülürse, dikkatsizce kullanılan antibiyotikler var olan mantar enfeksiyonunu artırabilir, bu da dölyolu yanmalarının daha da kötüleşmesine neden olur.

Cinsel işlev: Dölyolundaki hücreler dölyolunu ıslak tutmak için salgıladıkları kaygan maddeyi artık salgılayamadıkları için cinsel ilişki de zorlaşır, hatta kimi zaman ağrılı olur (disparönia). Cinsel ilişkinin ağrılı olması, isteksizliğe, cinsel ilişkiyi engellemeye, hatta eşinizle ilişkilerinizin sürekli kötüleşmesine yol açar. Yani, dolaylı olarak ağrılı cinsel birleşme, cinsel istek azalmasına neden olur.

Ne var ki, menopoz sırasında ve menopozdan sonra cinsel isteklerinde artış olduğunu söyleyen kadınlar da vardır. Bu sorununuzu, eşinizle konuşarak, ona bu durumun menopozun doğal bir sonucu olduğunu anlatarak çözebilirsiniz. Size anlayış göstermesini isteyin; pratik bir önlem olarak da kayganlaştırıcı bir krem kullanın. Ayrıca lokal tedavi için hormonlu kremler kullanabilirsiniz. Tabii hekiminizin önerdiği dozda kullanmalısınız. Bazı hormon kremleri duyarlılık ve kaşıntıyı azaltabilir, ancak dölyolunu eski sağlıklı durumuna döndürecek hiçbir krem yoktur. Bu ancak, iğne yoluyla ya da ağızdan alınan hormon tedavisi ile mümkün olur. Menopoz sırasında vücutta o kadar çok değişiklik olur ki, bazı doktorlar bir menopoz sendromundan söz eder. Menopozla ilgili olduğu sanılan belirtiler arasında; baş dönmesi, baş ağrısı, uykusuzluk, yorgunluk, enerji yitimi, karında şişkinlik, sindirim sorunları, ağrı, bağırsaklarda gaz, kabızlık ve ishal gibi, nefes darlığı ve çarpıntı vardır. Bu belirtilerin hiçbirinin belirli bir zamanı yoktur, günden güne, kişiden kişiye değişir. Unutmayın ki bazı kadınlarda hiçbiri görülmeyebilir. Osteoporoz nedeniyle ortaya çıkan sırt ağrısı ve eklem ağrıları dışında pek azının menopozla dolaysız ilgisi olduğu kanıtlanmıştır. Belkemiği osteoporozunun kadınlarda erkeklere oranla dört kat fazla olduğu bilinmektedir.

CİNSEL İŞLEV

Şimdiye kadar verdiğim yüzlerce konferansta, yazdığım yüzlerce yazıda ve bütün kitaplarımda belirttiğim gibi insan gereksinimi kadar cinselliği yaşıyorsa sağlıklı olacaktır. Cinsel enerji yaşam enerjisidir. Kadın ve erkek cinsel beraberlikte bu cinsel enerjinin ortaya çıkmasını sağlar. Kısacası cinsellik sağlığın en önemli etkenidir. Menopoz sırasında, cinsel yaşamını gereksinimi çerçevesinde yaşayan kadın daha sağlıklı olacaktır. Cinsellik menopozda sağlıklı kalabilmek için özen göstermemiz gereken alan ve önlemlerden biri olacaktır. Diğer bir bakışla menopoz cinsel yaşamın sonu veya sonunun başlangıcı değildir.

Menopozda hormonların özellikle östrojenin artık vücutta yapılmaması sonucu cinsel organlarda nemlenme azalır. Özellikle dölyolu içyüzünde, yani mukozada kaygan salgılama azaldığı için cinsel birleşmede acı ve ağrı olabilir. Ancak tedavi bölümlerinde açıklayacağımız gibi bu sorunların ilaç tedavisi ile çözümü vardır. Sağlığınızın bir parçası olarak cinsel yaşamınıza ve eşinize özen gösterirseniz bu size aynı güzellikte geri dönecektir. Tıbbi hikâyelerden, birçok çifttin 70, hatta daha ileri yaşlara kadar doyumda bir cinsel yaşamı olduğunu biliyoruz. Cinsel dürtüde azalma ve yukarıda değindiğim nedenlerle cinsel isteksizlik menopozlu yaşlarda daha fazla görülebilir. Bu tür sorunlar eşinizle gerginliğe yol açmaması için, gerekli önlemleri almak üzere hekimimize başvurmamız daha akılcı olacaktır. En azından kremlerle yapılacak bölgesel bir hormon tedavisi cinsel yaşamınıza rahatlama getirecektir. Cinsel organların kanlanmasına yardımcı olacak çok önemli bir yöntem olan Kegel egzersizlerinden büyük fayda sağlayabilirsiniz. Bu konuda ayrıntılı bilgi için Alfa Yayınları'ndan çıkmış olan "Cinsellik El Kitabı" kitabıma göz atmanız faydalı olacaktır. Gene bu kitabımda cinsel masaj tekniklerini bulabilirsiniz.

Menopozda bazen kadının cinsel dürtüsünde azalma olduğunda, cinsel masaj tekniklerinin uygulanmasını öneriyoruz. Eşler cinsel birleşmeyi hedef koymadan, birbirlerine cinsel keyif vermek için cinsel masaj tekniklerini uygulamalıdır. Bu şekilde hem doyum sağlayabilirsiniz, hem de bu cinsel uyarılar sonucu arzu ve oluşan istekle, yumuşak bir şekilde cinsel birleşmeye geçebilirsiniz. Bazı kadınlarda ise menopozla birlikte gebe kalma korkusu artık ortadan kalktığı için, kadının cinselliği daha rahat yaşadığı, neredeyse "ikinci balayı" diyebileceğimiz bir dönem başlar.

Cinsel yaşamda kadının cinsel doyumu veya sorunları, organsal ve hormonsal nedenlere dayandığı kadar, kişinin yaşama bakışı, dünya görüşü, değer yargıları ile de yakından ilgilidir. İçimize kapanmamız veya toplumsal ve arkadaş çevremizde iyi ilişkiler içinde olmamız bile yaşamımızın bu yüzünü etkileyecektir.

Menopoz sonrası kadında östrojen hormon miktarı düşerken, göreceli olarak testosteron sanki yükseliyor gibi gözükür. Bu hormon esasen kadında cinsel dürtüyü artırıcı etki yapar. Kadında birtakım hormonsal değişimler olurken, eşinde, yani erkekte de bazı önemli değişiklikler olur. Genel olarak ortalama evliliklerde erkeğin kadından yaşça daha büyük olduğunu varsayarsak, erkekte testosteron hormon düzeyinde ileri yaşlarda azalma olduğu açıktır. Bunun sonucu erkekte isteksizlik ve sertleşme sorunu görülmesi olağandır.

Kısacası kadında menopozda cinsel işlev bozuklukları her zaman karşımıza çıkarken eşinde de cinsel işlevle ilgili sorunlar ortaya çıkması olağandır. Burada önemli olan eşlerin birbirlerine anlayışla yaklaşması ve el ele vererek hekime gidip sorunlara çare aramasıdır. Yıllardır kadınlardaki orgazm olamama ve cinsel istek azlığı gibi işlevsel cinsel sorunların tedavisini yaptığım için, tecrübelerime dayanarak herkesin bu tür sorunların üstesinden gelebileceğini ifade etmek isterim.

DUYGUSAL DEĞİŞİKLİKLER

Pek çok kadın için menopozun en önemli belirtileri duygusal değişikliklerdir. Ağlama nöbetleri, keyifsizlik, huzursuzluk ve bunalım çok sık görülen durumlardır. Bellek, karar verme yeteneği, hızlı düşünme, isabetli düşünme gibi zihinsel işlevler de yavaşlayabilir.

Menopozda kadın kendini daha kaza yapmaya yatkın, daha değişken ve daha güvensiz duyabilir. Bundan bağımsız olarak, 50 yaşlarındaki bir kadın kişisel bir bunalım yaşıyor da olabilir. Çocukları büyümüş, evden ayrılmıştır, kendisine gereksinimleri olmadığını duyumsayabilir; ergenlik çağındaki ya da yeni evli çocuklar da sorunların kaynağı olabilir. Kadın işine devam etmemişse, kendini yaşamasının hiçbir anlamı olmayan, gereksiz bir kişi olarak görür; çalışıyorsa, işini sıkıcı ve anlamsız bulabilir. Kendi anne-babasının yaşlandıkça kendine daha fazla bağımlı olduklarını görebilir, bunu bir baskı olarak duyar. Arkadaşlarında ciddi hastalıklar çıktığını görür; kimi arkadaşları ölür. Bu sorunlar hormon tedavisi ya da başka bir tıbbi tedavi ile çözülemez.

Her kadının kendi sorunlarını kendi başına çözmesi gerekmez. Bunu her zaman yalnız başına yapması gerekmez. Orta yaş bunalımı konusunda yardımcı olmak isteyecek ya da bu konuda uzman birini önerecek doktorlar vardır. Yaşam biçimini değiştirmekten başka, menopozun ruhsal belirtilerini gidermek için yapılacak çok şey vardır. Araştırmalar menopozdaki kaygı ve bunalımın tek başına antidepresan ve trankilizan gibi depresyon ilaçlarına yanıt vermediğini göstermiştir. Bunlar ancak destek olarak alınabilir. Bu konuda uzman olanlar tıbbi tedavinin temelinin hormon tedavisi olduğunu düşünür. Menopoz hormon eksikliği yüzünden ortaya çıkan bir durumdur, ruhsal belirtilerin başlıca nedeni de bu eksikliktir. Ruhsal sorunlarınızı tartışmak için doktora gittiğinizde, yalnızca antidepresan ya da trankilizan vermeye kalkarsa hormon tedavisi konusunu açın. Ciddi ruhsal sorunlar ve vücudunuzdaki değişiklikler için hormon tedavisi yaptırmakta güçlük çekiyorsanız, bir başka doktorun, örneğin bir kadın hastalıkları uzmanının düşüncesini alın.

Menopozla beraber baş ağrılarında da bir artma görülür. Çoğu kadında bu baş ağrılarının nedeni duygusal değişikliklerdir.

MENOPOZDA PSİKİYATRİK SORUNLAR

Türkiye'de de çağdaş tıp günümüzde olaylara sadece biyolojik gözle bakmamaktır. Tamamıyla organik olarak bilinen hastalıklar bile artık bedensel, ruhsal ve toplumsal anlayışla ve genel sistem modeli içinde ele alınıp değerlendirilmektedir. Menopoz dönemi biyolojik, psikolojik ve toplumsal boyutu olan önemli bir yaşam dönemidir. Kadınlar için doğal olan bu dönem bazılarında sorunlu seyrederek o kadınların yaşamlarını etkiler. Menopoz tablosu efsanelerle, batıl inançlarla, tabularla, korkularla iç içe geçmiştir. Örneğin Anadolu'da birçok kadın aylık kanamalarına bağlı olarak büyük bir rahatlama ve ferahlama hissettiklerini belirtmektedir. Bu kadınlara göre dışarıya atılan bu kan pis ve kirli olup birçok olumsuzluğa ve kötülüğe, hatta hastalığa neden olabilecek istenmeyen şeyleri de beraberinde alıp götürmektedir. Bu görüşlerin Türklerin geçmişteki Şamanist inancının bugüne yansıması olduğunu ileri sürenler vardır. Bu dönemin sonunda kadınlar kendilerini pislikten ve kötülükten arınmış hissetmektedir.

Yapılan açıklamalar menopozun inançlar ve ilkel düşüncelerle bağlantılı olduğunu da göstermektedir. Özellikle üretme ve yaratmayı kadın yaşamının sadece biyolojik alanına tutsak etmiş, bunu yaşamın başka boyutlarında örneğin iş, sanat gibi alanlarda gösteremeyen kadında menopoz döneminde belirgin bir bunalım ortaya çıkmaktadır. Böyle bir bunalım içine giren kadınlar kuşkusuz menopozun doğal bir süreç olduğunu kabul etmemişlerdir ve onlar buna daha da yatkındırlar.

Menopoz dönemindeki kadınlarda en sık görülen psikiyatrik hastalık bedensel sorunlarla iç içe bozukluklardır. Bu tür bozukluğu ortaya çıkan kadınlarda menopozun doğal sonucu olan âdet kanamasının kaybıyla ilgili yasın, üzüntünün normal olarak yaşanamayıp patolojik bir yas durumuna dönüşmesi, bu bozukluğa neden olmaktadır. Genel olarak bu tür patolojik yas yaşayan bireyler aslında hiçbir bedensel bozukluk göstermezler, ancak bedensel bozuklukları varmış gibi yakınmalarla doktora başvururlar. Aslında menopoz sadece kadınları ilgilendiren bir durum değildir, eşleri de ilgilendirmektedir. Her menopoz dönemindeki kadının andropoz dönemine girmekte olan bir eşi vardır. Kendini tanıyan, kendi yeteneklerini bulabilme ve ulaşabilme şansına sahip olan eşler arasında bu çok iyi bir biçimde çözümlenmektedir. Böylece mutlu bir orta yaş ve ileri yaş dönemine geçiş sağlanmaktadır.

Genellikle menopoz yaşayan kadın, çocuklarının da büyüyüp evlendiğini ve evden ayrıldığını da yaşamakta ve yıllar sonra eşiyle baş başa kalmaktadır. Bu dönemde tek başlarına kalan kadın ve erkeklerde halüsinasyonlar (olmayan kişi, nesne ve benzeri şeyleri görme) ve illüzyonlar gibi algı bozuklukları görülmektedir. Kadınlarda üreme gücünün kaybının yanı sıra büyüyen çocukların giderek artan bağımsızlık istekleri onlarda anksiyete türü korkulara ve depresyona neden olabilmektedir. Halbuki bu devri bir tür ikinci balayı gibi görmek gerekir.

UYKUSUZLUK – Serotonin Eksikliği

Menopoz şikâyetlerinin bir tanesi de uykusuzluktur. Kadınlarda uykusuzluk hem menopoz başlangıcında, hem de menopozun ilerlediği yıllardaki şikâyetlerin başında gelir. Tabii kadının yaşamının bu aşamasında uykusuzluğun bir nedeni de, ayrı olarak değindiğimiz ateş basmaları ve gece terlemeleridir. Kadın bu nedenlerle de bir türlü uyuyamaz. Pratikten biliyoruz ki kuvvetli ateş basmaları ve uykusuzluk arasında bir bağlantı vardır.

Uykusuzluğun sebebi araştırmalara göre beyinde hipotalamus dediğimiz bölgeden kaynaklanan bazı nöral, yani sinirsel yollarla ilgili, bazı hormon salgılarına bağlıdır. Yaş ilerledikçe erkeklerde görülen uykusuzluk sorunu, daha doğrusu uyuyamama sorunu kadınlardakine de benzerlik arz eder. Araştırmacılar uykusuzluğun multi faktöriyel denen yani çok çeşitli etkenlere bağlı olduğunu, bu arada kişilik yapısının, toplumsal kültürel etkenlerin kadının duygusal yaşamını ve genel iyilik durumunu etkilediğini ileri sürmektedirler. Bu etkileşimin menopoz döneminde daha da fazla olduğu belirtilmektedir.

Vücutta yapılan östrojenler, vücutta iletişimin sağlandığı sinirlerdeki nörotransmitterler denilen iletişim noktalarını etkilemektedirler. Bunlar da beyinde uyku mekanizmasında önemli yer tutan serotonin denen maddenin salgılamasını etkiler. Menopozda östrojen seviyesinin azalmasına bağlı olarak yukarıda değindiğimiz nörotransmitterlerde iletişim negatif yönde gelişmekte ve uykuya yardımcı olan serotonin dediğimiz maddede azalmalar olur. Bazı araştırmacılar menopozdaki uykusuzluğu bu şekilde açıklamaya çalışmaktadırlar.

Ancak bu klinik şikâyetlerin her kadında aynı şiddette olmadığını görüyoruz. Bazı kadınlar menopoz şikâyetlerini oluşturan belirtileri çok hafif bir şekilde yaşamakta, hatta bazıları da bu yılları hiçbir şikâyet olmadan atlatmaktadırlar. Uykusuzluk dahil bütün bu şikâyetlerin her kadında menopozda görülmediğini saptamaktayız. Bazı araştırmacılar bu görülen biyolojik şikâyetlerin kadının duygusal yapısı ve kişisel psikososyal etkenler ve kadının dinginliğinin derecesine bağlı olduğunu ileri sürmektedirler.

Menopozda uykusuzluk şikâyeti olan pek çok kadın hormon tedavisi sonucu bu sorundan kurtulmaktadır.

MENOPOZUN DEVRELERİ

SAĞLIKLI BİR KADIN OLMANIN YOLLARI

Türkiye'de her geçen gün iş yaşamına girip yöneticilik yapan, sorumluluk isteyen görevler üstlenen kadınlar arttıkça, sadece köyde, tarlada değil, fabrikalarda çalışan kadınların sayısı arttıkça, sağlık konusu kendileri ve işverenleri için daha da önemli olmaktadır. Günümüzde Türkiye'de de menopoz çağında çalışan kadınların sayısı artmıştır.

Sağlıklı olmak doktorların yardımıyla olduğu kadar sizin de elinizdedir. Bunun için, siz kendiniz dengeli beslenip, gerekli egzersizi yapıp günlük gerginlikler karşısında gevşeyebilir, uygun giyecekler giyip düzenli sağlık denetimleri yaptırabilirsiniz.

Menopozda sağlığınıza daha da fazla özen göstermelisiniz. Son 10-15 yıl içinde dengeli beslenme kavramı köklü bir değişikliğe uğramıştır. Daha önceden, besinlerimiz gereken en az miktarda protein, yağ, karbonhidrat, vitamin ve mineralleri kapsadığı sürece, gerekli enerjiyi sağlamak için her şeyi yiyebileceğimiz düşüncesi yaygındı. Bu seçme özgürlüğü karşısında, çoğumuz çok fazla protein, çok fazla doymuş yağ ve çok fazla rafine karbonhidrat içeren bir diyet seçiyorduk. Özellikle yurtdışından gelen sanki "yeni bir modaymış" gibi ülkemize büyük şehirlere gelen bazı dünyaya yayılmış büyük isimli ve "fast food" denen yiyecek satan yerlerin ne kadar sağlıksız olduğu artık bilinmektedir. Bu tür yerlerde yemek yeme alışkanlığı, taze meyve, tahıl ve bağırsakları çalıştıran öbür besinleri çok az almamıza neden olmaktadır. Daha da kötüsü ızgara yapacağımıza yiyecekleri kızartıyor, kızartmak için de hayvansal yağları kullanıyorduk. Çoğumuz uzun vadede sağlığımıza zararlı olacak besinleri alıyorduk.

Sağlıklı geleneksel Türk mutfağı, zeytinyağlı Akdeniz ve Osmanlı saray mutfağı yerine son yıllarda hızlı yaşam, "hızlı gıda" denen hamburger türü sağlıksız yiyecekleri karşımıza çıkardı. Bir zamanlar bu duruma çok seyrek rastlanırken giderek yaygınlaşmıştır. Ancak bütün diyetisyenlerin önerileri ile halkımız tekrar bu sağlıksız beslenme şeklinden uzaklaşarak zeytinyağlı yemekleri içeren geleneksel Türk mutfağına dönmektedirler. Gerçekten son yıllarda geleneksel sulu ev yemeği, geleneksel Türk mutfağı sunan lokantalar artmaktadır.

Şimdi size dengeli beslenme ile ilgili bazı bilgiler vermek istiyorum: Geçen yüzyılın en büyük katili denilen kalp hastalıklarının az rastlandığı toplumlarda yapılan bilimsel araştırmalar dengeli beslenme terimine açıklık getirmiştir. En belirgin değişiklikler protein, yağ, karbonhidrat ve posalı yiyecekler alımındadır. Menopozda doğru beslenme daha da önem kazanır.

Protein gereksinimi: (günlük toplam kalori gereksiniminin yüzde 8-10'u)

Protein, vücudun temel yapıtaşıdır. Vücuttaki birçok süreçte protein rol oynar. Ancak asıl işlevleri dokuları onarıp yeni dokular yapmaktadır. Sağlıklı bir yetişkin kadın günde 50 gram kadar protein almalıdır. Bir zamanlar proteinler "birinci sınıf" (hayvansal) ve "ikinci sınıf" (bitkisel) olarak ayrılırdı. Oysa şimdi biliyoruz ki çeşitli bitkisel proteinler alındığı sürece hayvansal proteinler kadar yararlı olur. O halde, denebilir ki, protein gereksinimimiz her kaynaktan gelebilir. Protein en yoğun olarak yağsız sığır etinde bulunur, ama fındık, fıstık, ceviz gibi yemişler, tahıllar, mercimek ve peynirde de protein vardır.

Yağ gereksinimi: (günlük toplam kalori gereksiniminin yüzde 5-10'u)

Katı ya da sıvı halde yağlar vücuda enerji sağlar, ama protein ve karbonhidratlardan iki kat fazla kalori verirler. Kimi yağlar vücudun yaşamsal organlarını korumak, vücut ısısını düzenlemek, derinin işlevleri için gereklidir. Ancak fazla yağ alımının kanser ve kalp hastalıklarıyla ilgili olduğu düşünülmektedir. Doymuş yağlar genellikle oda ısısında katı halde bulunurlar. Başlıca hayvansal yağlar, süt ürünlerinde bulunurlar.

Mono-doymamış yağlar genellikle sıvıdırlar ve sağlığa kötü etkileri azdır. En çok kümes hayvanları, balık, margarin, yerfıstığı ve zeytinyağında bulunur.

Poli-doymamış yağlar genellikle sıvıdırlar. Kandaki kolesterolün düzeyini düşürdükleri için "sağlıklı" sayılabilirler. Av hayvanları, balık, mısırözü ve ayçiçeği yağında bulunurlar.

Kolesterol yağa benzeyen bir maddedir. Kanda yüksek kolesterol düzeyinin kalp hastalıklarının gelişmesiyle ilgisi vardır. Yumurta kolesterolden yana çok zengindir.

Bugün yağlar toplam günlük kalori gereksinimimizin yüzde 35'ini karşılamaktadır. Ancak, bu oranın bu kadar yüksek olması için hiçbir neden yoktur. Toplam günlük kalori gereksinimimizin yüzde 10'undan daha az bölümü, ne cins olursa olsun yağlardan karşılanmalıdır.

Karbonhidrat gereksinimi: (günlük toplam kalori gereksiniminin yüzde 65-80'i)

Karbonhidratlar günlük ruhsal ve fiziksel uğraşlarımızda olduğu kadar büyüme ve gelişme sürecinde de enerji kaynağımızdır. Sebze, tahıl ve meyvelerde doğal şeker ve nişasta olarak bulunurlar. Kullanılmayan karbonhidratlar insan vücudu tarafından yağa çevrilir. Bu nedenle fazla hamur işi yiyenler çabuk şişmanlar.

Son 5-10 yıla kadar karbonhidrat, beslenmemizde en sevilmeyen besindi. Özellikle zayıflamak isteyenler önce karbonhidrat alımını kesiyorlardı. Şeker ve şurup gibi rafine karbonhidratlar gerçekten daha az alınmalıdır. Ancak, taze sebze ve meyve gibi doğal karbonhidrat içeren besinler veya rafine olmayanlar vücudumuz için gerekli mineral, vitamin ve posayı sağladıkları ve değerli bir enerji kaynağı oldukları için çok yararlıdır. Kompleks karbonhidrat içeren yeşil ve sarı sebzeler, pirinç, patates, bezelye, baklagiller ve her türlü tahıl zayıflamak isteyenlerin en büyük yardımcısıdır. Çünkü bu besinler enerji sağlamaktan başka, daha az kaloriyle daha çok protein sağlar ve kilo artışına neden olan kalori birikimini de önler.

Posalı besinler: Vücut tarafından emilmediği için yıllarca, posalı besinlerin beslenmede önemli bir yeri olmadığı sanılmıştır. Ne var ki, son zamanlarda yapılan tıbbi araştırmalar, posalı besinlerden zengin bir beslenmenin sağlığa sanılandan çok daha yararlı olduğunu göstermiştir. Posalı besinler, en basit deyişle dışkıya su çektiği ve dışkıyı yumuşak tuttuğu için önemlidir. Bu da bağırsak hareketlerini düzenler, dışkının geçişinin rahat olmasını sağlar, besinlerin bağırsaklardan geçişini hızlandırır. Şu halde, posalı besinler kabızlığı önler ya da tedavi eder.

Vitamin ve mineraller: Sağlıklı bir vücudu formda tutabilmek için başka maddelere de gerek vardır. Vitaminler bitkiler tarafından yapılıp hayvanlarda da bulunan maddelerdir; metabolizmayı düzenler ve karbonhidratlarla yağların enerjiye çevrilmesini sağlarlar. Bazı vitaminler (A, D, E ve K) *-yağda eriyenler-* vücutta depo edilirken, suda eriyenler (B kompleks ve C) her gün belirli miktarlarda alınmalıdır. Vitamin eksikliği raşitizm, beri- beri ve iskorbüt gibi hastalıklara neden olur. Ancak, gerek duyduğumuz tüm vitaminler yeterli miktarda iyi, dengeli bir beslenmede bulunur. Bütün bu öneriler çok önemlidir. Ancak herkesin bünyesi değişik olduğu için her öneri herkeste aynı başarıyı sağlayamaz. Bu görüşten hareket ederek önce bir aile hekimine veya iç hastalıkları uzmanına müracaat edip sağlık taramasından geçtikten sonra bir diyet uzmanına başvurmak uygun olur.

Mineraller de su dengesi, salgı bezlerinin işlevleri, sinir ve kas işlevleri gibi çeşitli metabolik süreçler için gereklidir. Gerek duyduğumuz mineralleri, bunları topraktan almış olan bitki ve hayvanlardan sağlarız. Bunlar da düzenli olarak belirli miktarlarda alınmalıdır. Besinlerle aldığımız başlıca mineraller arasında sodyum, kalsiyum, demir, mangan ve fosfor vardır. Bu maddeler, hayvansal ve bitkisel besinlerde, özellikle taze yeşil sebzeler ve taze meyvelerde gerekli miktarlarda bulunur. Erkeklere oranla kadınlarda, âdet kanamalarındaki kan kaybı nedeniyle demir eksikliği ve anemi tehlikesi daha fazladır diyebiliriz. Bu nedenle demir içeriği yüksek olan besinler almaya dikkat edilmelidir.

Su: İnsan vücudunun büyük bir bölümünü oluşturan su yalnız kanda değil, hücreler ve dokularda da bulunur. Su, vücuttaki artık maddeleri idrarla atmamızı sağlar. Her gün en az yarım litresi yağsız süt ya da doğal meyve suyu olmak üzere belirli miktarlarda su içmemiz gerekir. İçme suyu dört türlü olabilir:

Sert su: Kalsiyum, magnezyum ve diğer tuzları içerir.

Yumuşak su: Sodyum, genellikle bakır, çinko ve demir içerir.

Maden suyu: Doğal, değiştirilmemiş su. Köpürebilir ya da köpürmez. Çeşitli mineral bileşimleri içerir. Genellikle musluk suyundan daha az sodyum içerir.

SAĞLIKLI BESLENMENİN KURALLARI

- Daha az et yiyin. Balık, tavuk, hindi gibi beyaz ete yönelin. Sığır ve koyun eti miktarını ve yeme sıklığını azaltın. İslam dininin yasakladığı domuz etini yemeyin, başka dinden de olsanız.
- Yağsız et seçin ve yemeden önce gözle görülür tüm yağını çıkarın.
- Izgarada, fırında pişirin ya da haşlayın. Yapışmayan tavalarda pişirin ve fazla yağı süzün.
- Yağsız yoğurt yiyin ve yağsız süt için.
- Daha fazla sebze yiyin. Her gün mutlaka biraz, mümkünse çiğ sebze yiyin. Daha fazla baklagillerden yiyin.
- Bir büyük öğün yerine, birkaç küçük öğünde yiyin.
- Sosis, salam gibi yağ miktarı fazla etlerden yemeyin.

- Fırında pişirirken içyağı kullanmayın. Kremalı salçalar eklemeyin.
- Kızartma yapmayın. Özellikle mantar, soğan ve ekmek gibi çok fazla yağ çeken besinleri kızartmayın.
- En fazla yağ içeren tavuğun derisini yemeyin.
- Fazla tereyağı, krema, yağlı peynir, dondurma, yağlı süt ya da haftada ikiden fazla yumurta yemeyin.
- Doymuş yağlarla yapılmış kek, hamurişi ya da bisküvi yemeyin.
- Rafine şekerler ya da unlarla yapılmış yiyecekler ya da çok tatlı yiyecekler yemeyin.
- Kahvaltıyı atlayıp akşam yemeğini fazla kaçırmayın.

Yemeklerde ek olarak vitamin almalı mıyım? Dengeli bir beslenme sağlanabildiği sürece vitamin almak gerekmez. Ne var ki bazı özel durumlarda doktorunuz ek vitamin vermeyi gerekli bulabilir. Menopozda olanların magnezyum ve kalsiyum almasının önemi üstünde durulmaktadır. Genç kalmak için E vitamini, iyi görebilmek için A vitamini almanın yararı henüz kanıtlanmamıştır.

Dengeli beslenme yaşamı uzatır mı? Mutlaka uzatır. Bazı otoriteler vücudun günlük döngüsüne çok önem vermektedirler. Daha açık bir şekilde ifade edersek, insanın her gün aynı saatte yemek yemesi ve aynı saatte dışkı yapmasının vücudun biyolojik ritmi bakımından çok önemli olduğu ileri sürülmektedir. Beslenmenizde yapacağınız küçük değişikliklerle yaşamı tehdit eden birçok hastalığa yakalanma olasılığını azaltabileceğiniz, her geçen gün yeniden kanıtlanmaktadır. Yalnızca şişmanlık, şeker hastalığı, eklem iltihabı, sırt ağrısı, göğüs hastalıkları, beslenme bozuklukları ve bağırsak hastalıklarıyla birlikte görülmektedir. Kilo vererek bu durumlardan korunabilirsiniz. Fazla miktarda hayvansal ve doymuş yağı içeren yiyecekler, menopozdan sonra kalp hastalığına yakalanma tehlikesini artırmaktadır. Posalı besinler açısından zengin bir beslenme tarzı ise sizi kalp hastalıkları, bağırsak kanseri ve meme kanserinden koruyacaktır. Gençliğinizden itibaren uygulayacağınız dengeli beslenmenin faydalarını menopozda göreceksiniz. Menopozdan sonra ise kemikler yumuşama eğilimindedirler. O zaman da kalsiyum ve D vitamini gerekecektir, bilindiği gibi, peynirde ikisi de vardır.

Bazı yiyecekler bizim için zararlı mıdır? Son 10 yılda, bilim adamları bazı yiyeceklerin sağlığımız için uygunsuz, hatta tehlikeli olabileceklerini öne sürmüşlerdir. Bunun en önemli nedeni ise kalp hastalıklarının gelişmesiyle ilgili olmasıdır. Örneğin, tuz alımı ile kan basıncı arasında yadsınamaz bir ilgi vardır, fazla tuz alınırsa kan basıncı yükselir. Gelişmiş ülkelerde sıradan bir insan günde 12 gram tuz alır; oysa kimi başka uluslar günde bir gram, hatta daha azıyla idare ederler ve çok daha sağlıklıdırlar. Belçika'da son zamanlarda yapılan araştırmalar günlük tuz alımını 11 gramdan 5 grama düşürmenin kan basıncını birkaç derece birden düşüreceğini göstermiştir. Normal koşullar altında tuz almak biyolojik olarak çok da fazla gerekli değildir. Şu halde beslenmenizdeki tuz miktarınızı azaltmanız yararlı olur. Gelişmiş denen ülkelerde sağlıksız olan domuz eti fazla tüketilmektedir. Bu durum toplumun sağlığını kötü yönde etkilemektedir. Kıyaslandığında Türk-Akdeniz mutfağı kullanan bizler şanslıyız diyebiliriz.

Kolesterol ve doymuş yağlarla kalp hastalıkları ve felçlerin gelişmesi arasındaki ilgi konusunda tıp dünyası henüz bir görüş birliğine varmış değildir, ama bence denetim altında yapılan tıbbi araştırmaların sonuçları bu ilginin varlığına işaret etmektedir. Yağ alımını da düşük tutmanın hiçbir zararı yoktur.

Şekerin diş çürüklerine yol açtığını herkes bilir, ama daha da önemlisi, kalp hastalıklarının gelişmesine katkısı olmasıdır. Kan şekeri düzeyi ani olarak artınca, bu durum pankreası insülin yapması için uyarır. Bu uyarı karaciğerde ateroskleroz, yani atardamarların yağlı bir maddeyle tıkanması ile ilişkisi olan düşük yoğunluklu lipo-proteinlerin yapımını artırır.

Yumurtanın kolesterolden yana zengin olduğu ve kalp hastalıklarında önemli bir etken olduğu söylenir. O halde yumurta yemek zararlı mı?

Yumurta sarısı kolesterolden yana çok zengindir ve koruyucu kardiyoloji konusunda çalışan doktorlar, hayvansal yağlar açısından zengin bir beslenme biçimi olan kişilere haftada yalnızca iki yumurta öğütler. Öte yanda, aynı uzmanlar kalp hastalıklarının gelişmesinde birçok etken olduğu ve yağın bunlardan yalnızca biri olduğu konusundaki düşünceye katılmaktadır. Gerilimli bir yaşam sürmüyorsanız, sağlıklı bir beslenmeniz varsa, düzenli egzersizler yapıyorsanız, şişman değilseniz ve kan basıncınız yüksek değilse, ailenizde kalp hastası yoksa daha fazla yumurtanın size hiçbir zararı olmaz.

Kalori ve enerji: Su dışında hemen her besin maddesi enerji sağlar. Bir besin maddesinin enerji içeriği kalorilerle, daha doğrusu kilo-kalorilerle ölçülür. Yağ en zengin enerji kaynağıdır ve 30 gramda yaklaşık 250 kaloriyle kalori içeriği bakımından da başta gelir. Proteinler sırada ikincidir ve 30 gramda 100 kalori içerirler. Karbonhidratların 30 gramında ise 40 kalori vardır. Vücudumuz enerjiye iki nedenle gerek duyar: birincisi bütün yaşamsal işlevleri yürütmek için. Yani, kalbin çalışmasını, akciğerlerin nefes almasını, sindirim sisteminin (bazal metabolizma) sağlamak için. İkincisi, aktif hareketler sırasında kasların harcadığı enerjiyi karşılamak için. Her iki süreçte harcanan enerji miktarı bireyden bireye değişir; bu yüzden her birimizin enerji gereksinimimiz de değişiktir.

ÖRNEK DENGELİ BESLENME

Toplam kalori değeri: 2200

Sabah kahvaltısı:

180 ml. Portakal suyu (96)
15 gr. Mısır gevreği (54)
120 ml. Süt (72)
60 gr. Haşlanmış yumurta (80)
60 gr. Kızarmış kepekli ekmek (136)
15 gr. Tereyağı (105)
Çay veya kahve (0)
60 ml. Süt (36)
15 gr. Şeker

Toplam kalori: 635

Öğle yemeği:

180 ml. Domates çorbası (120)
Peynir salatası:
60 gr. Yağlı kaşarpeyniri (190)
30 gr. Marul (30)
75 gr. Domates (10)
45 gr. Pancar (18)
1 çorba kaşığı yağ, sirke (60)
60 gr. Ekmek (136)
15 gr. Tereyağı (105)
150 ml. Yoğurt (110)
Kahve (0)
60 ml. Süt (36)
7.5 gr. Şeker (28)

Toplam kalori: 643

BOYA UYGUN KİLO

Boy	İnce	Normal	Yapılı
1.52	45.4	49.5	53.6
1.55	47.2	50.9	55.0
1.57	48.6	52.2	56.8
1.60	50.0	53.6	58.1
1.62	51.3	55.4	60.0
1.65	52.7	56.8	61.3
1.68	54.5	58.6	63.1
1.70	55.9	60.0	64.5
1.73	57.2	61.8	66.3
1.76	59.0	63.6	68.6
1.78	60.4	65.4	70.9
1.81	62.2	67.2	73.1
1.83	64.0	69.0	75.4

Öğle yemeği öncesi:	**İkindi:**
Kahve (0)	çay (0)
60 ml. Süt (36)	60 ml. Süt (36)
7.5 gr. Şeker (28)	15 gr. Şeker (56)
Toplam kalori: 64	Toplam kalori: 92

Akşam yemeği:
Yarım kavun (58)
90 gr. Yağsız ızgara et (240)
90 gr. Taze fasulye (6)
120 gr. Fırınlanmış patates (70)
120 gr. Limonlu dondurma (120)

Hareket ve kalori: Menopozda hareketlilik hem kemik yapısı hem de genel sağlık için çok önemlidir. Günlük kalori gereksinimi ile hareket arasında büyük bir ilişki vardır, ama hayatımızı kazanmak için yaptığımız "işler" ve boş zamanlarda yapılanlar hafif hareketlerden güçlü egzersizlere kadar uzanır. Enerji harcamayı etkileyen başka faktörler de vardır: Isı - çok soğuk ve çok sıcak kalori harcanmasını artırır. Eğim - yokuş yukarı, yokuş aşağı ya da kum üzerinde yürümek düz yerde yürümekten daha fazla enerji harcanmasını gerektirir. Kilo - kilonuz ne kadar fazlaysa, hareket ederken o kadar fazla enerji harcarsınız. Huy - kural olarak, gergin bir insan, gergin olmayandan daha fazla kalori harcar.

Çok az hareketli etkinlikler: saate 80-100 kalori. Okuma, yazma, yemek yeme, televizyon ya da sinemada film seyretme, radyo dinleme, dikiş dikme, daktilo yazma, çeşitli büro işi ve oturarak yapılan başkaları.

Hafif etkinlikler: Saate 110-160 kalori. Yemek pişirme, bulaşık yıkama, toz alma, küçük çamaşırları elle yıkama, ütü yapma, yavaş yürüme, ayakta ve kol kuvveti gerektiren çeşitli işler, hızlı daktilo yazma, oturarak yapıldığı halde daha fazla güç gerektiren başkaları.

Orta etkinlikler: Saate 170-240 kalori. Yatak yapma, yer temizleme, paspas yapma, süpürme, hafif parke cilası, makineyle çamaşır yıkama, hafif bahçıvanlık ve marangozluk, orta hızla yürüme, ayakta yapılırken orta şiddette kol gücü ve otururken şiddetli kol gücü gerektirenler.

Canlı etkinlikler: Saate 250-350 kalori. Ağır temizlik işleri, büyük miktarda çamaşırı elle yıkama, çamaşır asma, yatak değiştirme, hızlı yürüme, masatenisi, voleybol, ata binme gibi sporlar.

Zorlu etkinlikler: Saate 350 kaloriden fazla. Yüzme, tenis, koşma, bisiklete binme, dans etme, kayak kayma gibi sporlar.

Kalori ve kilo artışı: Uzmanların çoğu, sağlıklı bir yetişkin kadının günlük kalori gereksiniminin 2 bin ile 2 bin 500 arasında olduğunu kabul eder. Aynı kiloda kalan bir kişi, yiyeceklerle aldığı enerjinin tümünü harcıyor demektir. Aldığından fazla enerji harcıyorsa, kilo kaybedecektir. Öte yandan, aldığından daha azını harcıyorsa, kilo alır. Denge bu kadar basittir. Menopozda pek çok kadında hormon değişimine bağlı yağlanma, özellikle karın çevresinde, izleyebilirsiniz.

Gerekli olandan fazla aldığımız her 3500 kalori ile yarım kilo alırız. Bunun tersi de geçerlidir. Besinlerle aldığımızdan başka harcadığımız her fazla 3 bin 500 kalori ile yarım kilo veririz. Çok kolay görünmesine rağmen uygulanması çok zordur. Normalde günde 2 bin 200 kalori alan bir kadın, bir haftada yarım kilo vermek için günde sadece 1700 kalori almalıdır; bir haftada bir kilo vermek için, aldığı kaloriyi neredeyse yarıya indirerek 1200 kalori almalıdır.

Bütün bu bilgiler ve öneriler çok basittir. Ancak önemli olan kişinin bunlara eğilmesi, dikkat etmesidir. Özellikle menopoz, artık kadının sağlığına daha fazla özen göstermesi gereken bir dönemdir. Buradaki denklemden de anlaşılacağı gibi, kilo vermek için ya daha az yemeli ya da daha fazla enerji harcamalıyız. Ne yazık ki ilki çok kolay uygulanabilir. Ancak beslenmenizi kısıtlamadan size kilo verdirmeyi garanti eden rejimlerden kaçının. Kilo vermek için egzersiz yapmak hiç de kolay değildir, çünkü hem sağlık durumunuz iyi olmalı, hem de gerçekten kilo verebilmeniz için gerekli egzersizlere çok fazla zaman ayırabilmelisiniz. Bir haftada yarım kilo vermek için günde en az bir saat zorlu egzersiz yapmanız gerekir. Oysa, uygun bir rejimle daha kısa zamanda daha iyi sonuç alabilirsiniz.

KLİMAKTERİUM

Klimakterium sözcüğü bazı yazı ve kitaplarda geçtiği için ve menopoz ile karıştırıldığı için burada bu kavrama birkaç satırla değinmek istiyorum. Cinsel olgunluk çağının bitiminden ihtiyarlığa kadar uzanan klimakterium devresinin en önemli özelliği üretim fonksiyonlarının ve sonunda âdet kanamalarının duruşudur, yani menopozun oluşmasıdır. Menopoz ve klimakterium sözcükleri birbirine karıştırılmamalıdır.

Klimakterium, cinsel olgunluk çağının bitiminden ihtiyarlık devrinin başlamasına kadar geçen tüm yılları kapsar. Menopoz ise, klimakterium devri içinde, kadının son âdetini gördükten sonra ihtiyarlığa kadar uzanan devredir. Genel olarak klimakteriumun ortalama olarak 45 yaşında başladığı kabul edilmektedir. Klimakteriumun başlama zamanında kadının evli, bekâr, çocuklu veya çocuksuz oluşunun cinsel birleşmenin azlığı veya çokluğunun bir etkisi yoktur. Yaşdönümü ismini de alan klimakterium, yarattığı çeşitli organ bozuklukları, klinik şikâyetler ve özel ruhsal davranışlarla kadınların bunları atlatmak için uğradıkları zorluklar bakımından pek karmaşık ve önemli bir çağdır.

Yumurtalık yetersizliği ve bunun sonucu olarak âdet mekanizmasında bozukluklar ve en sonunda âdet kanamasının durduğu ve ortadan kalktığı görülür. Böylece doğurganlık yeteneği kaybolur. Klinik olarak sıcak basması, terleme, ürperme, nefes darlığı, çarpıntı, göğüs ağrısı, kulak çınlaması, baş dönmesi, baş ağrısı gibi şikâyetler. Bunların yarı sıra yorgunluk, unutkanlık, depresyon, uykusuzluk ve hatta seyrek olarak psikozlar ve libido bozuklukları görülebilir. Kadın cinsel olgunluk çağındaki diriliğini yavaş yavaş kaybeder. Cilt daha kurudur, kırışıklıklar artar. Kadınların bir kısmında kalça ve gövdede yağlanma, bir kısmında ise zayıflama başlar. Saç ve vücut kıllarında dökülme ve ağarma ve bazı kadınlarda androjen hormonların etkisiyle sakal ve bıyık çıktığı dikkati çeker. Bu devre genel olarak biriki yıl sürer.

Yukarıda sıralanan belirtilerin hepsinin birden herkeste ortaya çıkmayacağı aşikârdır. En önemli nokta, bu şikâyetlerin genellikle hormon tedavisiyle istenildiği şekilde kontrol altına alınabilmesidir.

Âdet kanamasının kesilmesi, sanıldığı gibi, ihtiyarlık çağının başlangıcı değildir. Gerçi bazı kadınlar bu tabii gelişmeyi kabullenemedikleri için ruhsal ve yapısal bir çöküntü ile ihtiyarlamaya başlarlar, fakat birçok kadında bunun kolayca atlatılması ile normal bir şekilde kadınlık fonksiyonları devam eder. Esasen klimakterium kadın yaşamında beklenen normal bir dönemdir. Hastalar aydınlatılmalı, sadece ortaya çıkan klinik şikâyetlerin tedavisiyle yetinilmemeli, ruhsal açıdan yardımcı olunmalıdır.

Klimakterium cinsel yaşamın da sonu değil,.olgun bir çağın, mutlu bir ihtiyarlık dönemi öncesinin başlangıcıdır. Bilindiği gibi aile planlamasının iyi yapılmadığı çevrelerde istenilen çocuk sayısından sonraki aşamada gebe kalma korkusu, kadının cinsel hayatını etkilemekte ve bu korku nedeniyle cinsel bozukluklar, tatminsizlikler ve isteksizlikler ortaya çıkmaktadır. Bu yaşlarda âdet kesilmesi ile gebe kalma korkusu ortadan kalktığından birçok kadında cinsel yaşam daha normal ve stressiz bir gelişme içine girmektedir. Bu durum "ikinci balayı" sözcükleri ile kanıtlanmaktadır.

Yaşamın diğer çağlarında olduğu gibi ihtiyarlığın başlangıcını da kesin bir yöntemle saptayamayız. 60 yaşından sonraki yaşam genel olarak ihtiyarlık olarak kabul edilir. Bu devrede gerileme hadiseleri bütün organizmalarda kendini gösterir. Her kadının ihtiyarlığa verdiği anlam ve değer başkadır. Bazıları yaşamlarının bu devresinin de tadını çıkarırlar, bazıları ise geride bıraktığı yaşamın etkileri ve ruhsal yaşamlarla bu devri arzu edildiği gibi mutlu bir şekilde geçirmeyi başaramazlar.

Bazı kadınlar ileri yaşlarda cinsel yönden kadınlığını bitmiş olarak kabul edip işlevlerini artık yitirmiş olarak görmektedir. Bu bireysel tutumun ne denli yanlış olduğunu bilimsel araştırmaları incelediğimizde görüyoruz. Newman ve Nichols'un yaptıkları araştırmada 60 ile 93 yaşları arasındaki sağlıklı çiftlerin yüzde 70'inin normal bir yaşam sürdüklerini, bunların yüzde 54'ünün ise haftada üç defaya varan cinsel birleşmede bulunduklarını ortaya çıkarıyor.

PREMENOPOZ

Menopozla ilgili okuyacağınız birçok yazı ve kitapta aynı zamanda premenopoz ve perimenopoz gibi deyimler göreceksiniz. Aklınızın karışmaması için kısaca bunların ne olduğuna değinmek istiyorum. Premenopoz, menopoz başlangıcında âdetler devam ettiği halde menopoz şikâyetlerinin başladığı zamana denir. Burada bazı hormon imalatı ile ilgili bazı değişiklikler olduğu için kadında, menopozda gördüğü şikâyetlerin daha zayıf bir şekilde ortaya çıktığını izleriz. Premenopoz kadının genetik faktörlere, yani kalıtsal verilerine göre birkaç sene sürebilir. Genellikle 40 yaş üstündeki yıllarda başlar.

PERİMENOPOZ

Perimenopoz genelde menopoz içinde menopoz şikâyetlerinin başladığı zaman içinde bir yıl süreyi kapsayan zamana denir. Dünya istatistiklerine baktığımızda menopozun görüldüğü yaş 51.3 olarak belirlenmektedir. Türkiye'de bu yaşın 50 olduğu tahmin edilmektedir. Ancak bugün klinikte rastladığımız 70-80 yaşlarındaki kadınların çoğu menopoz yaşı olarak 55 civarını vermektedirler. 45-55 yaş arasındaki hastalarımızda ise menopozun daha çok 50-53 yaşları arasında oluştuğunu görmekteyiz. Menopoz yaşında değişik nedenler etken olarak değişiklik yaşlar göstermektedir. Sigara içen kadınların içmeyenlere göre 1.5 yıl daha erken menopoza girdikleri gösterilmiştir. Menopozun başlanmasına iki ile yedi yıl kadar öncesinden düzensiz âdetler görülebilmekte ve ateş basması gibi şikâyetler ortaya çıkmaktadır. 40'lı yaşlardan menopoza yaklaştıkça doğurganlık azalmaktadır.

Perimenopoz denen bu yaşlarda âdetleri azalmış kadınların ancak yüzde 35'inde yumurtlama görülmektedir. Dolayısıyla bu yaşlarda gebelik olasılığı bulunmaktadır. Elimizdeki imkânlara göre bu yaş grubu için en verimli gebeliği önleyici yöntem spiral denen rahim içi araçlarıdır. Perimenopozal yaşlar dediğimiz bu yaşlarda cinsel birleşme sayısında yüzde 50'ye kadar düşen bir azalma görülebilir. Bu azalma kadının yaşlanması yanında hormon yetersizliği nedeniyle dölyolu ve giriş kısmında mukoza elastikiyetinin kaybolması olabilir. Aynı zamanda dölyolunun kuruluğu cinsel birleşmede acı oluşturabileceği için cinsel isteksizliğe yol açabilmektedir.

Yukarıda da değindiğim gibi gebeliği önleme yöntemleri bu yaş grubunda kullanılmalıdır. Ayrıntılı bilgi için Alfa Yayınları'ndan 2006 yılında çıkan "Cinsellik El Kitabı" adlı kitabıma başvurabilirsiniz.

MENOPOZ BAŞLANGICINDA GÖRÜLEN KANAMALAR

Kadın hastalıkları ve doğum polikliniğine veya muayenehaneye gelen hastaların oldukça önemli bir kısmının şikâyeti anormal dölyatağı kanamalarıdır. Bunların birçoğu yumurtalık çalışma işlevi ile ilgili ve hormonsal nedenlere dayanan kanamalardır. Bazı kanamalar ise dölyatağı içindeki değişikliklerin veya polip dediğimiz iyi huylu oluşumların meydana getirdiği kanamalardır. Ancak bazı kanamaların nedeni ise kanserdir. Özellikle premenopoz dediğimiz menopoz başlangıcında düzensiz kanamalar görülür. İşte burada ayırıcı teşhis çok önem kazanır. Kadınların kendi bedenini, âdet düzenini dikkatlice takip etmesi ve hekimin ayırıcı teşhis açısından çok dikkatli olması gerekir.

Premenopoz başlangıcında kadının yaşı ilerlemesine rağmen gebe kalma olasılığı devam etmektedir. Bu nedenle ilk önce kanamasının olası bir gebeliğe bağlı olup olmadığını araştırmak gerekir. Böyle durumlarda düşük tehdidine bağlı olarak veya bir düşük nedeniyle beklenmedik bir kanama olabilir. Tabii ender olarak görülen dış gebeliği unutmamak gerekir. Bu tür olasılıkları ortadan kaldırmak için genel bir kural olarak 45'li yıllarında menopoza giren kadınların iki yıl, 50'li yıllarında menopoza giren kadınlara bir yıl süre ile gebelikten korunmaları önerilir. Bu yaş grubundaki kadınlar genelde korunmadıkları için, sürpriz gebelikler ve ona bağlı sorunlar anormal kanamalar olarak karşınıza çıkabilir. Klinik olarak böyle sorunlar hem hastanın hem de hekimin aklını karıştırabilirse de, ultrasonografi ve hassas tahlil yöntemleri ile tanıya gidilir. Kadındaki anormal kanamaların büyük bir çoğunluğunda, aşağı yukarı yüzde 90'ında tıbbi önemli bir hastalık yoktur ve yüzde 90'ında yumurtlama yoktur. yüzde 10 kadarı ise yumurtlamaktadır.

Bu tür kanamaların yüzde 40-45'i 40 yaşından sonra, yani menopoz öncesi görülür. Bu kanamaların bir kısmı vücutta östrojen üretiminin azalması veya ortadan kalkması sonucu olur.

Bilindiği gibi menopoz öncesi dönemde yumurtalıklarda folikül sayısı azalır. Folikül döllenmeye yarayacak yumurtacığın olgunlaştığı odaklardır. Folikül sayısı azalırken, öbür taraftan FSH denen folikül stimuslan hormon artar. Artan FSH follikülleri etkiler, ancak az sayıdaki yaşlı folikülde yumurtlama olacak kadar gelişme olmaz ve kanamalara neden olur.

Bu yaş grubunda şeker hastalığı, tiroid hastalıkları ve bazı organsal yumurtalık hastalıkları da ortaya çıkarak, hastanın klinik tablosunu iyice karıştırır. Menopoz öncesi döneminde bazı kadınlarda kanamalar 21 günde, daha kısa dönemlerde, yani âdet daha çabuk ve sık gelir. Bazılarında ise 35-40 günde bir kanama görülür.

Bazı kadınlarda östrojenin azalmasına bağlı olarak âdet ortası kanamaları oluşur. Menopoz öncesi dönemde doğum kontrol haplarının kullanılmasına bağlı olarak bazen ilaç kullanımının ilk üç ayında ara kanamalar izlenebilir. Ayrıca miyom denen iyi huylu dölyatağı urlarının kanamaları miktar, gün ve sıklık bakımından çoğalttığı bilinmektedir. Endometrit dediğimiz dölyatağının iltihaplarında da bazı hallerde kanamalar olduğunu unutmamalıyız. Bütün bu kanamalar içinde en önemlisi kanser nedenli kanamalardır. Bunu açığa kavuşturmak için kanser belirteçleri tetkiki, dölyatağı iç kısmından alınan muayene maddesi patoloğa gönderilerek ve dölyatağı içinden biyopsi yaparak, yani patolog tarafından incelenmek üzere doku parçası alınarak sonuca gidilir.

POSTMENOPOZDA HORMONSUZ TEDAVİ

Bazı kadınlar hormon tedavisine veya daha sonraki yıllarda gereksinim duydukları için menopoz tedavisine, postmenopoz dediğimiz menopoz sonrası dönemde başlamak isterler. Menopozla kesilen vücuttaki hormon imalatının yerine konulma işi ideal olarak âdetten kesildikten sonraki ilk altı ayda başlamalıdır.

Bu devirde, yani menopoz sonrası bazı kadınlar hormon almak istemezler. Bazılarının ise hormon alması sakıncalıdır. Östrojenin sakıncalı olduğu durumlarda menopozun yaratacağı sorunları engellemek için veya bazen de östrojen progesteron tedavisine yardımcı olmak amacı ile bazı ilaçlar ilave olarak kullanılabilir. Diğer bölümlerde de göreceğiniz gibi bu yaş grubunda en büyük sorun kemiklerdeki osteoporozdur. İşte bu dönemde hormon dışında verilen yani hormonsuz başlıca ilaçlar şunlardır: kalsiyum, vitamin D, kalsitonin, floridler ve bitkisel ilaçlarlar.

Kalsiyum: Postmenopoz dönemde, yani menopoz sonrası dönemde östrojenin azalıp kaybolmasına bağlı kalsiyum emilimi yaklaşık olarak yüzde 40 oranında azalmaktadır. Östrojen verilen kadında günlük kalsiyum ihtiyacı 1000 mg'dır. Normal bir beslenmede kadının günde gıda ile 500 mg kalsiyum aldığını varsayabiliriz. Ayrıca günde 500 mg kalsiyum ilaç şeklinde verilmesi uygun olur. Bazı otoritelerin belirttiğine göre kadın hormon almıyor ise, günlük kalsiyum ihtiyacı'nın 1500 mg'ye yükseldiği ileri sürülmektedir. Sadece diyetle alınan kalsiyumun etkinliği günümüzde tartışmalıdır. Yapılan çalışmalarda gıda yolu ile günde 500 mg alınan kalsiyumun 18 aya kadar omurga kemiği yoğunluğu üzerine etkisi olmadığı gösterilmiştir. Bu dozdaki etki ancak 36. aydan itibaren görülmesine karşılık, doz günde 1000-1500 mg düzeyine çıkarsa, koruyucu etki belirginleşir. Fakat kalsiyumun hormon alınmadan alınması, bazı olumsuzlukları da beraberinde getirir. Bu şekilde bir kullanım sonucu böbreklerde kalsiyumoksalat taşlarının oluşabildiği ileri sürülmektedir.

Diğer önemli bir ilaç vitamin D'dir. Ayrıntılı bilgi için 'Vitaminler' bölümüne bakınız.

Kalsitonin, özellikle östrojen verilmeyen kadınlarda ve yerleşmiş osteoporoza sahip ileri yaştaki kadınlarda ve ağrı yakınmalarının birlikte olduğu durumlarda kullanılır. Bu konuda ayrıntılı bilgi için Osteoporoz ve Tedavisi bölümlerine bakınız.

Ayrıca bitkisel, yani herbal tedaviler uygulanır. Bunlar doğal bitki kaynaklı olup 17 Beta östradiol işlevi ile benzerlik gösteren etkileri vardır. Bunların en önemlisi İsoflavindir. Sonuç olarak bu ilaçlar menopoz şikâyetlerini azaltır, osteoporoz gelişimini önlerler, kısmen kalp dolaşım sistemine önleyici etkileri vardır diyebiliriz. Bunların meme kanseri, dölyatağı içi kanseri ve kalınbağırsak kanseri oranlarını azalttığı ileri sürülmektedir.

HORMONSAL DEĞİŞİMLER

Bazı önemli konuları değişik açılardan vurguluyoruz. Bu şekilde menopoz sorununun daha kolay anlaşılacağını düşünüyoruz. Hormonsal değişimler bazı kadınlarda 40 yaşının altında bile başlar. Bu şekilde ilk önce kadının doğurganlığı ortadan kalkar. Bu hormonsal değişimlerin en önemli belirtisi âdet kanamasının miktarındaki değişimlerdir. Diğer göze batan bir husus iki âdet arasındaki zamanın uzamasıdır. Burada folikül sitimulan (FSH) hormon dediğimiz kadının yumurtlama mekanizmasında işlevi olan bu hormon miktarında da değişimler olur.

Bu değişimlerin başında bazı kadınlarda iki âdet arasındaki gün, normalde 28 iken 38'e çıkabilir, veya 18'e düşebilir. Bu düzen içinde bazı kadınlarda yumurtlama olmazken, bazılarında ise yumurtlama devam eder. Bu devrede kadının yaşamı boyunca her ay yumurtlamayla beraber gelişen yumurtacık sayısı artık tükenir.

Kadının yumurtalıklarındaki bu değişikliklere bağlı olarak böbreküstü bezinde de oluşan bazı değişimler sonucu testosteron miktarında da değişimler olur. Bunların sonucunda androjen ile östrojen hormonlarının oranında da değişmeler gözükür. Oldukça karmaşık bir şekilde çalışan hormon mekanizmasında sonuç olarak büyük değişiklikler olur ve bunlar yaşlanma bulgularıyla kişiye yansır.

HORMON TEDAVİSİ

Hormon replasman tedavisi, yani âdetten kesilme ile artık vücutta imal edilmeyen hormonların dışarıdan verilmesi menopozdaki kadında uygulanan en yaygın tedavidir. Hormon replasman tedavisinin iki önemli amacı vardır. Birincisi, özellikle östrojen eksikliğine bağlı oluşan şikâyetleri gidermek ve bu eksikliğe bağlı kalıcı etkileri önlemek. İkinci önemli amaç ise osteoporoz, yani kemik erimesi ve kalp dolaşım hastalıklarındaki risk artışını önlemektir. Bu tedavi sırasında göz önünde bulunan en önemli nokta hormon replasman tedavisinin hem kullanımı kolay bir yöntem olması, hem de risklere karşı iyi bir yarar sağlayacak durumda olmasıdır.

Tıp kitaplarına baktığımızda menopoz sırasındaki kadınlara hormon tedavisi için gerekçeler şunlardır: ateş basması, sıkıntılar, idrar yolu şikâyetleri, cinsel organlardaki şikâyetler, ciltte bozulma, kıllanma, kemik erimesi, kemik ağrısı şikâyetleri, kalp ve dolaşım hastalıklarının önlenmesi, kalınbağırsak kanserinin önlenmesi, alzheimer hastalığının önlenmesi.

Bütün sayısal verilere baktığımızda, ateş basması şikâyetinin giderilmesi hormon tedavisinin uygulanmasının en belirgin nedeni gibi gözükmektedir. Eksilen hormonlar yerine konulduğunda, bu ateş basması şikâyetleri hızlı ve etkili bir biçimde ortadan kalktığından, bu tedavi ateş basmasından yakınan kadınların yaşam kalitesini büyük ölçüde artırabilmektedir. Burada unutmamamız gereken nokta, hormon replasman tedavisinin ve uygulanacak yöntemlerin, kullanılacak ilaçların, tıbbi gerekçe ile ve aynı zamanda kişiye özel olarak belirlenmesidir. Bu, çok önemlidir.

Esasen bu kitabın birçok bölümünde hormon tedavisinin fayda ve sakıncaları üzerinde gerekli görüşlere yer verdik. Daha önce de değindiğim gibi 100 yıl önceye kadar kadınlar genelde 50 yaşına kadar yaşıyorlardı ve birçoğu menopoz şikâyetlerini yaşamadan ömürlerini dolduruyorlardı. 21. yüzyılın başında ise kadınların çoğunun 80'li yaşlar civarına kadar yaşaması, diğer bir deyişle yaşamlarının üçte biri menopoz sonrası yılları kapsadığı için menopozda oluşan şikâyetler ve bunları ortadan kaldırmak için geliştirilen tedavi yöntemleri ve bunlar içinde hormon tedavisi büyük önem kazanmıştır.

Menopozda hormon replasmanında dikkat edilmesi gereken, gerekçeler kadar risk faktörlerinin de ortadan kaldırılması gereğidir. Kadının şikâyetlerine göre böyle bir tedaviye başlamadan önce, gereken bazı araştırmaların yapılmasının çok önemli olduğunu burada tekrar vurgulamak isterim. Bu tetkikler yapılmadan hormon tedavisi kesinlikle hiçbir kadına uygulanmamalıdır. Böyle bir tedaviye başlamadan önce en azından kadının cinsel organları, meme ve koltukaltı bölgeleri ve kalp dolaşım sistemi iyice muayene edilmelidir. Kadının iç cinsel organlarının ultrasonografi tetkiki ve mamografi tetkiki yapılmalıdır. Ayrıca kadından dölyatağı ağzından kanser erken teşhis muayenesi olan pap smear, gerekirse kolposkopi yapılmalı, tümör marker denen kanser belirteçlerine kanda bakılmalıdır. Bunların dışında böbrek ve karaciğer testleri yapılmalıdır. Bütün bu muayeneler yapılmadan, kişiyi tanımadan hormon tedavisini yapmak tıbbi hata olur. Bazı hanımların ne yazık ki kadın

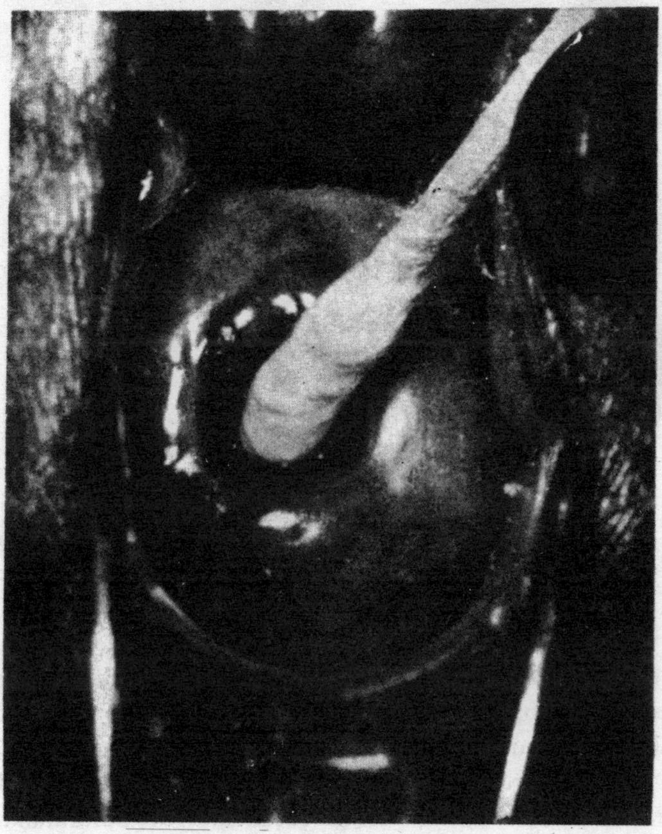

Kanser Erken Teşhis Muayenesi: Dölyatağı kanalının ağzından mikroskopik muayene için hücrelerin alınışı

hastalıkları hekimine gitmeden, komşusu veya akrabasının aldığı ilaçları eczaneden alıp kullandıklarını duymaktayız. Bu, çok yanlış ve tehlikeli, hatta ölümcül bir tutum olabilir.

Hormon tedavisinde östrojenler, progesteronlar ve bitkisel kaynaklı ilaçlar kullanılmaktadır.

Yukarıda değindiğimiz şikâyetler içinde dölyolunun kuruluğunun giderilmesini, kadının cinsel yaşamına acı çekmeden devam etmesini hormon tedavisi sağlamaktadır. Hormon tedavisinin hedefleri arasında en önemli noktalardan biri, kalça ve

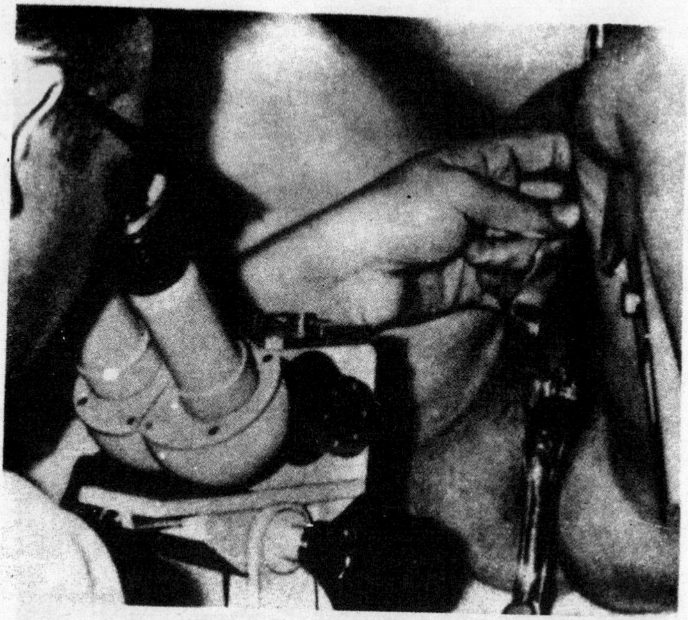

Kolposkopi ile Muayene

omurdaki kemik kaybını önleyerek, kemik kırıklarını engellemektir. 'Osteoporoz ve Tedavisi' başlığıyla, bu konu hakkında sizlere, bu kitapta ayrıntılı bilgi vermeyi uygun gördüm. Burada hemen belirtmek isterim ki, osteoporozun önlenmesinde ve tedavisinde hormondan başka seçenekler de bulunmaktadır. Ancak menopozdaki kadında osteoporozun tedavisinde hormon tedavisi birinci sırada gelmektedir.

Bütün dünyada olduğu gibi Türkiye'de de menopoz yaşındaki kadınların, en azından okuyan kadınların büyük bir kısmı menopoz sırasındaki hormon tedavisinin kemik dokusu üzerindeki yararlı etkileri konusunda bilinçlenmiştir. Fakat bu bilinci ülkemizde daha geniş kitlelere yaymak gerekir.

Bugün artık ülkemizde de menopoz şikâyetlerini hızlı ve etkili bir biçimde giderilmesini sağlayan hem doğal östrojen, hem de az düzeyde özgün progesteron içeren ürünler mevcuttur. Son yıllarda giderek daha az dozla daha fazla etki sağlanan ilaçlar imal edilmiştir. Bunların birçoğu artık kilo artışını engellemektedir. Bazıları kan basıncını kontrol altına almaya katkıda bulunmakta, kan yağları düzeyini olumlu etkilemektedir.

Sonuç olarak özetleyecek olursak menopozdaki kadının hormon tedavisi, risk ve faydaları tartılarak uygulandığında kadının sağlığı düzelmekte, yaşam kalitesi artmakta ve yaşlılığa, özgüveni artmış bir kadın olarak girmektedir.

Ünlü endokrinolog, yani hormon bilimci Prof. Dr. Speroff' un belirttiği gibi hormon tedavisinde bireyselleşmeye gitgide daha fazla ağırlık verilmektedir. Bu, çok önemlidir. Ülkemizde ise bazı günlük gazeteler ve ilavelerinde menopoz ile ilgili çalakalem yazılmış yazılarda bazı ilaç isimleri verilmektedir. Bu tür öneriler hem tıbbi yönden yanlış hem de etik ve kanunlar açısından yanlıştır. Kesinlikle bir kadın hastalıkları uzmanına başvurmadan ve muayene olmadan ilaç almayınız.

HORMON UYGULANACAK KİŞİLERDE TEDAVİ ÖNCESİ DEĞERLENDİRME

Menopoz tanımlamasını ilk başta geniş olarak yapmıştık. Menopozda artık FSH, yani folikül stimulan hormon uyarısına östrojen salgılanması oluşmaz ve bunun sonucunda âdet kanaması meydana gelmez. Menopoz ile başlayan bu östrojen eksikliği tablosu sonucu sadece âdet görmeme durumu oluşmaz, aynı zamanda östrojen hormonunun etkili olduğu bütün organlarda eksiklik belirtileri ortaya çıkar. Beyin, damarlar, dölyatağı iç yüzeyi, dölyolu ve ciltte östrojen reseptörü diyeceğimiz kısımlar vardır. Menopozla beraber östrojen eksikliği belirtileri özellikle kemik dokusunda yavaşça kayıplar oluşmasına neden olur. Kalp damar sistemi içinde damar hastalıklarına ortam hazırlanır. Beyinde bazı işlevsel azalmalara bağlı olarak kadının psikolojisinde değişim, gerginlik, sinirlilik ve sıcak basması gibi tablolar ortaya çıkar.

Daha önce de değindiğim gibi, östrojen eksikliği dölyolu salgılanmasının azalmasına, dölyolundaki nemliliğin azalmasına ve kuruluğa neden olur. Ciltte esneklik kaybı söz konusudur. Kalp damar sisteminde, damarlar içinde genel olarak sertleşme ve arteriyoskleroz dediğimiz damar sertliği ortaya çıkarak, yüksek tansiyona ve bazı kalp hastalıklarına neden olur.

Göğüslerde ise memenin bağ dokusunda azalma ve memenin dik durmasını sağlayan bağ dokusunda kayıp görülür, bu durum memelerin sarkmasına neden olur. Kemik dokusundaki osteoporoz dediğimiz bozukluklara bağlı olarak duruş bozuklukları, boyda kısalma görülür. Bazı ruhsal değişimlerle beraber seyreden uykusuzluk, sıkıntı, gerginlik, depresyona eğilim ve yaşlılık bunamasına eğilim gibi tablolar ortaya çıkar.

Laboratuvar bulgusu açısından değerlendirdiğimizde kişide menopoz var diyebilmek için FSH ve LH'nin 40mlU/ml'den fazla ve östrojenin 20pg/ml'den küçük olması gerekir.

Hormon tedavisinde esas, vücudun artık imal etmediği hormonların dışarıdan verilmesidir.

Neden HRT, yani hormon replasman tedavisine başlanmalıdır?

Menopoz belirtileri ve menopozun başlaması ile beliren hormon eksikliği, kadının vücudunda hızlı bir yaşlanma sürecini başlatmaktadır. Yukarıda değindiğimiz bu değişimler olurken özellikle kalp damar sistemindeki değişiklikler koroner kalp hastalıklarına ve ani ölümlere kadar gidebilmektedir. Bazı kimselerde ise damar tıkanmaları gözükebilmektedir. Bu yaş grubunda östrojen içeren ilaçların verilmesi damar içindeki tıkanma eğilimini azaltmaktadır. Bunun da ana sebebi damar tıkanmalarına neden olan kandaki lipidlerin östrojen tedavisi ile normal düzeye çekilmesidir.

Kadınların özellikle bu yaşlarda altı ayda bir kadın doktoruna giderek kontrol olmaları, pap smear yaptırmaları çok önemlidir. Çünkü bu şekilde kısa aralıklarla kadındaki hormonsal değişimler izlenebilir ve hekim menopozda hormon verip vermemeye karar verirken elindeki bu sık yapılmış kontrollerin verilerine göre daha rahat ve objektif bir karar verebilir. Bir örnek verirsek, kadında menopoz öncesi dönemde uzamış, az östrojen imal edilen dönem var ise, bu dölyatağının iç kısmında bazı sorunlara zemin hazırlayabilmektedir. Dölyatağı içinde sinsi seyreden östrojene duyarlı bir kanser varsa östrojen verilmesi sonucu kanserde hızlı bir ilerleme oluşabilir. Bu nedenle progestoron denen hormonun da bir arada verilmesi gerekir. Burada önemli olan altı ayda bir yapılan muayenelerle kadının klinik gidişatının, yani vücudunda neler olup bittiğinin hekim tarafından bilinmesidir. Hormon tedavisine başlamadan önce değerlendirmeler yapılırken kadın doktorunun elinde ne kadar çok veri olur ise, hekim o kadar doğru karar verecektir.

Menopozda yumurtalıkların androjen salgılama görevlerini büyük oranda sürdürdüğü bilinmektedir. Menopozda dışarıdan verilecek olan östrojen ve progesteronların uygulama yolu önemlidir. Özellikle yüksek tansiyonlu kalp dolaşım sorunu olan kimselerde ağız yoluyla tablet şeklinde östrojen verilmesi yerine deriden emilen, yani vücuda yapıştırılan östrojen içeren bantlar tercih edilmektedir.

Genelde menopozdaki hanımlar hormon kullanmaya ateş basmaları nedeniyle başlamaktadırlar. Genelde başladıktan bir-iki yıl sonra bu uygulamayı terk etmektedirler. Bununla ilgili değişik ülkelerde yapılan araştırmalarda toplumların farklı kültür yapışı olmasına rağmen, kadınların benzer şekilde davrandığı görülmektedir. Bazı kadınlar menopozda dahi âdet görme ile kadınlığı özdeşleştirdiği için kanamaya neden olabilecek ilaçları istemektedirler. Bazı kadınlar ise âdet kanaması günlük yaşamını etkilediği için kanama yapmayan ilaçları tercih etmektedirler.

Hormon replasmanı tedavisine başlamadan önce neden bazı tetkikler gerekir?

Hormon replasmanı, yani menopozda hormon tedavisinden önce bazı tetkikler yapılması gerekir. Hormonların etkisi altında kadının en önemli organları dölyatağı ve memedir. Burada en önemli olan nokta dışarıdan kadına hormon verilmeye başlamadan önce vücutta, özellikle meme ve dölyatağında bir kanser odağının olup olmadığının araştırılmasıdır. Bunun için özellikle meme ve iç cinsel organlara özel olan kanser belirteçleri, yani tümör marker tetkikleri yapılır. Mamografi, meme sonografisi, karaciğer tetkikleri, şeker araştırması, pap smear ve jinekolojik muayene, koltukaltı ve meme muayenesi yapılır. Gerekirse hastanın geçmişine bağlı olarak kemik yoğunluğu testi yapılır.

Hormon tedavisi düşünülen kadında menopozda tedavi öncesi bu tetkikleri yaparken sadece kadını muayene etmek yeterli değildir. Kadının ruhsal durumu ve menopoz, yani âdetten kesilmesiyle kendisinde oluşan bütün değişimler etraflıca kadın ve kendi kadın hastalıkları doktoru arasında konuşulmalı, bütün sorun ve beklentiler tartışıldıktan sonra bir tedaviye başlanıp başlanmayacağına karar verilmelidir. Burada en önemli olan nokta her kadının kendi durumuna göre bir tedavi planı yapılması gerektiğidir. Ve burada hasta için en önemli ödev altı ayda bir kadın doktoruna giderek sağlığının takip edilmesidir.

HANGİ HASTAYA HANGİ TEDAVİ - SAKINCALAR

Menopozda hormon tedavisine başlamadan önce hormon alacak kadının kadın hastalıkları uzmanı tarafından öncelikle bu tedavinin uygun olup olmadığı saptanmalıdır. Yani o kişi için hormon vermenin sakıncaları var mıdır? Özellikle östrojenin kimyasal yapısı, dozu, veriliş yolu seçilirken kesin veya göreceli sakıncalar değerlendirilmelidir.

Östrojen kullanımının tıbbi tabirle kontraendike olduğu, yani sakıncalı olduğu durumlar: Göreceli sakıncalar: 1. Meme kanseri öyküsü, 2. Dölyatağı kanseri öyküsü, 3. Kronik karaciğer hastalığı, 4. Büyük dölyatağı miyomu, 5. Dölyatağı içi iltihapları, 6. Damar iltihapları, 7. Beyin damarları ile ilgili sorunlar, 8. Yakın geçmişte geçirilmiş kalp krizi, 9. Pankreas hastalığı, 10. Fibrokistik meme hastalığı, 11. Safra kesesi hastalığı, 12. Östrojenle kötüleşen yüksek tansiyon ve migren.

Östrojen kullanımının kesinlikle sakıncalı olduğu durumlar: 1. Meme kanseri, 2. Dölyatağı kanseri, 3. Yumurtalık kanseri, 4. Damar tıkanmaları ve iltihapları, 5. Karaciğer hastalıkları, 6. Teşhisi konulmamış dölyolu kanamaları.

Menopozda hormon tedavisinin yararları hakkında diğer bölümlerde ayrıntılı bilgi verdik. Hangi hasta için hangi hormon tedavi yöntemi uygulanmalı diye sorarken, bu kitabın birçok bölümünde belirttiğim gibi menopozda hormon tedavisi kişiden kişiye değiştiğinden, her kadın için ona uygun olan bir yöntem seçilmesi zorunluluğu vardır ve bu çok önemlidir. Her ilaç herkese uygulanamaz. Bu, çok önemlidir. Bu nedenle menopozda hormon kullanmak isteyen bir kadın, kesinlikle kadın hastalıkları uzmanına başvurmalıdır.

Diğer önemli bir husus, bu tedavinin uzun vadeli bir tedavi olarak düşünülmesidir. Yani bu tür ilaçları birkaç ay alıp sonra bırakmak, sonra tekrar kişinin kafasına göre ilaçlara başlamak doğru olmaz. Bazı istatistiklere baktığımızda ilk yıl içinde menopoz sırasında hormon tedavisini bırakma oranı yüzde 20'ye varmaktadır. Bilindiği gibi menopoz dönemi kadının yaşamının aşağı yukarı üçte birini kapsamaktadır. Bu tedavide gaye, hem kadının sağlığını korumak hem de yaşam kalitesini yükseltmek olduğuna göre, burada mühim olan o kadına uygun hormon tedavi planını uygulamak ve sürdürmektir.

Hastaların birçoğu bu tedaviye başlamakta, fakat sonradan bir şekilde uyumsuzluk göstermekte ve ilaçları bırakmaktadır. Bunun başlıca nedeni hekimin hastaya yeterince açıklama yapmaması, daha doğrusu belki de ülkemizdeki devlet hastaneleri, SSK hastaneleri gibi kurumlarda kalabalık nedeni ile hekimin hastaya fazla vakit ayıracak zamanının olmamasıdır. Bu tedaviyi bırakmanın diğer nedenleri arasında başta maddi olanaksızlıklar, yan etkilerinden ve kanserden korku ve devamlı ilaç kullanımının kadına verdiği rahatsızlık gelmektedir. Kanımca bu tedavi sırasında kadın hastanın aynı hekime gitmesinde büyük fayda vardır. Çünkü yıllar içinde hekim hastadaki değişimleri veya tedavinin gidişatını izleyerek hastaya daha faydalı olacaktır.

Hormon tedavisinin veriliş yollarına gelirsek, özellikle östrojenlerin ağız yoluyla, bazı flaster benzeri şekilleri ile deri yolundan veya kremler şeklinde hem deri yolundan hem de vajinal yoldan veya sprey şeklinde burun yoluyla uygulandığını görmekteyiz. Genelde yaygın olarak ağız yolu ile verilen ilaçlar kullanılmaktadır. Ancak bunlar karaciğerde protein sentezini artırdığı için daha yüksek doz gerekmektedir. Bazı durumlarda, örneğin yüksek tansiyonlu kadınlarda ağız yolu ile östrojen vermekten kaçınırız. Bu gibi yüksek tansiyon hastalarına deriden hormonun geçtiği flaster şeklindeki ufak gereçlerle hormon verilir. Özellikle menopozun başlamasından yıllar geçtiği halde hiç hormon almamış bazı kadınlarda cinsel birleşme sırasında kuruluk ve diğer şikâyetler ortaya çıkar. Bu tür sorunlarda hormonal dölyolu kremleri kullanmak uygundur.

Bugün Türkiye'de de hem östrojen hem de progesteron içeren çok az yan tesiri olan tablet şeklindeki ilaçlar piyasada bulunmaktadır. Menopozda hormon tedavisinde başlangıç dozu kadın hastalıkları hekimi tarafından titizlikle seçilecektir. Kilo alımı, meme duyarlılığı, hafif bulantı gibi yan tesirleri ortadan kaldırmak için hekiminiz dozda ayarlamalar yapmaya gayret edecektir. Eğer ilk defa hormon alıyorsanız 2-3 ay sonra tekrar hekiminizle diyaloğa girerek, eğer varsa yan etkilerini tartışmalısınız. Ayrıca daha önce de belirttiğim gibi son yıllarda tamamen bitkisel olarak üretilen ilaçlar piyasada bulunmaktadır. Ayrıca ateş basması gibi kadının vazo motor sistemi ile ilgili şikâyetlerinin soya ve soya yağlarının kullanılması ile yüzde 40 oranında, buğdaylı gıda verilmesiyle yüzde 25 oranında azaldığı gösterilmiştir.

ÖSTROJENLER

Östrojenlere halk arasında kadınlık hormonu da denir. Menopozla birlikte kadının vücudunda östrojen yapımının azalması nedeniyle bu hormon önem kazanır. Bu hormonun artık üretilmemesi birçok sorunlar yaratır.

Menopoz sonrasında kadın vücudunda östrojen düzeyinin düşmesinin, kalp hastalığı ve buna bağlı ölüm riskini artırdığı tıp dünyasında çok uzun zamandır bilinmektedir. Kalp ve kadın hastalıkları uzmanları, menopoz sonrasında kadınları kalp hastalıklarından korumak için çözüm bulmuşlardır: Yapay östrojen hormonları, vücutta eksilen cinsiyet hormonlarının yerini alabilir ve infarktüs riskini azaltabilir. Arteriyoskleroz, yani damar sertliği için iki önemli risk faktörü olan kan yağları ve fibrinojen düzeyidir. Hormon kullanan kadınlarda belirgin ölçüde daha düşüktür. Menopoz sonrası hormon kullanan kadınlarda kalp ve dolaşım hastalıkları riskinde yüzde 25'e varan bir azalma sağlanıyor. Damarların iç duvarlarını kaplayan hücrelerin östrojen reseptörleri bu koruma mekanizmasında rol oynuyor.

Hormon verilmesi, uzmanların çoğu tarafından evrensel bir gençlik aşısı olarak kabul ediliyor. Bilindiği gibi östrojenlerin kadın kalbinin dostu olmalarının yanı sıra başka yararları da var: Östrojenler kadınları osteoporozdan koruyarak kemiklerde kırılma riskini yüzde 80 oranında azaltıyor; yalnızca menopoz sonrası süreçte kemik yıkımını önlemekle kalmıyor, yeni kemik yapımını da uyarıyorlar. Yapay cinsiyet hormonları, hastanın ruhsal durumunu olumlu yönde etkiliyor. Birçok kadın, hormon tedavisi sayesinde kendine güven duygusu ve iyimserlik kazanıyor. Menopozdaki sıcak basması, yorgunluk ve uyku bozuklukları östrojen sayesinde önleniyor. Östrojenlerin alzheimer hastalığından da koruduğu öne sürülüyor.

Menopoz sonrası östrojen kullanımı, Türkiye'de de kadınlar arasında gün geçtikçe yaygınlık kazanıyor. Ayrıca karaciğer hasarı olan veya damar tıkanması eğilimi olan kadınlar, sigara içenler ve kan basıncı yüksek olan hastalarda özellikle ihtiyatlı olunması ve düzenli kontrollerin yapılması gerekiyor. Yapay hormon kullanımı son yıllarda 50 yaşını geçen kadınların gençlik iksiri olarak kabul edilse de, hastaların bir bölümü kanser korkusundan veya aşırı kilo almaları nedeniyle iki yıl içinde bu tedaviyi kesiyor. Son yıllarda feminist kadın örgütleri, dişilik hormonu kullanımı konusunda kadınlara toplumda tıbbi veya sosyal bir baskı yapılmamasını veya konuya ilişkin bilimsel araştırma sonuçlarının eleştirel bir gözle değerlendirilmesini savunuyor.

PROGESTERONLAR

Progesteronların vücutta önemli ödevi vardır. Aylık âdet düzeni içinde ayın ilk yarısında östrojenlerin etkilerini takiben yumurtlamayı takip eden günlerde, yani daha çok 14. günden sonra progesteronların salgılandığını görürüz. Genel olarak progesteronlerın östrojenlere karşı bir etkinliği vardır. Buna anti-östrojenik efekt deriz. Bu şekilde dölyatağı içinde östrojen etkisiyle dölyatağının iç tabakalarının daha fazla gelişmesi progesteronlarla önlenir.

Diğer bölümlerde özellikle tedavide, progesteronların önemine ayrıca değineceğiz.

MONOTERAPİ

Tek hormonla yapılan tedaviye monoterapi diyoruz. Diğer bir deyişle menopoz sırasında eksilen hormonların yerine sadece östrojen ile yapılan tedaviye genelde monoterapi diyoruz. 1950'lerden itibaren ve 1970'lerin başına kadar menopozda hormon tedavisi deyince sadece östrojen tedavisi uygulanmış. Daha sonraki yıllarda ise sadece sentetik östrojen tedavisinin bazı sakıncaları olabileceği düşünüldüğü için monoterapi denen bu usulden vazgeçilmiştir.

KOMBİNASYON TEDAVİSİ

1970'lerden sonra sadece östrojenle yapılan hormon replasman tedavisinin bazı sakıncaları göz önünde bulundurularak menopozdaki kadınlara östrojenle beraber progesteron verilmeye başlanmıştır. Bu her iki hormonun birden dışarıdan verildiği tedaviye beraberce veya birleştirici anlamına gelen kombinasyon tedavisi adı verilmiştir. İki hormonun birden verilmesi kadının menopozda daha dengeli bir şekilde hormon almasını ve şikâyetlerinin de daha az olmasını sağlamıştır. Kombinasyon denen bu sistemin verilmesi, özellikle tek başına verilen östrojen vakalarında görülen hiperplazi denen, dölyatağı içinin istenmeyen bir şekilde fazla gelişmesini ve fazla kanamaları önlemiştir. Bu her iki hormonun birden verilmesi sonucu kanser riski östrojenin tek başına verildiği vakalara göre koruyucu bir anlam kazanmıştır. Bugün artık menopozda kombinasyon tedavisinin çeşitli şekilleri uygulanmaktadır. Türkiye'de de çok az hormon içeren, fakat iyi neticeler veren ilaçlar piyasada bulunmaktadır. Bu ilaçların çoğu sentetik kökenli östrojen ve progesteron içermektedir. Ancak son yıllarda bitkilerden elde edilen ve vücuda her iki hormonun etkisini bırakan ilaçlar imal edilmiştir.

HORMON TEDAVİSİNİN UYGULANDIĞI YOLLAR

Menopozda vücutta artık imal edilmeyen kadınlık hormonlarının verilişi, yani hormon replasman tedavisi genellikle ağız yoluyla olur. Bazı tedavi yöntemlerinde 28 günlük bir düzen yaratılır. Bu 28 günlük düzen kadının âdet gördüğü zamanı andırır. Bu 28 günlük düzenin bazı günlerinde östrojen hormonu içeren tabletler alınır. Bazı günlerde de doktorunuz size gerektiği kadar bu haplara ilave olarak progesteron içeren tabletler verecek ve bu 28 günlük düzen içinde hangi günlerde alacağınızı söyleyecektir.

Bu tedavinin gelişmesi sırasında ağız yolu ile verilen östrojen hormonunun yüksek tansiyonlu kadınlarda sorun yarattığı görülmüştür. Bu kişiler için bu sorunları halletmek gayesiyle östrojenin flaster şeklinde deriye yapıştırıldığı yeni teknikler geliştirilmiştir.

Menopozdaki bazı kadınlar ağız yolu ile ilaç kullanmak istememektedirler. Ancak menopoz ve daha sonraki yıllarda pek çok kadında görüldüğü gibi, kadınlık hormonlarının vücutta yapılmamasına bağlı olarak, dölyolunda kuruluk oluşmaktadır. Bunun sonucunda cinsel birleşme sırasında kayganlık ortadan kalktığı için acı ve ağrı duyulmaktadır. İşte bu durumlarda dölyolunun iç yüzünü bu soruna karşı tedavi etmek için dölyoluna östrojen içeren kremler uygulanır.

Son yıllarda ağızdan verilen ilaçlarda çok alçak dozlu yan tesiri az ve etkinliği yüksek olan hormonlu ilaçlar imal edilmiştir. Birkaç yıldır bitkisel kökenli hormon etkisi yapan ağız yoluyla verilen ilaçlar da piyasaya çıkmıştır.

HORMON TEDAVİSİNİN FAYDALARI

Menopozda hormon replasman tedavisi yapmanın amacı, menopozla birlikte kadında oluşan şikâyet ve sorunların ortadan kaldırılmasıdır. Menopoz belirtilerinin başında gelen ateş basması ve terleme, bu tedavi sayesinde hızlı ve etkili biçimde giderilir. Hormon tedavisinin faydalarının başında kemik mineral yoğunluğunu artırarak menopoz sonrası osteoporoza karşı koruma sağlaması gelir. Bu çok önemli konuyu Osteoporoz ve Tedavisi bölümünde ayrıntılı bir şekilde bulabilirsiniz. Bu tedavinin diğer önemli faydası ise kalp ve dolaşım sistemini, yani damarları korumasıdır. Ayrıca kolesterol ve serum lipid düzeyi üzerinde olumlu etkileri bulunmaktadır. Bazı yeni ilaç türleri, vücutta su tutulmasını önlemekte ve kan basıncının kontrol altına alınmasına katkıda bulunmaktadır. Kısaca bu tedavi sayesinde kadın beden ve ruhça, sanki hep 40'lı yaşlarındaki halinde kalmakta ve genel olarak yaşam kalitesi artmaktadır.

HORMON TEDAVİSİNİN TARİHÇESİ

Hormon tedavisinin, daha doğrusu menopozda hormon tedavisinin tarihçesi pek de eski değildir. Çünkü 20. yüzyıl başına kadar kadının ortalama yaşamı 50 yaş civarında noktalanıyordu. Ömür kısa olduğu için kadın uzun yıllar menopoz ve sonrası şikâyetleri yaşamıyordu. 1900'lü yıllardan sonra kadının ömrünün uzamasıyla kadınlar, menopozla birlikte görülen rahatsız edici belirtilere ve değişikliklere katlanmak zorunda kalmıştır. Fakat, menopozun yaşlanmanın doğal bir parçası olduğu kabul edilmekle birlikte buna bağlı sorunların kaçınılmaz veya önlenemez olarak kabul edilmemesi gerektiği bilinmektedir. Uzun vadede ortaya çıkan osteoporoz gibi ciddi rahatsızlıklar göz önünde bulundurularak, yaşa bağlı diğer hastalıklar gibi ciddi bir hastalık olarak değerlendirilip bilinçli olarak tedavi edilmesi gerekmektedir. Bu döneme giren, HRT (hormon replasman tedavisi) görmesinde bir sakınca olmayan tüm kadınlara, eğer istiyorlarsa tedavi önerilebilir.

Türk tıp tarihine baktığımızda 10. yüzyıl sonunda yaşamış ünlü Türk hekimi İbni Sina "El Kanun Fi't Tıb". (elyazması nüsha İstanbul Süleymaniye Kütüphanesi Turhan Sultan No: 265) adlı çok önemli yapıtının 1. cilt 3. Bölümü'nde "Yaş ve Cinsiyetin Mizacı" bölümünde, günümüzden 1000 yıl önce menopoz sorunlarına değinmiştir. Bu konulara değinen İbni Sina'nın diğer önemli eseri "Urcuze fi'l Veşayatı't-Tıbbiye"dir. Şiir şeklinde kaleme alınmış bu eserin orijinali Saray-ı Hümayun, Topkapı Sarayı III. Ahmet Han Kütüphanesi'nde 3447 numarayla kayıtlıdır. Tıb-Name-i Türki ve Hilal-i Ahmer Cemiyeti'nin birçok yayınında, 'Bahname'lerde geçmişte menopoz sorunlarına değinilmiştir.

19. yüzyılın sonlarında, klimakterik dönemdeki sıkıntılı semptomların yumurtalığın işlevinin giderek azalması sonucu meydana geldiğinin keşfedilmesi semptomların, kaybolanın yerine konulması prensibi ile düzeltilebileceği fikrini doğurmuştur. Ancak yumurtalıklardan hazırlanan ilaçlarla yapılan ilk tedavi girişimleri pek başarılı olmamıştır. Etkili HRT'de modern dönem, ancak 20. yüzyılın başlarında yumurtalık hormonlarının ayrıştırılıp ve saflaştırılması ile başlamıştır. Vücutta yapılmayan hormonların dışarıdan ağız yolu ile verilmeye başlamasının ilk uygulamaları, büyük ölçüde yalnızca östrojenden oluşmaktaydı. Ancak, 1970' lerde, dölyatağı bütünlüğü bozulmamış olan kadınlarda sürekli östrojen tedavisinin dölyatağı içinde bazı değişikliklere ve endometrial adenokarsinoma denen kanser riskinde artışa neden olabileceği fark edildi. Bu nedenle, günümüzde dölyatağı bütünlüğü bozulmamış olan kadınlarda kullanılan HRT ilaçları östrojenin yanı sıra progesteron da içerir. Progesteron bu riski dengeler, hatta dölyatağı iç kısmının kanserine karşı koruma da sağlar.

SİGARA VE MENOPOZ

Ülkemizde de sigara içenlerin sayısını azaltmak amacıyla yapılan bütün girişimlere rağmen sigara içme oranı yine de yüksektir. İstanbul'da şehir hatları vapurlarında sigaranın tümü ile yasaklanması ancak Kasım 2005'te yapılabildi. Koroner kalp hastalığı riskinde önemli bir artışın eşlik etmesi nedeniyle sigara, kalp hastalıklarının önlenebilir nedenlerinin başında gelir. Sigara kadınlarda görülen bütün miyokard enfarktüslerinin, kalp krizlerinin ve ani, beklenmedik ölümlerin yüzde 64'ünden sorumlu bulunmuştur. Kalp açısından, sigaranın bırakılması için hiçbir zaman geç kalınmış sayılmaz. Sigara içenler bundan mutlaka haberdar edilmeli ve bu kişilerin karamsar bir düşünceye kapılmaları önlenmelidir.

Sigara bırakıldığında, akciğer kendi kendini onarmaya, kalp atım sayısı ve kan basıncı azalmaya, öksürük ve soluk daralması ortadan kalkmaya başlar. Bunların dışında daha birçok değişiklikler cereyan eder.

Menopozda, dışarıdan bakıldığında görülemeyen değişiklikler de cereyan eder; örneğin uzun süreli östrojen eksikliği sonucu osteoporoz ve kalp hastalığı riski artar. Gerçekten de kadınlardaki koroner kalp hastalığı sıklığı, menopozdan sonra hızla yükselmekte ve erkeklerdekine yakın değerlere ulaşmaktadır. Menopozun sigara içen kadınlarda farklı olduğu, 1977 gibi tıp için oldukça erken bir tarihte fark edilmiştir. Örneğin sigara içen kadınlarda doğal menopoz, kültürel farklar veya erken menopoza girenlerde sigara içme eğiliminin fazla olması gibi sonucu etkileyecek bazı etkenlere rağmen, sigara içmeyenlere kıyasla daha erken gelişmektedir. Sigara içenlerde menopoz, sigara içmeyenlere kıyasla ortalama 1-2 yıl daha erken görülür; bu kadınlarda menopoz başlangıcı dönemi daha kısadır. Ayrıca sigaraya, osteoporoz riskinde artış da eşlik eder. Gün geçtikçe ülkemizde sigara içen genç ve orta yaşlı kadın sayısı artmaktadır. Özellikle yabancı sigaraların içinde bağımlılık yapan maddeler olduğu ileri sürülmektedir. Bu nedenle sigaradan uzak duranlar sağlığını koruyacaktır. Sigara tiryakileri sigaradan çeşitli zararlar gördükleri gibi menopoz sırasında daha fazla zarar göreceklerdir.

HORMON VERMEYE NE ZAMAN BAŞLAMALI?

Menopoz şikâyeti olan hastalarda "Hormon vermeye ne zaman başlamal" sorusuna bütün kadın hastalıkları uzmanları aşağı yukarı aynı cevabı verecektir. Burada önemli olan kadınların farkındalığıdır. Yani kadınlar menopoza girmeden önce menopoz hakkında bilgileri olursa, kadın doktoruna çok geç kalmadan başvuracaktır. Menopozda hormon tedavisinin başlangıç zamanı çok önemlidir. Çünkü hastanın şikâyetleri başladıktan üç-beş sene geçtikten sonra tedaviye başlamak hastaya fazla bir fayda sağlamayacaktır. Türkiye'de menopoz döneminde kullanılabilen çok değişik içerikli hormon ilaçları piyasada bulunmaktadır. Burada mühim olan sizin şikâyetlerinize ve aile soy geçmişinizi de göz önünde bulunduran, size uygun bir hormon tedavisinin ve hormon ilâcının seçilmesidir.

Bazı kadınlarda menopoz öncesi, menopozun belirtileri ve şikâyetleri ortaya çıkmaktadır. Bu nedenle bu şikâyetlerin ortaya çıktığı zaman, gerekirse uygun bir tedaviye başlanır. Menopoz öncesinde 45-50 yaşlarında görülen östrojen eksikliğine bağlı belirti ve şikâyetleri ortadan kaldıracak ilaçlar bulunmaktadır. Ayrıca herhangi bir nedenle dölyatağı ve yumurtalıkları ameliyatla alınmış daha genç yaştaki hastalara da hormon tedavisi uygulamak doğru olur.

Bu hormon tedavisine kadının sağlığı açısından menopozu takip eden ilk üç ay içinde başlamak veya en geç altı ay içinde başlamak en uygun zamanlamadır. Bu arada ailesinde osteoporoz, kalp-damar hastalığı olan kadınlarda hormon tedavisine ne kadar erken başlanırsa, kadının o kadar fayda sağlayacağı unutulmamalıdır.

Özetlersek menopoza girdikten sonraki ilk altı ay içinde dışarıdan hormon verme tedavisine başlama zamanı en uygun zamandır. Bunu kaçırmamak için de her kadının bu bilgilere daha önceden sahip olması gerekir. İşte bu kitapla gayemiz, kadınlara sağlık açısından koruyucu hekimlik bilgileri vermek ve onları aydınlatmaktır.

HORMON REPLASMAN TEDAVİSİNDE ASIL AMAÇ

Menopoz zamanında özellikle östrojen hormonunun eksikliğine bağlı olarak kadınlarda, çok önemli yukarıda da değindiğimiz, organsal ve ruhsal değişiklikler ortaya çıkmaktadır. Bu ortaya çıkan değişiklikler kadının yaşamını zorlaştırmaktadır. Bu sıkıntılar bazı kadınları fazla zorlamasa da, bazıları için hem kendilerine, eşlerine ve çevrelerine buhranlar yaratacak düzeyde olmaktadır. Bu sorunlu dönem bazen birkaç yıl boyunca çok ağır bir şekilde seyretmektedir. Bütün bu sıkıntılardan bu kadınları elimizdeki hormon ilaçları ile kurtarabiliriz. Bu ilaçları kullanırken o kişi için, veya o kişinin diğer hastalıkları açısından hormon ilaçlarının kesinlikle sakıncası olmamalıdır. Bu hastaları altı aylık düzenli aralıklarla mutlaka kontrol etmeli ve gereken testleri yapmalıyız.

Asıl amacımız kadının menopoz döneminde bedensel ve ruhsal olarak sağlığını en iyi düzeyde tutmaktır. Diğer bir deyişle hormon replasman tedavisinde asıl amaç kadında eksilen hormon yapımı ile ortaya çıkan bedensel ve ruhsal şikâyetleri gidermektir. Bunun ayrıntılarını kitabın değişik bölümlerinde bulacaksınız.

OSTEOPOROZ

OSTEOPOROZ VE GENETİK

Osteoporoz, kemik yapısının bozulmasına bağlı olarak iskelet kütlesinde azalma ile meydana gelen kırık riskini artıran bir hastalıktır. Bu değişim menopoz ve postmenopozda, yani menopoz sonrasında, kadın için çok önemlidir. Osteoporozun birçok tanımı olmasına rağmen tüm tanımların ortak noktası kemik kütlesindeki azalma ve kemik kırıklarındaki artıştır. Günümüzde osteoporoz önemli ve büyüyen bir sağlık sorunudur. Osteoporoz genellikle bir menopoz sonrası kemik hastalığı olarak görülse de erkekler ve genç kadınlar da risk altındadır. Fakat kadınların osteoporoza yakalanma riski erkeklere göre beş kat daha fazladır.

Osteoporoz oluşumunda birçok risk faktörü görev almaktadır. Bu faktörlerin büyük bir kısmını yaş, cinsiyet, alkol ve sigara kullanımı gibi çevresel etkenler oluştursa da aile hikâyeleri, ikiz çalışmaları ve moleküler genetik teknikler ile genetik faktörlerin de osteoporozda önemli rol oynadığı ortaya konulmuştur. Osteoporoz genetik kontrolünde yapısal ve düzenleyici birçok gen görev almakta ve yapılan çalışmalar bu genler üzerine yoğunlaşmaktadır. Bu çalışmalarda kemik kütlesini ve mineral içeriğini kontrol eden genlerdeki değişimler önemli yer tutmaktadır. Vitamin D reseptör (VDR) geni üzerine yapılan araştırmalar sonucunda birçok toplumda bu gende değişim görülmüştür. VDR genindeki bu çeşitlilik ile kemik mineral yoğunluğu (BMD) yakından ilişkilidir. Düşük BMD seviyesinin osteoporoza bağlı kırık riskini artırdığı, yapılan çalışmalar ile ortaya konulmuştur.

Osteoporoz ile ilgili diğer genler ise COLIA1 ve COLIA2'dir. Bu genler önemli bir proteini olan Tip 1 kollajen denen doku maddesinin yapılışından sorumludur ve kemik kütlesinin genetik kontrolünde görev almaktadır. Bu sebeple bu genlerin proteini kodlayan bölgelerinde meydana gelen mutasyon denen değişiklikler, anormal kollajen üretimine ve anormal kemik dayanıklılığı ve yapısına neden olabilir. Bu genetik farklılıklar,

Menopozdan Sonra Boy Kısalması Önlenebilir

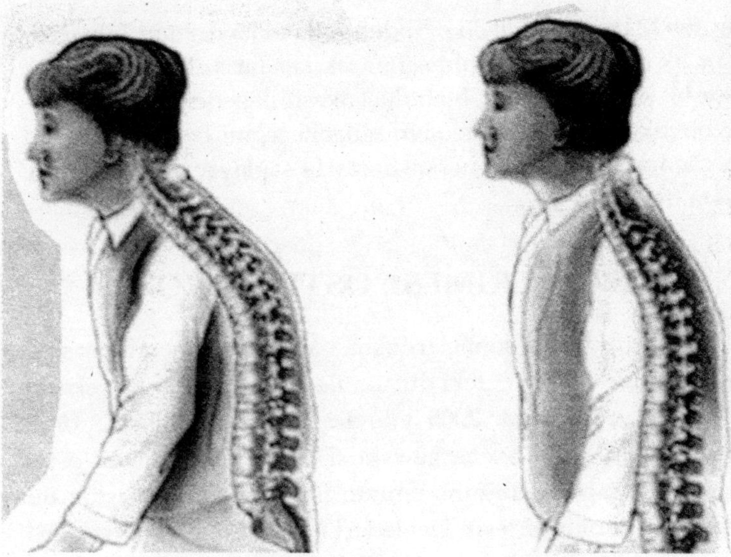

Kemiklerin Menopozda Değişimi

omurga kırıklarına, düşük kemik kütlesi ve osteoporoza bağlı olarak ortaya çıkan kemik kırıklarına neden olabilmektedir.

Yaşlı hücreler artık gen tedavisiyle gençleşiyor. İnsanın ölümsüzlüğe ulaşmak yolundaki uğraşlarında çok önemli bir adım atılmıştır. Son birkaç yıl içinde bilim adamları, laboratuvar ortamında "Fox M1B" adlı genin yaşlı hücreleri tamamen gençleştirdiğini kanıtladı.

Ulusal Bilim Akademisi'nin (National Academy of Science) yayımladığı araştırmaya göre, Illionis Üniversitesi'nde bir grup bilim adamı, yaşlı bir fare üzerinde yaptıkları deneydc, farenin karaciğerindeki tüm hücreleri, Fox MIB adlı genin yardımıyla gençleştirmeyi 2005 yılında başardılar. Deney sonunda, farenin hücrelerinin yeni doğmuş bir farenin tüm özelliklerini taşır hale geldiği ve farenin vücudunda yaşlılıktan kaynaklanan kırışıklıkların da kaybolduğu gözlendi. Araştırmaya başkanlık eden Prof. Robert Costa, sonucun çok önemli sonuçlara yol açacağını belirterek, "Çok yakın gelecekte, insanın hücreleri de bu yolla gençleştirilebilecek," diyordu. Prof. Costa, bugüne kadar, yaşlılığın FoxM1B genini eksikliğinden kaynaklandığının bilindiğini, ancak bu genin çoğaltılmasının ilk kez başarıldığını ileri sürüyordu. Bilim adamları, bu buluşla yaşlılık nedeniyle ortaya çıkan birçok rahatsızlığın tedavi edilebileceğini belirtiyorlar. Bu genetik araştırmalardan herkesin fayda sağlayacağı günler pek uzakta değil.

KEMİK ERİMESİ: OSTEOPOROZ

Osteoporoz yıkıcı sonuçları olan, son derece önemli bir sağlık sorunudur. Türkiye'deki durum ile ilgili çok sağlıklı rakamsal veriler yok. Ancak 2005 yılında Uluslararası Osteoporoz Vakfı Müdürü Paul Sochaczewski, Türkiye'de 8 milyon osteoporoz hastası bulunduğunu tahmin ettiğini ileri sürmüştür. Bu hastalık, Amerika Birleşik Devletleri'nde 500 bin omurga, 250 bin kalça ve 240 bin bilek kırığını da kapsayan, yılda 1.3 milyonu aşan kırığın altında yatan nedendir .

Menopoz sonrası her iki veya üç kadından biri de dahil olmak üzere, yaklaşık 25 milyon kadın düşük kemik yoğunluğundan dolayı kırık riski altındadır. Bu hastalıkla ilgili iyi verilerin bulunduğu ABD'de osteoporozun yıllık maliyetinin 10 milyar doları aştığı görülmektedir. Osteoporoz ve bununla bağlantılı hastalıklar, 45 yaş ya da üzerindeki kadınlarda 320 binin hastaneye yatma olgusuna ve 4 milyon hastane gününe mal olmaktadır. Kalça kırıkları, kırık olayının birinci yılı içinde yüzde 5-15'i aşan ölüm ve kurbanlarının yüzde 60'tan fazlasının günlük yaşam etkinliklerinde yardıma gereksinim duyduğu bilinmektedir. Bu veriler belki sorunun ne kadar büyük olduğunu size açıklamaya yardımcı olacaktır.

Kemik kırılganlığını ve kırık riskini artıran osteoporoz, teşhis ve tedavi edilmezse ciddi sonuçlar doğurabiliyor. Dünyada 50 yaş üzerindeki her üç kadından birinde görülüyor. Yaşlanan dünya nüfusuyla birlikte 2000'li yıllarda önemli bir sağlık sorunu olarak kabul görmeye başlayan osteoporozdan dünyada halen 200 milyondan fazla kişinin etkilendiği düşünülüyor.

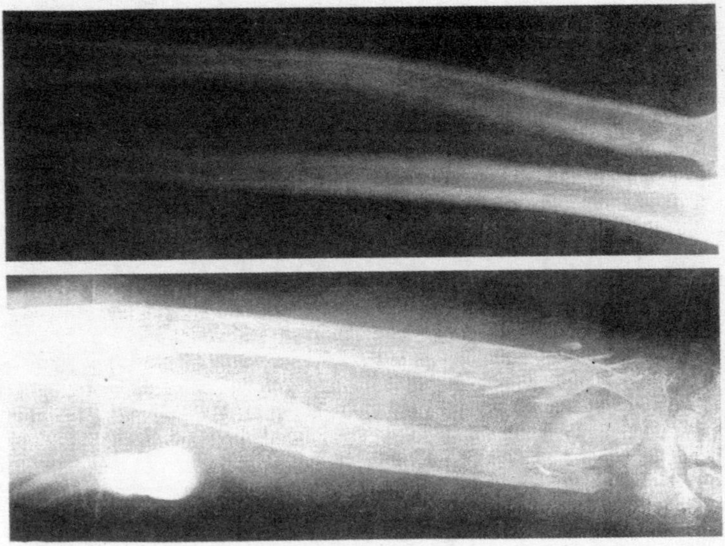

Üstte: Normal kol kemikleri
Altta: 70 yaşında bir kadının aynı kemiklerinde osteoporoz ve buna bağlı iki kırık

Osteoporoza karşı önlem anne karnında başlar. Annenin hamilelik dönemini nasıl geçirdiği çok önemli. Dengeli bir beslenme şekli, egzersiz ve iyi bir takiple hamilelik dönemini geçiren anne, bebeğine çok şey kazandırmış olur. Kemik yapım-yıkım faaliyeti doğumla başlar. 30'lu yaşlara kadar kemik yapımı yıkımdan fazladır. 25-30 yaşlarında kemik kütlesi en yüksek düzeye ulaşır. Ne kadar iyi bir yoğun kemik kütlesi varsa, o kadar az osteoporoz olma riski vardır. Kemik kütlesini hormon ve genetik etkenler, fiziksel aktivite ve beslenme belirlemektedir.

Osteoporozun kırık olmadığı sürece ağrı yapmadığı için sessizce ilerleyen ve yayılmakta olan bir hastalık olduğuna dikkat çekmek isterim. Osteoporoz sonucu oluşan kırıklar kişinin iş verimini ve yaşam kalitesini kötü yönde etkilemektedir.

Kalça kırıkları ayrıca, yılda binlerce hastanın hastane ve bakımevlerine yatırılmasına neden olmaktadır. Kalça kırıkları 75

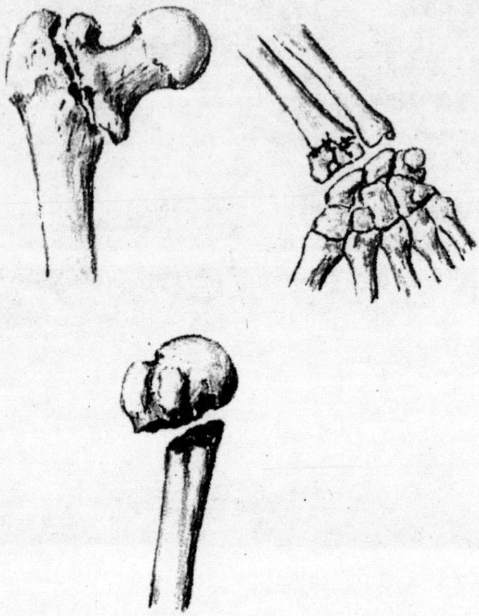

Menopoz Sonrası Osteoporoza Bağlı Kırıklar

yaş veya üzerindeki bireylerde kaza sonucu ölümlerin, başlıca sebebi olan düşmelerin ana nedenidir. Bu, çok önemlidir. Yaşlılara kendini korumanın ve düşmemeye dikkat etmeleri gerektiğinin üstünde durulması gerekir. Omurga ve bilek kırıkları da, yılda binlerce doktor muayenesini gerektiren acı, ıstırap ve sakatlıkların yaşandığı, pahalıya mal olan sorunlardır. Bilek kırığı görülenlerin üçte biri kadarı kalıcı işlevsel sakatlıklarla yüz yüze kalırlar. Bedensel özürlü durumuna düşerler.

Osteoporoz tedavisinde kullanılan ilaçlarla kemiklerin tam olarak normale dönmediğini, buna karşın kırılma riskini azalttığını yaşlılara anlatmalıyız. Tedavi, yaşam stilini ve alışkanlıklarını değiştirmekten geçmektedir. Ailesinde osteoporoz hastası bulunanlar, kemik yoğunluğunun artırılması için ergenlik döneminden itibaren spor yapmaya başlamalı, kalsiyumdan yana zengin beslenmeli, ideal vücut ağırlığında kalmalı, sigara kullanmamalı, güneş ışınlarından yararlanmalıdır. Yetişkin dönemde kemik yoğunluğunun korunması ve kemik kaybının önlenmesi için egzersiz önemlidir.

Cinsiyet hormonu bozuklukları ve D vitamini eksikliği varsa tedavi edilmelidir. Kemik yıkımını artıran ilaçlar kullanılıyorsa, menopoza erken girilmişse hastayı takip eden hekimin dikkatli olması ve ona göre tedavi şekli belirlemesi gerekir. Teşhisten sonra tedavi için hastanın eğitimi gerçekten çok önemlidir. Yaşamının bundan sonraki bölümünde nasıl besleneceği, nasıl hareket edeceği hastaya çok iyi anlatılmalıdır. Hasta ile sürekli iletişim kurulmalıdır. Kadın menopozda da kadın hastalıkları uzmanına altı ayda bir kontrole giderek bu kemik yıkımı sorununun üstünde durmalıdır.

İlaç tedavisinde kemik yıkımını yapan hücreleri bloke eden ilaçlar kullanıyoruz. Bedendeki kemik kütlesindeki kayıp yüzde 30'u aştığında bunun tedaviyle yerine konulması çok zordur. Osteoporoz oluşumu ile vücutta bu yaşlardaki östrojen yapımı azalması yakından ilgilidir. Bu nedenle özellikle ailesinde osteoporoz, yaşlılıkta kemik kırığı hikâyesi olan kimseler âdetten kesilip menopoza girdiği ilk altı ay içinde hormon replasman tedavisine başlarsa çok uygun olur düşüncesindeyiz.

Bu durumdaki bir hastada çok hafif bir çarpma bile kemik kırıklarına yol açabilir. Osteoporoz pahalı bir hastalıktır. Osteoporoz tedavisi kadın hastalıkları uzmanı, fizik tedavici ve iç hastalıkları uzmanının, ortopedi uzmanının beraberce hastayı ele almasını gerektirir.

Genel yaşam biçimimiz dengeli beslenme üzerine kurulmalıdır. İskelet gelişimi anne karnında başlar. Bu nedenle kadın doğum doktorları gebelikte annenin kalsiyum almasına özen gösterirler. Annenin kalsiyumdan yana zengin besinlerle hamileliğini geçirmesi, bebeğin doğunca anne sütüyle beslenmesi, gelişme çağında yeterli kalsiyum alınması kemik kütlesinin istenilen düzeye ulaşmasını sağlar. Kadınlar için bu çok önemlidir. Çünkü kemik yıkımı menopoz döneminde en yüksek düzeye ulaşmaktadır. Bu da kemiklerin zayıflamasına ve kırık olasılığının artmasına neden olur. Osteoporoz olma riskini artıran beslenme ile ilgili faktörler arasında aşırı alkol, kafein ve sigara tüketimi de gelir. Çünkü kalsiyum emilmesi ile doğru orantılıdır. Kalsiyumun vücut tarafından alınabilmesi için D vitamini alınması da çok önemlidir. Kalsiyumu diğer besin gruplarıyla dengeli almak gerekir. Yeterli miktarda D vitamini de, örneğin güneş ışığından yeterince faydalanmak kalsiyumun emilmesini artırır. K ve C vitamini yeterli alınmalıdır. Fazla protein almak, sodyum, şeker ve yağ oranı yüksek besinleri tüketmek vücutta kalsiyum emilmesini azaltır. Kalsiyum kaynakları süt ve süt ürünleri, yani yoğurt, peynir, ayran, yeşil yapraklı sebzeler, baklagiller, fındık, pekmezdir.

Menopoz döneminde günlük kalsiyum ihtiyacı 1000-1200 miligramdır. Eğer kadın menopoza girmişse ve östrojen kullanmıyorsa 1500 miligramdır. Hastanın yaşına, boyuna, kilosuna, fiziksel hareketliliğine göre beslenme programı düzenlemek gerekir. Eğer şişmansa, kolesterolü yüksekse, tansiyon hastasıysa ve başka birtakım sağlık problemleri varsa, öncelikle bunlara yönelik beslenme programı düzenlenmeli ve sonra C ve D vitamini tabletleri kullanmaya başlamalıdır.

Egzersizin, osteoporozu önlemek kadar tedavisinde de etkili olduğunu unutmamalıyız. Uzmanlar fiziksel hareketliliği fazla olan kişilerin yüksek kemik kütlesine ve daha az kırık riskine sahip olduğunu söylüyor. Yeterli kalsiyum ve D vitamini alımı yanında egzersizin de kemikleri kuvvetlendirdiği vurgulanıyor. Örnek vermek gerekirse, hastalara yaşlarına ve sağlık durumuna göre verilen egzersiz tedavileri şöyle sıralayabiliriz:

Aerobik egzersizler:

Belirli bir kalp hızında yapılan egzersizlerdir. Kişinin maksimum kalp hızı = 220 - yaş formülü ile hesaplanır ve egzersiz sırasında bu değer yüzde 50-75 olmalıdır. Yürüme, bisiklet, yüzme, dans bunların arasındadır. Her gün 30 dakika veya haftada 3 gün 60 dakika yapılmalıdır.

Kas güçlendirici egzersizler:

Kemiklere yük bindiren egzersizlerdir. Ağırlık kaldırma şeklinde yapılır. Düşük ağırlıklarla başlanmalıdır, 10-12 tekrarlı ve

2-3 set halinde olmalıdır. Yorulmadan merdiven çıkma, basit bir kas güçlendirici egzersiz olarak görülebilir.

Denge koruyucu ve düzeltici egzersizler:

Uzakdoğu sporlarından olan Tai-Chi gibi yavaş ve ritmik hareketlerle yapılan hareketlerdir. Düşme riski olan yaşlılarda çok yararlı olduğu gibi Amerika ve Uzakdoğu'da yapılan araştırmalarda bu egzersizleri devamlı (10-20 yıl) yapanlarda düşme olaylarının azaldığı ve buna bağlı kırıkların azaldığı tespit edilmiştir. Koşmak ve yürümek yararlıdır. Osteoporoz için çok erken yaşlarda kemik yoğunluğu ölçümü yaptırmanın gereksiz olduğunu söyleyebiliriz. Bizim önerimiz, menopoz sonrası kemik yoğunluğu ölçümü yaptırılmasıdır

Osteoporoz genç yaşta da görülebilir:

Osteoporozun metabolik bir kemik hastalığı olduğunu da unutmamalıyız. Osteoporozun menopoz dışındaki bazı hormon hastalıklarıyla ilişkisine değinmeliyiz. Osteoporozu teşhis ve tedavi etmenin amacı, kırık oluşumunu engellemektir.

Kırık olmadan tanı koymak için, kemik yoğunluğu ölçümünü kullanıyoruz. Kemik yoğunluğu ölçümünde, kalça ve omur kemiklerinin ölçümü yapılıyor. Kemik yıkım hızının saptanması için ise idrarda kemik yıkımı sonucu açığa çıkan özel proteinlere bakılması gerekir.

Osteoporoz, menopoz dışında şu hastalıkların etkisiyle oluşabilir: Tiroid hormonu fazlalığı, D vitamini eksikliği, hiperparatiroidizm, böbrek hastalıkları, karaciğer sorunları, multipl miyeloma.

Osteoporozun tedavisinde ilaç kullanımına gelince; elimizde en etkili ilaçlar arasında östrojenler var. Bunların kullanımı bugün, diğer istenmeyen yan etkiler yüzünden daha ikinci, üçüncü sıralara düşmüş durumda. Şu anda birinci durumda bifosfanat grubu ilaçları tercih ediliyor. Kalsitoninin kullanıldığı ilaçlar var. Östrojene benzeyen fakat meme üzerinde istenmeyen yan etkileri olmayan ilaçlar kullanılabiliyor. Bir de yeni paratiroid hormonunun enjekte edilmesi kemik yoğunluğunu artırıcı özelliğiyle osteoporoz tedavisinde kullanılıyor. Bunların hepsi hastanın yeterli miktarda kalsiyum ve D vitamini almasının üzerine inşa edilen tedavi seçenekleridir.

Osteoporozun nedenlerine göre görülme oranlarını şöyle sıralayabiliriz:

Yüzde 80-85 menopoz, Yüzde 5-10 ilaç kullanımı, Yüzde 5 tiroid hormonları, Yüzde 5 de diğer hastalıklar.

Erkek osteoporozunun başlıca sebeplerinden birinin hipogonadizm denilen testesteron hormon eksikliği olduğunu belirtmeliyiz. Kadın ve erkekte, 50 yaşın altında osteoporoz saptanmışsa mutlaka bir endokrinolog tarafından değerlendirilmesi, altta yatan bir sebep olup olmadığının araştırılmasının gerektiğini vurgulamak gerekir.

Osteoporozlular kırılgandır:

Osteoporotik hastaların kemiklerinin çok kırılgan olduğunu biliyoruz. Osteoporozdan en fazla etkilenen kemikler omurga, kalça ve el bilek kemikleridir. Belirgin bir neden olmaksızın veya şiddetli olmayan düşme ve çarpmalarda osteoporotik kemikler kolay kırılabilir.

Menopoz sonrasında, hareketliliği az olan kadınlarda osteoporozun hızlı ilerlediğini belirtmeliyiz. Çok basit hareketler yüzünden, hafif düşmelerde bile kırıklar olabilir. Çökme kırıkları şeklinde kırıklar görülebilir. 30 yaşındaki bir kadın düştüğünde herhangi bir kırık olmaz, ancak anneannesi düştüğünde mutlaka olur. 1950'lere kadar yaşlı ölümlerinin üçte biri kalça kırığı yüzündendi. Yaşlılarda osteoporoz zaten ağrıyla değil, boy kısalması, kamburluk ve bir gün kalça kırığı ile kendini gösterir.

Amaç, kırık olmadan önlem almak ve hastanın yaşam kalitesini artırmak olmalı. Menopoz, düşük kilolu olmak, daha önce kırık olması ve ailede osteoporoz öyküsü olması, erken safhada röntgen tetkikleri yapmayı düşündürür. Sadece kemikteki niteliği değil, niceliği de saptamak gerekir. Osteoporozun ileri aşamasında bazen sert bir çarpma veya düşmeye bile gerek kalmadan sadece koltuğa hızlı bir şekilde oturma halinde bile omurga çöker ve kırılabilir. Bu riski taşıyan hastaları belirlememiz de çok önemlidir. Hastada kemik yapımında azalma veya osteoporoz saptandı diyelim: Tedavi başladı, bu tedavinin hastaya etkisi, hastanın tedaviye verdiği cevabı da ölçmek gerekir. Hasta bir yıl ilaç kullandı diyelim, tedavinin yararı olup olmadığını saptamak için de kontrol tetkikleri yapılmalıdır. Ayrıntıya girdiğimizde bütün okuyucularım, menopozda hastayı hekimin yakından takip etmesinin önemi ortaya çıkmaktadır.

Hastanın en çok risk altında olduğu bölgeler omurga ve kalçadır. Buradaki kırıklar, ölümlere neden olabilecek sorunlara yol açabiliyor. Özellikle yaşlı bir hastada sorun sadece kırık değil, hastanın yatağa bağlanmasıdır. Buna bağlı olarak damar tıkanmaları olabilir ve ölüm riski doğabilir. Belli bir yaşın üstünde kalça kırığı olan ve yatan hastalarda maalesef böyle bir risk vardır. Omurgadaki herhangi bir kırık da, omuriliği kesip belden aşağısının tutmamasına neden olabilir. Kırık oluştuğunda hastaya ciddi sorun yaratacak veya ölüme neden olabilecek iki önemli bölge bunlardır.

Kemik Yoğunluğu Ölçümü

Osteoporoz teşhisinin konulmasında önemli bir araç olan kemik yoğunluğu ölçümü çok basit bir işlemdir.

Bu yöntemi şöyle açıklayabiliriz: Hasta makineye uzanır. 8-10 dakika süren bir tarama yapılır. Genelde iki bölgeden analiz alınır. Tüm vücut da taranabilir. Hastanın kemiğindeki dansite değerlerine bakılır ve kendi yaş grubuna uyan normal değerlerle kıyaslanır. Normal yaş gruplarına göre kemik dansitesi çok düşükse, beklenen yani klasik osteoporoz değil, bir başka hastalığa bağlı osteoporoz olabilir diyoruz; hormonal nedenler, tiroid, hipofiz problemleri, sürekli ilaç kullanmak... Genç erişkin grubu ile kıyaslandığında (25-40 yaş grubu ağırlıklı dansite değerleri), dansite az ise yavaş yavaş osteoporoz riski var denilir. İki kıstas vardır: Biri kendi yaş grubuna göre, biri de genç erişkin grubuna göre. Bu değerlere göre tanı konulmaktadır.

Kemik ölçümü yapan çok değişik üreticilerin değişik cihazları ülkemizde bulunmaktadır. Bunların her birinin "normal" değerleri farklıdır. Yani değişik makinelerde hastada bu nedenle bir gün ara ile yapılan tetkiklerde değişik makinelerde değişik değerler bulunur. Bu durum sizi şaşırtmasın.

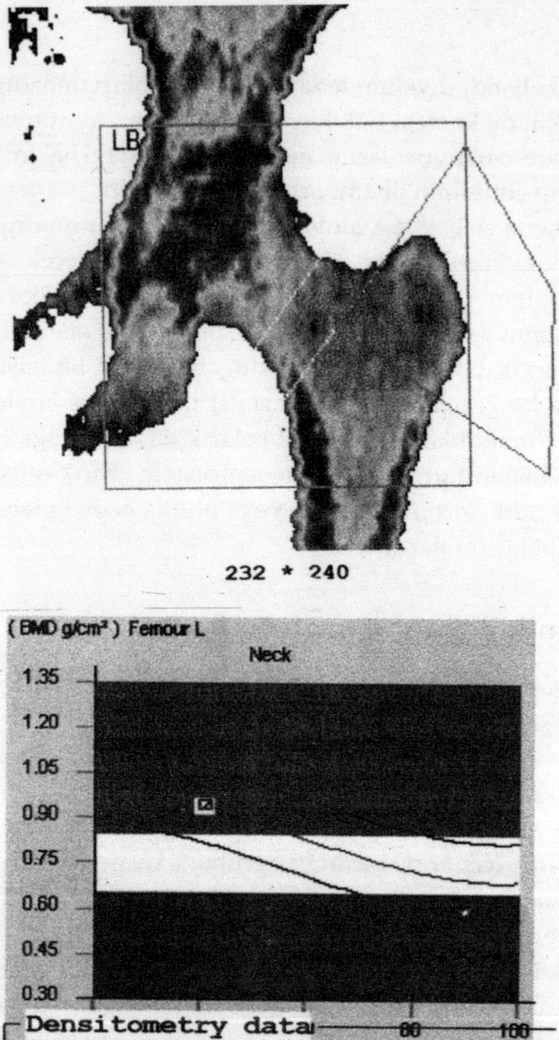

Kemik Yoğunluğu Ölçümü

Hastanın kendi kendine, kemik yoğunluğu ölçümü yaptırmak istemesi anlamsızdır. Mutlaka önce kendi kadın hastalıkları uzmanına danışmalıdır. Eğer doktoru gerekli görürse bu tetkik yapılmalıdır. Hasta tetkiklerini, bir yıl ya da iki yıl aralıklarla yaptırıyorsa, aynı tarihte yaptırması gerekiyor. Mevsimsel değişiklikler kişiyi etkileyebiliyor.

OSTEOPOROZUN ÖNLENMESİ

Kemikler, doğumdan ölüme kadar hiç durmaksızın kendini yeniler. Sürekli olarak eski kemik dokusu yıkılırken, yeni doku üretilir. İlerleyen yaş ile birlikte, yapım ve yıkım arasındaki bu denge bozulur. Yapım hızı yıkım hızının gerisinde kaldığında ise sonuç kaçınılmazdır. Kemik erimesi, yani OSTEOPOROZ!

Kadınlarda ve erkeklerde bu hastalığın erken dönemde teşhisinde başvurulan en güvenilir tanı yöntemi kemik yoğunluğu ölçümüdür. Osteoporozun teşhisi için son yıllarda daha basit ve ucuz bazı kan tahlilleri de yapılmaktadır. Teşhisle ilgili bölümlerde bu kan tahlillerine ayrıntılı olarak değineceğiz.

Kemik yoğunluğu ölçümü teknik olarak nedir ve nasıl yapılır?

Kemik yoğunluğu ölçümü, vücuttaki kemik dokularının yoğunluğu ve mineral içeriğini saptamak için yapılır. Bu test, çok düşük dozda röntgen ışını kullanan özel cihazlar ile yapılır. İşlem kısa sürer, ağrısızdır ve öncesinde herhangi bir hazırlık gerektirmez.

Kemik yoğunluğu ölçümü neden önemlidir? Hem kadınlarda, hem de erkeklerde kemik yoğunluğundaki azalma, zaman içinde kemiklerin daha kırılgan hale gelmesine, küçük kaza ve çarpmalarda bile kırıklara neden olmasına yol açar. İşte bu azalmanın derecesini öğrenmemizdeki en önemli teşhis yöntemi bir önceki başlıkta açıkladığımız kemik yoğunluğu ölçümüdür. Orta yaşın üzerindeki erkek ve kadınların herhangi bir şikâyetleri olmasa dahi, bu testin yılda bir kez veya kişinin durumuna göre birkaç yılda bir yaptırılması önerilmektedir.

Özellikle kadınlarda, menopoz başlangıcı ile hızlanan kemik erimesinin (osteoporoz) değerlendirilebilmesi açısından çok faydalıdır. Kişinin menopoza girmeden önce mevcut normal kemik yoğunluğunun bilinmesi, menopoz sonrasında ortaya çıkacak kemik yoğunluğundaki azalmanın oranının daha spesifik yapılmasını sağlayacaktır. İnceleme vücudun belli bölgeleri (kalça, bel vb.) için olabileceği gibi tüm vücut incelemesi şeklinde de olabilir. Elde edilecek sonuçlarla, kırılma riski veya tedaviye yanıt takip edilebilir.

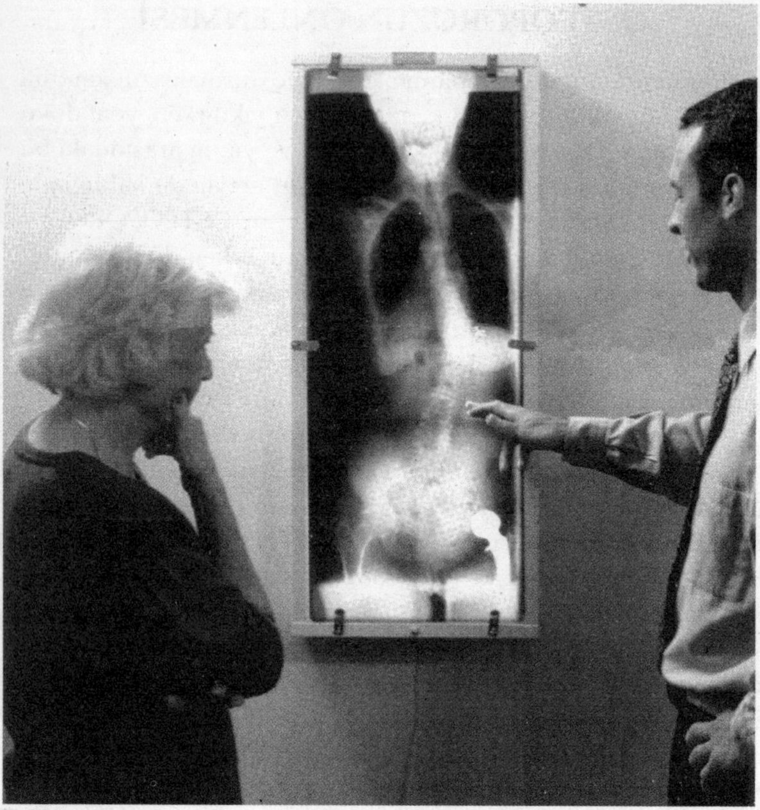

Kemik Erimesi Tanısı

Osteoporozun ilk kez tanımlanmasından bu yana, menopoz sonrası kemik kaybı ve bunun sonucunda oluşan kırıkların ana nedeninin yumurtalık yetmezliği ve dolaşımdaki östrojen düzeylerinin düşmesi olduğu sürekli olarak bildirilegelmiştir. Östrojen replasman tedavisinin, yani östrojenin dışarıdan verilmesinin, menopozun etkilerini gerilettiği 15–20 yıldır bilinmektedir. Bu ayrıca, yumurtalık yetmezliğinin kemik üzerindeki etkilerini de kapsamaktadır. Östrojenlerin kemikler üzerindeki etkileri iskelete ait bölgelerde açıkça görülür; bunlar, yüksek kırık riski olan bölgelerdir: omurga, önkol ve kalça diz arasındaki bacak kemiğinin boynu. Östrojen tedavisi, erken menopoz sonrası osteoporozu önleyici bir yaklaşım olarak kullanılmasının yanı sıra, yerleşmiş osteoporozun tedavisi olarak da kullanılabilir. Östrojen tedavisi tüm bölgelerdeki kırık riskini azaltır. Östrojen replasman tedavisinin 5-10 yıl devam etmesi durumunda, tedavi edilen hastalardaki görece kırık riski, tedavi edilmeyen kadınlara kıyasla söz konusu bölgeye bağlı olarak 0.20 ile 0.50 arasında değişmektedir. Bu, ağızdan ve deriye yapıştırılan hormon ilaçları için geçerlidir. Ancak, emilişin önlenmesi, dolaşımdaki östrojen düzeylerinin konsantrasyonu ile zıt ilişkidedir. Dolayısıyla östrojen replasman tedavisinin menopoz sonrası tüm kadınlara verilmesi her zaman risksiz değildir ve alternatif tedavilerin geliştirilmesi gerekmektedir.

Kalsiyum dengesini korumak ve kemikten aşırı kalsiyum ayrılmasını önlemek için, her yaşta yeterli kalsiyum alınımı zorunludur. Çocukluk ve ergenlik dönemi sırasındaki kalsiyum alınımı ile menopozda gözlemlenen kemik kütlesi yükselişi arasında anlamlı, olumlu bir bağlantı vardır. Ergenlik öncesi çocuklarda kalsiyum desteğinin, bu yaşta görülen kemik kütlesi artışını anlamlı derecede artırdığı kısa süre önce gösterilmiştir. Menopozdan sonraki ilk yıllarda, sadece kemikte kalsiyum kaybını önlemez. Ancak yaşamın daha sonraki evrelerinde, menopoz ortaya çıktıktan en az beş yıl sonra, düşük kalsiyum alınımı olan kadınlarda kemik kaybı hızı, destek uygulanan kadınlardakine oranla daha yüksektir. Yaşlı kişilerde, kalsiyum ve D vitamini desteğinin kalça kırığı olasılığını yüzde 40 azalttığı gösterilmiştir.

Kalsitonin denen madde kemik yıkımını engeller ve dolayısıyla, menopoz sonrası kemik kaybının önlenmesinde önemli bir tedavidir. Kendileri tarafından uygulanan derialtına yapılan enjeksiyonlarla tedavi edilen sağlıklı menopoz sonrası kadınlarda, iki yıl süreyle 5000 IU insan kalsitonini (yaklaşık 50 IU/hafta'ya eşit) içeren bir şekilde, bel bölgesindeki kemik kaybında östrojenlerle elde edilene denk bir düşüş sağlanmıştır. Ancak diğer tedavi yöntemlerinde yazdığımız gibi, bu yöntemi de kesinlikle bir kadın hastalıkları uzmanının önerdiği şekilde ve onun kontrolü altında uygulamalısınız.

Burna uygulanan kalsitonin ile menopoz sonrası kemik kaybının önlediğine ilişkin birçok bildiri yayımlanmıştır. Burna uygulanan bu kalsitoninin menopoz sonrası kemik kaybını önlemedeki etkinliğine ilişkin ilk bildiri, 50IU/gün (haftada beş gün)+500mg/gün kalsiyumun belkemiğindeki kemik kaybını önlerken, aynı miktarda tek başına kalsiyumun bunda başarılı olamadığını göstermiştir. Bu kısa süreli kontrollü çalışma beş yıla uzatılmış ve bu süre sonunda elde edilen sonuçlar ilk verileri doğrulamıştır. Günde 50IU'luk bir nazal kalsitonin dozu kemik kaybını önleyebilirken, 200 IU/gün'lük doz belkemiğinde kemik kütlesinde anlamlı bir artışa neden olmuştur.

Bir üçüncü kuşak bifosfonat olan tiludronatein altı ay süreyle uygulanmasının menopoz sonrası kemik kaybının 24 aya kadar bir dönem boyunca önleyebildiğine daha önce değinmiştik. Osteoporozun önlenmesinde bifosfonatların kullanımı halen araştırılmaktadır.

OSTEOPOROZUN TESTİ

Osteoporozla ilgili çalışmalar son yıllarda artmıştır. Uzmanlar, önümüzdeki yıllarda 50 yaş üzerindeki her üç kadından ve 65 yaş üzerindeki her beş erkekten birinin osteoporozla yaşayacağını tahmin ediyor. Elimize daha sağlam veriler gelmektedir. Önemli iyi haberler gelişmektedir. Bugün artık kemik erimesinin önü alınabilir, kolaylıkla tanısı konulabilir ve çeşitli tedavi yöntemleri de mevcuttur. Kemik sağlığınızı ve osteoporoz riskinizi evinizde ölçebilmeniz için işte size bir test.

KADINLAR İÇİN: Aile bireylerinizden herhangi birinde hafif bir çarpma veya düşme sonrası kalça kırığı meydana geldi mi?

Herhangi bir kemiğinizde hafif bir çarpma veya düşme sonrası kırık meydana geldi mi?

Üç aydan uzun süre kortizon kullandınız mı?

Üç santimetreden fazla boy kaybınız oldu mu?

Düzenli olarak aşırı alkol (günde iki kadehten fazla) alır mısınız?

Günde 20 sigaradan fazla içer misiniz?

Çölyak (bağırsak alerjisi) ya da crohn (bağırsak iltihabı) nedeniyle, sık sık ishal olur musunuz?

45 yaşından önce mi menopoza girdiniz?

Gebelik dışında, 12 ay veya daha uzun bir süre âdet görmediğiniz oldu mu?

ERKEKLER İÇİN: Aile bireylerinden herhangi birinde hafif bir çarpma veya düşme sonrası kalça kırığı meydana geldi mi?

Herhangi bir kemiğinizde hafif bir çarpma veya düşme sonrası kırık meydana geldi mi?

Üç aydan daha uzun süre kortizon kullandınız mı?

Üç santimetreden daha fazla boy kaybınız oldu mu?

Düzenli olarak ((günde iki kadehten fazla) alkol alır mısınız?

Günde 20 sigaradan fazla içer misiniz?

Çölyak (bağırsak alerjisi) ya da crohn (bağırsak iltihabı) hastalığı nedeniyle, sık sık ishal olur musunuz?

Ereksiyon güçlüğü, libido (cinsel istek azlığı) veya düşük testosteron seviyesiyle ilişkili herhangi bir sorun yaşadınız mı?

DEĞERLENDİRME: Bu sorulara verdiğiniz evet yanıtı sayısı sizin risk faktörünüzü oluşturuyor.

Risk faktörü 0 olanlar: Herhangi bir osteoporoz risk faktörünüz yok. Fakat yeterli kalsiyum alımı ve egzersiz de dahil olmak üzere sağlıklı bir kemik yapısı için buna uygun bir yaşam sürdürmelisiniz.

Risk faktörü 1 olanlar: Osteoporoz riski içerecek bir faktöre sahipsiniz. Bu, sizin osteoporoz hastası olduğunuz anlamına gelmiyor. Ancak kemik sağlığınız hakkında kadın hastalıkları uzmanına gidin.

Risk faktörü 2 ve daha fazla olanlar: Yanıtlar sizin osteoporoz hastası olduğunuzu düşündüren değişik risk etkenlerine sahip olduğunuzu gösteriyor. Size mümkün olduğunca çabuk doktorunuza başvurmanızı, kemik mineral yoğunluğu ölçümü isterse bunu hemen yaptırmanızı öneririz.

OSTEOPOROZUN TEDAVİSİ

Menopozda kadınlardaki en sık yapılan tedavilerden biri osteoporoz tedavisidir. Kalsitoninin kesinleşmiş osteoporoz üzerindeki olumlu etkileri birçok yayında gösterilmiştir. Kalsitonin enjeksiyonlarının menopoz sonrası osteoporozun tedavisinde daha fazla kemik kaybını önleme, kırık oranlarında azalma ve ağrı kesici olarak etkili olduğu bildirilmiştir. Kalsitonin tedavisi özellikle hızlı seyreden osteoporozu olan hastalar için gereklidir. Bu hastalarda elde edilen sonuçlar, iskelette net bir kemik minerali artışı ve kemiklerde kemik kaybında bir azalma olduğunu göstermiştir.

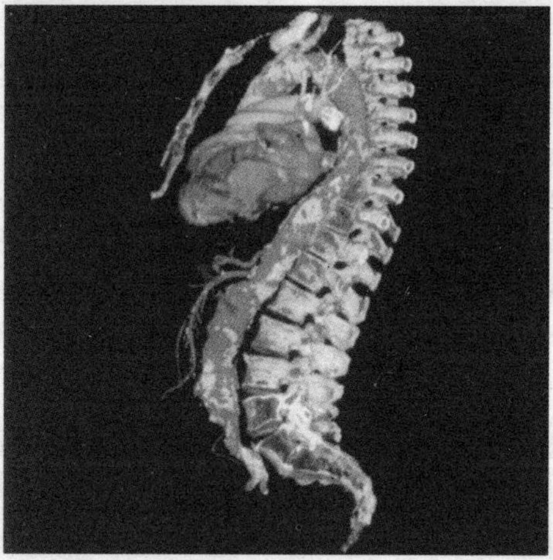

CT Teşhis Yöntemı

Burun yolundan spreyle uygulanan salmon kalsitonini, osteoporoz beklentisi olan kimselerde temsili örneklerinde doza bağlı bir koruyucu etkisi vardır. Kemik yapımını yansıtan biyokimyasal verileri düşürerek, hem omurga hem de kolda daha fazla kemik kaybını önler. Kalsitonin ile uzun süreli burundan tedavi özellikle omurgada etkilidir; burada kemikte net bir artış sağlarken, önkolda en iyi cevap, süreksiz tedaviyle elde edilir.

Nazal salmon kalsitoninin osteoporozlu kadınlarda omurga kırık oranlarını 2/3 oranında azalttığı gösterilmiştir. Kalsitonin kemik kütlesi ve kırıklar üzerine olumlu etkilerinin yanı sıra, bu hormonun anlamlı ağrı kesici etkileri de vardır. Kemik ağrısının osteoporozlu hastaların en önemli yakınmalarından biri olduğu göz önünde tutulduğunda, bu etki özellikle önem kazanmaktadır. Osteoporozlu kadınlara burundan verilen ilaçlar, dinlenme ve hareket halinde kemik ağrısını azaltır, ağrı kesici ilaç kullanımında anlamlı bir azalmaya neden olur.

Fluorid, kemik yapımını anlamlı derecede uyarabilen, şu an kullanımda olan tek ajandır diyenler var. Bugüne değin, fluorid uygulamasının osteoporozdaki uygulanması gereken dozları ve rejiminin henüz bilinmediği ve uygun olmayan formların yüksek düzeylerde verilmesinin osteoporoz tedavisinde yarardan çok zarar getirebileceği açıkça görülmektedir.

Klinik ve toplumsal ve parasal açıdan osteoporoz, önemli bir kemik metabolizma hastalığıdır. Normal olarak yeni kemik oluşumu ile kemik yıkımı arasında, sonucu eşit olan bir denge vardır. Osteoporozun klinik gelişiminde kemik yıkımı, yapımına göre artmış ve negatif bir denge oluşmuştur. Dünyada, her üç kadından biri yaşamı boyunca az ya da çok osteoporozdan etkilenir. Sadece Amerika'da yılda 1 milyon 300 bin, Avrupa'da 200 bin osteoporoz nedenli kırık oluştuğu biliniyor. Kalça kırıklarından sonraki altı ay içinde, ölüm yaklaşık yüzde 20, tekrar yürüyememe yaklaşık yüzde 50, uzun süreli evde bakım gereksinimi yaklaşık yüzde 20 ve günlük yaşamlarında fonksiyonel olarak başkalarına bağımlı olma oranı yüzde 10 düzeyindedir. Bu veriler bu hastalığın önemini gözler önüne sermektedir.

Günümüzde, kemik yapım ve yıkımının, kan ve idrarla saptanabildiği biyokimyasal testlerin, kemik metabolizması düzensizliklerinin erken tanısındaki önemi giderek artmaktadır. Çünkü osteoporoza bağlı yıkımın kemik mineral yoğunluğu ölçümüyle saptanabilmesi, başlangıcından en az iki yıl sonra mümkün olabilmektedir. Tedaviye yanıtın bu yöntemle saptanabilmesi için de üç aylık bir süre gerekmektedir.

Kemik yapım ve yıkımının değerlendirilmesindeki laboratuvar testleri, diğer yöntemlere kıyasla daha düşük maliyettedir. Bu yeni testlerin çoğu Türkiye'de de yapılmaktadır.

Ülkemizde de yapılabilen ve kemik yapım/yıkım sürecinde rol oynayan testler:

Osteokalsin, I-PTH (parathormon-intact), Pryridinium Crosslinks (PYR, DPD), N-Telopeptidler (NTx), Hidroxiprolin ve Beta-Crosslabs'tır (B-CTx).

Beta crosslab kemik yıkımının değerlendirilmesinde kullanılan duyarlı bir testir.

C-Telopeptid çapraz bağları, kemiğin organik yapısının yüzde 90'ını oluşturan Tip I Kollajene özgündür. Özellikle izomerize olmuş B-formu (B-CTx) kemik rezorpsiyonuna en özgün olandır. Bu testleri burada bilgiçlik olsun diye değil, sizden istendiğinde neyin ne olduğunu bilesiniz diye yazıyorum. Menopozda kadına büyük görev düşmektedir. Çoğu kadın acil bir durum yok diye kendi tahlillerini takip etmez ve yıllar geçiverir.

Yapılan son çalışmalarda, kadınların menopoz öncesi ve menopoz sonrası dönemlerindeki, kemik yıkım ürünlerinin artış oranları karşılaştırıldığında, diğer yıkım ürünlerine göre daha çok yükseldiği gözlemlenmiştir.

Bazı tedavi yöntemlerinde tedaviye yanıtı izlemede etkinlik düzeyleri, free-pyridinolinlerde düşük, pyridinolinlerde orta, telopeptidlerde ise en yüksek olarak saptanmıştır.

Serumda B-CTx düzeyi, antirezorptif tedavinin etkinliğini değerlendirmek açısından önemlidir. Bu anlamda tedaviye yanıt, 2-3 hafta içinde, azalan serum B-CTx düzeyleri ile izlenebilir.

Sonucun menopoz öncesi aralıkta çıkması osteoporoz tedavi gerekliliğini ortadan kaldırmaz. Kadınların menopoz öncesi değerlerinin bilinmesi, ilerideki yıllarda, kemik yıkım sürecinin izlenmesi ve tedavisi açısından büyük önem taşır.

Referans değerler:

Kadın;	Premenopozal	20-45 yaş	<0,28 ng/mL
	Postmenopozal	>20 yaş	<0,34 ng/mL
Erkek;		30-60 yaş	<0,30 ng/mL

Örnek: Serum, sabah açlık örneği gereklidir.

Uzun süreli tedavi takiplerinde, aynı saatlerde alınmış serum örnekleri kullanılmalıdır.

OSTEOPOROZDA HORMON REPLASMAN TEDAVİSİ

Kadınlarda menopoz sonrası osteoporozun önlenmesi konusunda hekimlerin içinde bulunduğu mücadele halk sağlığı açısından son derece önemlidir. Günümüzde artık kadınları bireysel olarak tetkik etmek ve riskle karşı karşıya olmadıklarını öğrenmek, risk altında olanları da hormon replasman tedavisiyle (HRT), yani dışarıdan hormon vererek, etkili bir şekilde tedavi etmek mümkündür.

Bu yüzyılın başlarında, yani yaklaşık 1900'lerde bir kadının ortalama ömrü 50 yıl kadardı; diğer bir deyişle kadınlar, menopoza girdikleri yaşlarda ölürlerdi. Oysa günümüzde birçok kadın 80'li yaşlara kadar hayatta kalmaktadır ve buna karşılık, menopoz yaşında herhangi bir değişiklik olmamıştır. Menopoz, insan türüne özgüdür ve diğer memeli türlerinde genellikle görülmez. Bununla birlikte bazı kadınlar menopozdan sonra da yeterli miktarda östrojen yapmaya devam ederken, diğerleri bunu yapamaz ve bu ikinci grupta hormon eksikliği baş gösterir. Günümüzde artık menopoza, annelerinden daha bilgili olarak giren ve etkili bir tedavi varken, osteoporoz ve kardiyovasküler hastalık gibi postmenopozal sorunları kabullenmek istemeyen bir grup kadın vardır. Türkiye'de son yıllarda kadın sağlığı ile ilgili yapılan TV programları ve kadın dergilerinde sağlıkla ilgili yazıların artması, böyle bilinçli bir kadın kitlesi oluşturmuştur.

Kemik kütlesinin ilerleyen yaşla birlikte kaybı, doğal bir gelişmedir. Eğer 50-80 yaş grubundaki erkeklerin kemik kütlesine bir göz atacak olursak, onlarda da aynen kas kütlesinde, böbrek fonksiyonunda veya diğer çeşitli fizyolojik bulgularda bir azalma olduğunu saptarız. Böylece eğer bir birim kemik kaybedecek olursanız, bir birim kas dokusu kaybetmiş olursunuz. Ancak kadınlardaki kemik dokusu kaybının yalnızca yüzde 20 kadarı ilerleyen yaşla ilgilidir, yani azalan kas kütlesine ve azalan böbrek fonksiyonuna karşılıktır. Gerçekte menopoz sonrası kemik kaybının yüzde 80'i, kişinin yaşı dışındaki diğer etkenler, yani çoğunlukla östrojen eksikliği nedeniyle gelişir.

Fazla miktarda kafein veya alkol alan, sigara içen kadınlarda osteoporoz gelişme riski oldukça artmıştır. Ne yazık ki bu bilgiler topluma yeterince ulaşmamaktadır. Bu nedenle her kadının, osteoporoz riski açısından bireysel olarak incelenmesi, tetkik edilmesi gerekir. Bazı kadınlarda osteoporozla ilgili risk taramasına gerek yoktur: Yumurtalıkların daha önce ameliyatla alınmış olması nedeniyle zaten estrojen replasman tedavisi (ERT) uygulamakta olanlar, hormon replasman tedavisi uygulamak isteyenler, bütün risk etkenleri bulunanlar, tetkik sonuçları ne olursa olsun tedavi -genellikle hormon replasman tedavisi- uygulamak isteyenler. Ancak bu dört grup, incelenmesi gerekli görülen kadınların yalnızca yüzde 30 kadarını oluşturmakta ve geriye kalan kadınlarda, yani kadınların yüzde 70'inde tarama uygulanması ve menopoz sonrası osteoporoz gelişme riskinin mutlaka değerlendirilmesi gerekmektedir.

Osteoporoz riskinin araştırılması, saptanması ve daha sonra da önlenmeye çalışılması, tıptaki belki de en ucuza gelen, yapılan harcamaların karşılığını en fazla veren tarama girişimidir. Bunun nedeni, osteoporozun çok yaygın bir hastalık olmasıdır.

Osteoporozun önlenmesi, menopoz sonrası kadınlarda, yani basitçe 50 yaş dolayındaki kadınlarda uygulanır. Bu amaçla başvurulacak ilk seçenek, hormon replasman tedavisidir (HRT). Histerektomi geçirmemiş kadınlarda hem estrojen, hem de progestogen içeren, kombine bir hormon replasman tedavisine gerek vardır. İkinci ve üçüncü tedavi seçenekleri, tartışmaya daha fazla açıktır ve hem kalsitoninler hem de bifosfonatlar, faydalı ilaçlar arasına gelecekte girebilir. Bugün de kullanılmaktadır.

Hormon tedavisinin süresi, çok zaman sorun yaratmaktadır. Bir bütün olarak kadınlara bu tedaviyi, bir sakınca olmadığı takdirde istedikleri sürede uygulamaları önerilebilir. Hormon replasman tedavisi yalnızca osteoporozu önlemekle kalmayıp kadınların kendilerini daha iyi hissetmelerini de sağlaması nedeniyle, önerilir. Gelişmiş durumdaki osteoporozun en etkili tedavisinin ne olduğu konusundaki tartışmalar devam etmekte ve bu amaçla çok çeşitli bileşikler önerilmektedir.

Osteoporoz denildiğinde genellikle kalça, önkol ve omurga kırıkları olmak üzere üç kırık yeri üzerinde durulur. Bunun nedeni, vücut ağırlığını taşıyan kemiklerin iskeletin diğer bölümlerine kıyasla, olasılıkla daha büyük bir riskle karşı karşıya olmasıdır. Osteoporozun önlenmesinde daha fazla tartışılan konu, progestogen kullanımıdır. Burada tartışılan, estrogenlerin kombine hormon tedavisinde 28 günlük mü, yoksa sürekli olarak mı kullanılacaklarından çok, en uygun progestagenin hangisi olduğudur. Ancak tutum ve gelenekler değişmekte, hem hekimler hem de hastaları zamanla daha iyi bilgi sahibi olmaktadır. Bu nedenle ben, hormon replasman tedavi uygulamalarının bütün dünyada artacağına inanıyorum. Doğru bir diyetle birlikte genel sağlık durumunun iyi bir şekilde korunması, kadınların bu yaşam biçimini tümüyle reddeden bir kesimin her zaman mevcut olmasına rağmen gittikçe önem kazanmaktadır. Bu bağlamda insanların sigarayı bırakması, daha az alkol alması, daha az protein ve yağ yemesi ve daha fazla egzersiz yapması gerekir.

KALP, ŞEKER HASTALIĞI, LİPİD, ALZHEİMER

KALP VE DOLAŞIM SİSTEMİNİN KORUNMASI

Türkiye'de kadınlarda kalp ve dolaşım sistemi hastalıkları en önemli ölüm sebeplerinin başında gelmektedir. Özellikle yaşlı kadınlarda her geçen yıl diğer tüm ölüm nedenlerinden daha fazla kayba yol açmaktadır. Kadındaki kalp krizi oranı her ne kadar erkeklerden daha az ise de, menopozdan sonra hızla bu oran değişmekte ve kadınlarda kalp krizi oranının arttığı görülmektedir. Ayrıca, bilindiği gibi kadınlarda koroner kalp hastalığı erkeklerden daha öldürücü seyretmektedir.

Kadınlardaki kalp ve dolaşım risk etkenleri erkeklere benzemekle birlikte en önemli fark, menopoz sonrası yıllarda olmasıdır. Özellikle kadının yaşının 55'in üzerinde olması ve menopoz yaşının ileri bulunması kalp damarlarının tıkanması için çok büyük bir risk oluşturmaktadır. Ayrıca menopozdaki kadında yüksek LDL ve düşük HDL ile seyreden total kolesterol düzeyindeki artmalar, birinci derecedeki kan hısımında erken yaşta kalp hastalığının ailevi öyküsünün varlığı, sigara kullanma, şeker hastalığı ve yüksek tansiyon, kalbi besleyen damarların tıkanmasında en önemli risk etkenlerini oluşturur. Kadındaki bu risk artışının en önemli nedeni menopoz yaşında şeker hastalığının ortaya çıkması ve bu yaşta diğer risk etkenlerinin de eklenmesidir.

Yüksek tansiyon:

Bu klinik tablo yaşla arttığı için menopoz sonrası kadınlarda menopoz öncesine göre daha yüksek bir oranda görülür. Yüksek tansiyonun 70 yaş üzerindeki kadınlarda yüzde 70-80 civarında görülmesi koroner sıklığının ne oranda gelişebileceğini çok açık bir şekilde ortaya koyar. Yurdumuzda menopozla birlikte ortaya çıkan şiddetli kilo alımı hareketsiz bir yaşam tarzı ile birleşince hipertansiyon kaçınılmaz olmaktadır.

Sigara:

Türkiye'de hele büyük şehirlerde şöyle bir çevrenize baktığınızda genç yaşlı, kadınların fosur fosur sokakta her yerde sigara içtiğini görürsünüz. Yurdumuzda genç neslin sigara içme alışkanlığındaki artışa paralel 10-20 yıl içinde menopoz ile birlikte beklenmedik yüksek oranda kalp damarlarında daralma ve tıkanma olaylarına rastlayacağız. Sigara, tek başına ciddi bir damar tıkanması nedenidir. Menopoz öncesi kadınlarda gelişen kalp-damar tıkanmalarında yüzde 50 oranında sigara öyküsü bulunmaktadır. Yine de kalp damarı tıkanmış erkeklerde sigara oranı çok daha yüksek çıkabilmektedir. Menopozdaki kadınlarda da sigara terk edildikten birkaç yıl sonra kalp damarı tıkanma riski, yani enfarktüs süratle azalmaktadır.

Ani kalp ölümü oranı her ne kadar erkeklerde kadınlara göre dört misli fazla ise de menopoz ile bu fark belirgin şekilde azalır.

DAMAR TIKANMALARI

Menopozda hormon ilaçları uygulanmadan önce kişinin damar tıkanmasıyla ilgili risk etkenlerini değerlendirmek gerekir.

Buna göre hormon tedavisine başlayıp başlamama kararı verilebilir. Kadının ailesi ile ilgili özgeçmişinde, önceden trombofilebit, yani damar iltihabı ve tıkanması, hareketsizlik, yaş, şişmanlık ve kişinin pıhtılaşma kanama sorunları olduğu durumlarda, bu etkenleri değerlendirmek gerekir. Genç yaşlarında doğum kontrol hapı kullanmış kadınlarda, menopozda sonradan hormon tedavisi kullanımına bağlı damar tıkanma riski azdır. Bu, önemli bir saptamadır.

Bu yaş grubunda damar tıkanmasında en önemli etkenlerin başında şişmanlık ve yaş gelmektedir. Kişinin sigara içiyor olması damar tıkanma ve diğer damar sorunları riskini artıracaktır. Arada sırada veyahut çok seyrek de olsa damar tıkanması yaşamış kadınlara hormon verilmesi sakıncalıdır diye düşünülmektedir.

Genel olarak otoritelerin görüşü hormon replasman tedavisinin toplardamarlarda bir damar tıkanması riskini önemli ölçüde artırmadığı yönündedir. Rakamsal verilere baktığımızda bazı verilere göre 5 bin vakada bir damar tıkanıklığı görülmektedir.

Bütün bu bilgiler göz önünde bulundurulduğunda kişide osteoporoz, kalp ve dolaşım sistemi ve diğer şikâyetlerin getirdiği hormon tedavisi gereksinimi ile sağlayacağı faydalar ve damar tıkanması riski zararları açısından tartışılmalıdır. Sonuç olarak diyebiliriz ki hormon replasman tedavisi, menopozda damar tıkanma risk etkeni bulunmayan kadınlarda kullanılabilir.

İDRAR YOLLARINA ETKİLERİ

Diğer başlıklar altında değindiğimiz gibi menopozla birlikte özellikle östrojen imalatının vücutta durması sonucu dokularda atrofi dediğimiz büzülmeler oluşmaktadır. İdrar yollarında da menopozla birlikte idrar yolunu çevreleyen bağ dokusu, kas dokusu ve damar yapılarında gerileme ve zayıflama gözükür. Bunların sonucunda idrar yaparken yanma, gece sık idrara kalkma ve idrar kaçırma gibi olaylar giderek artar ve idrar yolları iltihaplarında da oldukça belirgin bir artış izlenir. Özellikle menopoz sonrası yıllarda ilerleyen yaşla beraber, hormon almayan bayanlarda gerek idrar kesesi gerekse idrar yolu işlevinde bozukluklar ortaya çıkar.

Ayrıca menopozda östrojen eksikliği sonucunda, kadında idrar kesesinden idrarı dışa doğru taşıyan dış idrar yolunun düz kaslarının, vücutta üretilen adrenerjik uyarıya duyarlılığın azalması, idrar yolunun ağzını sıkıştıran kısımların zaman içinde gevşemesine neden olur. Ayrıca bağ dokusu dışında idrar yolunu çevreleyen kaslarda da yetmezlik oluşur.

Bütün bunlar, hem idrar yapma sorunları hem de idrar kesesinin tam boşalamama sorunlarını yaratır. Bunun sonucunda da idrar yolu iltihapları ve boşalma zorlukları ortaya çıkar.

Menopoz sırasında idrar yollarında sorunların oluşmasının başlıca nedenleri şunlardır: östrojen yapımının azalması, demans türü unutkanlık, metabolik hastalıklar, kalp hastalıkları, bazı ilaçların gereksiz veya yanlış kullanılması, makatın iyi temizlenmemesine bağlı olarak dışkıdaki bakterilerin idrar yolu tarafına geçmesi, kişinin hareketsizlik sorununa bağlı değişimler. Bütün bunların içinde, kadını en çok rahatsız eden bu gevşemelere bağlı olarak gülerken veya aksırırken veya durup dururken idrar kaçırmasıdır. Bazı rakamsal verilere baktığımızda menopozdaki kadınların yüzde 25-30'unda idrar kaçırma olayı görüldüğü ileri sürülmektedir. Bunların bir kısmı ilaçla tedavi edilebilse de birçoğu ancak kadın hastalıkları uzmanı tarafında ameliyatla tedavi edilir. Menopozda günlük yaşamda kadını en çok rahatsız eden sorunlardan biri şüphesiz bu idrar kaçırma olayıdır.

KOLESTEROL VE LİPİDLER ÜZERİNE ETKİ

Menopozdan sonra kadınlarda kolesterol artar. Kolesterol, beyin, sinirler, kalp, bağırsaklar, kaslar, karaciğer başta olmak üzere tüm vücutta yaygın olarak bulunur. Yani yaşam için gerekli bir maddedir. Buna rağmen kanda fazla miktarda bulunması, vücutta birikmesine ve ciddi sağlık sorunlarına yol açar.

Kolesterol kanda fazla miktarda varsa, bu, kan damarlarında birikir ve kan damarlarının sertleşmesine, daralmasına, yani ateroskleroz denen olaya yol açar. Damar duvarında biriken tek madde kolesterol değildir; akyuvarlar, kan pıhtısı, kalsiyum... gibi maddeler de birikir. Halk arasında, ateroskleroz için damar sertliği, damar kireçlenmesi gibi ifadeler de kullanılmaktadır. Kolesterol, hangi organın damarında birikirse o organa ait hastalıklar ortaya çıkar. Örneğin, kalbi besleyen atardamarlarda, yani koroner arterlerde kolesterol birikimi olursa, göğüs ağrısı, kalp krizi gibi sorunlar oluşur. Böbrek damarlarında kolesterol birikimi ise, yüksek tansiyon ve böbrek yetmezliğine yol açabilir. Kandaki kolesterol düzeyinizi basit bir kan tahlili ile öğrenebilirsiniz. Kolesterol yüksekliğiniz varsa tedavinizin takibini de yapabilirsiniz. Kolesterol düzeyinize her türlü sağlık kurumunda baktırabilirsiniz. Parmağınızdan veya kolunuzdan az miktar kan örneği alınarak yapılır. Test tipine göre aç karnına yaptırmanız gerekebilir. Çocukluk veya ergenlik çağında en az bir kez olmak üzere 20 yaşından sonra en az beş yılda bir ölçüm önerilmektedir. Hekiminizin önerisi doğrultusunda daha sık olarak da yapılabilir. HDL, "İYİ" kolesterol olarak adlandırılır. Kandan fazla kolesterolün uzaklaştırılmasına yarar.

LDL, "KÖTÜ" kolesterol olarak adlandırılır. Damar duvarlarına yapışarak kan akımını azaltır veya engeller.

Trigliserid: Vücudun enerji üretimi için kullandığı yağ türüdür. Miktarının artması kalp-damar hastalıklarına yol açar.

SAĞLIKLI DEĞERLER	
Total Kolesterol	200 veya altı
LDL	100 veya altı
Trigliserid	150 veya altı
HDL	40 veya üstü

Hangi hekime başvurmalıyım? Eğer yüksek kolesterolden başka bir sorununuz yoksa, sağlık ocağı hekimi, aile hekimi, dahiliye uzmanı, endokrinoloji uzmanı veya kalp-damar hastalıkları uzmanına gidebilirsiniz. Yüksek kolesterolle birlikte kalbinizde de sorun varsa kalp-damar hastalıkları uzmanına gidiniz. Doktor seçiminde en önemli nokta, iyi bir hasta-hekim ilişkisinin sağlanmasıdır. İlaç tedavisine rağmen kolesterolünüz kontrol altına alınamazsa, yüksek kolesterol konusunda deneyimli olduğunu bildiğiniz veya öğrendiğiniz bir merkeze gidiniz.

Kanda kolesterol düzeyini etkileyen çok sayıda etken vardır. Bunlardan bazıları: Doğuştan gelen nedenler, yediğimiz gıdalar, şişmanlık, stres gibi faktörler kolesterolü ve kötü huylu kolesterolü yükseltir. Düzenli egzersiz, iyi huylu kolesterolü yükseltir ve kötü huylu kolesterolü azaltır. 60-65 yaşa kadar, yaşla birlikte kolesterol düzeyi artar.

Kadınlarda, menopozdan sonra kolesterol düzeyi artar. Özellikle menopoz sonrası kolesterol düzeyini kontrol edebilmek için beslenmeye dikkat etmek gerekir. Beslenme konusunda tedavi planı, beslenme uzmanı ile birlikte yapılmalıdır. Doymuş yağlardan ve kolesterolden fakir diyet seçilmelidir. Sıvı yağlarda doymamış yağ daha fazladır, bu nedenle, sıvı yağlar tercih edilmelidir.

Genel olarak sebze, meyve ve hububat tercih edilmelidir.

Kızartmalardan kaçınınız. Kırmızı et yerine beyaz eti tercih ediniz. Karaciğer, böbrek ve beyin gibi kolesterolü fazla olan etlerden uzak durunuz. Gıdaların yağ ve içeriklerine de dikkat edilmelidir. Yağı azaltılmış peynir, sütü tercih ediniz. Diyet peynir, diyet süt kullansanız bile bunları sınırlı miktarda tüketiniz.

Uygun diyet ile kan kolesterol düzeyinizi en fazla yüzde 15-20 azaltmanız mümkündür. Yüksek kolesterol düzeylerini azaltmak sıklıkla hekim kontrolünde ömür boyu düzenli ilaç kullanmakla sağlanır.

ŞEKER HASTALIĞI VE HORMON TEDAVİSİ

Son yıllardaki araştırmaları taradığımızda tümü şeker hastası kadınlarda yürütülmüş sadece östrojen veya östrojen-progesteron tedavisi uygulamalarının etkilerine ait yeterli çalışmalar bulunmamaktadır. Çalışmaların çoğu sağlıklı menopoz sonrası kadınlarda karbonhidrat metabolizması üzerinde durulmaktadır.

Şeker hastası kadınlarda menopoz sırasında hormon verilmesinin iki önemli noktada değerlendirilmesi gerekir. Bunlardan en önemlisi hormon tedavisinin menopozdaki şeker hastası kadında şeker hastalığının kontrolünde önemli rolü olan karbonhidrat metabolizmasına olan etkileridir. Diğer önemli nokta ise şeker hastası kadında lipid yağ metabolizmasında ve damarlarda tıkanma ve diğer sorunlar yaratması açısından hormon replasman tedavisinin etkisinin incelenmesidir. Bugünkü bilgilerimize göre sağlıklı menopozdaki kadında hormon tedavisi uygulaması insülin bağımlı olmayan şeker hastalığı riskini artırmamaktadır. Bu risk ayrıca hormon tedavisinde kullanılan östrojen ve progesteronun cins ve beraber kullanımında da önemli ölçüde etkilenmemektedir.

Şeker hastası kadınlara menopozda hormon verilmesi, şeker hastalığını kontrol edilişini bozar mı diye bir soru aklınıza gelebilir. Deriden flaster şeklinde hormon uygulamasının yapıldığı kadınlarda glukoz ve insülin düzeyinde önemli oranda etki yapmadığı görülmektedir. Ayrıca ağız yoluyla verilen östrojen ve progesteron çeşidine göre yan etkinin rastlanmadığı görüşü ağırlıkla kabul edilmektedir.

Sonuç olarak diyebiliriz ki menopozda şeker hastalarında hormon replasman tedavisi kullanımı sakıncalı değildir. Ancak uygulama kişiye has olmalı ve tedavi bireyselleştirilerek yapılmak zorundadır.

ALZHEİMER'İN ÖNLENMESİ

Alzheimer, menopoz sonrası kadınlarda sık görülen, kişi ve çevresindekiler için sorunlu bir hastalıktır.

Geriatrik yaş, yani 65 yaş grubundaki hastanın değerlendirilmesi, zaman harcayan bir işlemdir. Demans, unutkanlığın ön planda gittiği birçok hastalığın genel adıdır. Demans yaşlılarda sık görülen hastalıkların başında gelmektedir. Bunun en sık rastlanan tipi ise Alzheimer adlı bir bilim adamı tarafından tanımlanan, alzheimer hastalığıdır. Hacettepe Üniversitesi İç Hastalıkları Bölümü Geriatri Ünitesi'nde 2003 yılında yaşlılarda yapılan bir değerlendirmede incelemelerin sonucunda yüzde 14.4 demans (bunun yüzde 80'i Alzheimer tipi demans) ve yüzde

21.8 depresyon hastası saptanmıştır. Alzheimer hastalarının yüzde 34'ünde depresyon birlikteliği vardır. Bu sonuçlar dünya verileri ile benzerlik göstermektedir. Demans görülme sıklığı 65 yaş ve üzeri kişilerde yüzde 10-15, 80 yaş ve üzerinde yüzde 30-50'dir.

Alzheimer hastalığının yaşla beraber sıklığı artmaktadır ve beklenen yaşam süresi arttıkça alzheimer hastalığının sıklığının da artacağı düşünülmektedir. Bu hastalıkta tipik bulgular, öğrenme ve hatırlama güçlüğü ve dil problemleridir. Hasta genellikle planlama içgörü ve organizasyon yeteneklerini de yitirdiğinden bu sorunların farkında değildir. Hastalığın erken evrelerinde toplumsal ilişkilerini sürdürebilse de, kompleks kararlar vermekte güçlük çeker. Genellikle hasta yakınları tarafından mevcut bulgular yaşlılığın bir sonucu olarak değerlendirildiğinden, teşhis 1-2 yıl gecikebilir. Bu hastalar için tipik olan, zaman ve yer kavramının bozulmasıdır. Hastanın başlangıçta kelime hatırlamaktaki güçlüğü, konuşmanın akıcılığında bozulmaya ve hatta konuşmanın tamamen yitirilmesine kadar gider.

Sağlık ve hukuk açısından ilginç bir örnek vermek istiyorum: 85 yaşındaki A.F., 5 Haziran 2000'de, oğlundan habersiz bakıcısı H.G. ile nikâhlandı. Oğlu, Sarıyer Sulh Hukuk Mahkemesi'ne başvurarak, akıl sağlığının yerinde olmadığını ileri sürdüğü babasına vâsi tayin edilmesini talep etti. Yetişkin oğul, 6 Nisan 2003'te, babası ve üvey annesi aleyhine evliliğin geçersizliği davası açtı. Dava dosyasına 15 Haziran 2005'te giren Adli Tıp raporunda, "Evlilik tarihi olan 2000'de A.F.'nin tıbben akıl sağlığının yerinde olmadığı tespit edilmiştir. Bu nedenle evlilik ehliyeti yoktur" saptamasında bulunuldu. Davaya bakan Sarıyer Aile Mahkemesi, gelen rapor uyarınca 19 Eylül 2005'te kararını vererek, evliliğin iptal edilmesine hükmetti. Ülkemizde bu hastalık yeterince tanınmadığı için bu hastalığa yakalanmış yaşlı insanların bu ve benzeri şekilde kandırılmaya çalışıldığını sık olarak duymaktayız. Bu hastalıkla ilgili bu örnek vakayı bazı kimseleri koruyacağı düşüncesiyle burada yer veriyorum.

Birinci dereceden akraba, anne-baba veya kardeşte alzheimer hastalığının varlığının, demans gelişme riskini üç kat artırdığı tespit edilmiştir.

Östrojen eksikliğinin ve menopozun, bu hastalığın meydana gelişindeki rolü tartışmalıdır. Bazı yayınlarda östrojen eksikliğinin beyindeki kan akımını, nöronların uyarılmasını, beyindeki glial hücrelerin gelişimini ve maddelerin salgılanmasını etkileyebileceği tespitlerine yer verilmiştir.

Genel olarak yaşamın uzaması sonucu, bu hastalığın daha sık görüldüğü artık bilindiğine göre, burada önemli olan bu hastalığın başlangıcında insanların uyanık olması gerekmektedir. Menopoz çağında olandan çok onun çevresinin ve çocuklarının uyanık olması ve belirtiler başladığında hemen hekime başvurması gerekir. Bu şekilde kişide hastalık ilerlemeden ne gibi önlemler alınabileceği kararlaştırılmalıdır.

MENOPOZ & KANSER

HORMON TEDAVİSİ VE KANSER

Hormon tedavisinde hormonla en çok uğraşan kadın hastalıkları ve doğum uzmanları ve endokrinologlar dışındaki diğer doktorlar, hormon tedavisinde tecrübeleri olmadığı ve bilmedikleri bir konu olduğu için genelde korkarlar. Kadınlarda hormon tedavisi, daha doğrusu menopozda hormon tedavisi aşağı yukarı 1970'li yıllardan beri başarı ile kullanılmaktadır. 1980'li yıllarda hormon tedavisi menopozdaki kadınlarda 65 yaşına kadar uygulanır, sonra kesilirdi. Bugünkü görüş ise menopozdaki kadının sağlığı açısından gerekiyorsa daha ileri yaşlara kadar kadının isteğine bağlı olarak hormon tedavisi yapılmaktadır.

Tıp kitaplarına bakarsanız menopozdaki hormon tedavisi için HRT kısaltması görülür. Bunun açılımı hormon replasman tedavisidir. Yani hormon yerine koyma tedavisidir. Bunu da açıklayacak olursak, daha önce de değindiğimiz gibi vücutta menopozda artık imal edilmeyen hormonların yerine, dışarıdan hormon verilmesi demektir.

Bugün artık menopozda kullanılan çok çeşitli hormon ilaçları vardır. Ayrıca bu sentetik hormonları kullanmaktan çekinen kimseler için bitkisel kökenli östrojen ve progesteron etkisi oluşturan ilaçlar ve ürünler imalatına başlanmıştır.

Türkiye'deki kanser vakalarındaki artışın başlıca nedeninin sigara tüketimi olduğunu ileri sürenler var. 70 milyonluk Türkiye'de yaklaşık 20 milyon insanın sigara içtiği ileri sürülüyor. Türkiye'de her yıl yaklaşık 100 bin yeni kanser vakasının ortaya çıktığı iddia ediliyor. Dünyada ise kabaca 10 milyon insanın şu anda kansere yakalanmış olduğu belirtilmektedir. Bu konuda uzmanlar önümüzdeki 30 yıl içinde kanser sayısının hızla artacağını söylemektedirler.

Kanser hastalığının tedavisi hem hasta için zor hem de pahalıdır. Bu nedenle kanser önleme ve tarama yöntemleri bütün dünyada geliştirilmektedir. Bu önleyici tedavilerin başında sigarayı bırakmak gelir. Son yıllarda yan etkilerinin az olduğu fakat kansere karşı kuvvetli ilaçlar geliştirilmeye çalışılmaktadır.

Menopoz tedavisinde hormon verilirken, her kadın mutlaka kendi kadın hastalıkları uzmanına başvurarak muayene ve gerekli kontrolden geçtikten sonra ancak bu tedaviye başlamalıdır. Mutlaka meme dokusu, dölyatağı ve yumurtalıklarla ilgili kanser belirteçlerine kanda bakılmalıdır. Ayrıca kesinlikle her altı ayda bir pap smear muayenesi yapılmalı, iç cinsel organ, koltukaltı ve meme muayenesi yapılmalıdır. Ayrıca en azından karaciğer testleri ve hekiminizin uygun göreceği diğer gerekli testler yapılmalıdır. Böyle bir hormon tedavisine başlamadan önce kesinlikle bir mamografi çekilmelidir.

Son yıllarda kanserin moleküler, yani yapısal biyolojisiyle ilgili bilgilerimizde önemli ilerlemeler kaydettik. Bugün artık müdahaleye yönelik genetik bilimi, yayılmış kanseri bulunan hastalarda yeni, seçici kanser dokusu tahrip mekanizmaları üzerinde durulmaktadır. Kanser araştırmaları ve genetik bilimi gelecekte kanser tedavisinin çehresini kökünden değiştirecek gibi görünüyor. Akıllı ilaçlar denen bazı teknikler dünyanın sayılı araştırma merkezinde bugün bile kullanılmaya başlandı.

Birçok otoritenin belirttiğine göre dışarıdan hormon verilmesi hiçbir şekilde kanser oluşmasına neden olmamaktadır. Ancak bazı görüşlere göre eğer vücutta bir kanser odağı var ise hormon alınmasının bazı bu gelişmekte olan kanserleri tetiklediği ileri sürülmektedir. Zaten bu nedenlerle kadında menopozda hormon tedavisine başlamadan önce yukarıda değindiğim birçok tarama testi bu nedenlerden dolayı yapılmaktadır.

Şimdi sizlere ilaç dışında her gün hepimizin besinler yolu ile aldığımız ilaçlı ve hormonlu gıdaların bize nasıl zarar verdiği konusunda 2005 yılında kamuoyuna yansıyan bazı bilgileri sunmak istiyorum.

Ankara Ticaret Odası (ATO) "hileli gıdalar"ın ardından hormonlu gıdalar, tarım ilaçları, katkı maddeleri, antibiyotikler, genetiği değiştirilmiş gıdalar ve kimyasal gübreleri tartışmaya açtı. ATO'nun ve Türkiye Ziraatçılar Derneği'nin hazırladığı "Sofradaki SOS" raporuna göre, hormon, tarım ilacı, antibiyotik, katkı maddesi ve kimyasal gübreler ölçülü kullanılmaz ve denetimi iyi yapılmazsa insan sağlığını tehdit ediyor, hastalıklara, sakatlıklara, erken ölümlere davetiye çıkarıyor. Rapora göre, Türkiye'de 27 bin gıda sanayi işletmesinin 10 bini denetlenemiyor. Çünkü bunlardan sadece 17 bini Tarım Bakanlığı'nın gıda siciline kayıtlı. Yaklaşık 400 bin gıda satış ve toplu tüketim yeri olduğu dikkate alındığında insan sağlığının ne denli bir tehdit altında olduğu ortada. Gıdalarda hormon kullanımı, halk arasında en çok tartışılan konuların başında geliyor. Rapora göre, Türkiye'de "domates, patlıcan, patates, kabak, üzüm, elma, kavun, buğday, arpa, yulaf, çavdar ve çeltik"te hormon kullanılıyor.

Tıp çevrelerindeki yaygın görüşe göre, hormonlu bitki ve etler, sürekli tüketildiğinde vücuttaki hormon dengesini bozuyor. Vücudun bağışıklık sisteminin bozulması, şişme ve yağlanma, hücrelerin zayıflayarak kanser hastalıklarına davetiye çıkarması gibi ispatlanmamış ancak ciddi şüphelere yol açan sonuçlar bulunuyor. ATO ve Türkiye Ziraatçılar Derneği tarafından hazırlanan raporda, 15 Ekim-10 Kasım ve 10 Nisan-5 Mayıs tarihleri arasında domates, 15 Kasım-15 Mayıs tarihleri arasında patlıcan ve 1 Kasım-15 Mayıs tarihleri arasında kabak yenmemesi öneriliyor. Rapora göre, kanser vakalarının artışında, tarım ilaçlarının "aşırı, zamansız ve uygunsuz" kullanımının da büyük payı var. Türkiye'de tarım ilaçlarının ciddi bir problem oluşturduğu, yaş sebze ve meyve ihracatında yaşanan sıkıntılar sayesinde su yüzüne çıkmıştır. İlaç kalıntısı sebebiyle yurtdışına ihraç edilemeyen yaş sebze ve meyvenin imha edilmeyip iç piyasaya sürüldüğü iddiaları endişeleri artırmaktadır. Türkiye'de zirai mücadelede 1250 çeşit ilaç kullanılıyor. Bilinçsiz kullanılan tarım ilaçları, saç dökülmesinden kansere kadar pek çok sağlık problemine kapı aralıyor. Sadece insan sağlığına değil toprağa, suya ve diğer canlılara da zarar veriyor. Bu tehlike bilinmesine rağmen, dünyada her yıl 2.5 milyon ton tarımsal mücadele ilacı kullanılıyor. Türkiye'de yılda 13 bin ton "zirai mücadele ilacı" toprağa ya da bitkiye uygulanıyor. Problem uygulamada ortaya çıkıyor. Sebze ve meyvelerde hasadın yaklaştığı dönemlerde kalıntı süresi kısa olan ilaçlar kullanmak gerekiyor. Rapora göre, Tarım Bakanlığı çiftçilerin bilgilendirilmesi konusunda etkisiz kaldığı için ilaç firmaları ve bayileri gereksiz ve yanlış ilaç kullanımını pompalayarak bilinçsiz çiftçiyi ticari açıdan sömürüyor.

Bu açıklamalara bakarsak gıda yoluyla anormal bir şekilde istemeden vücudumuza hormon alıyoruz! İşin ilginç yanı ülkemizde bir sözde sanatçının (!) ayrılması, boşanması veya sanatçı geçinen bet sesli adamlar ve şıngırdak bayanlarla ilgili televizyonlar saatlerce program yaparken, hepimizin sağlığı ile ilgili böyle bir açıklama sonrası ilgililerden ve bilgililerden tık yok. Aynı şekilde beceriksiz futbolcuların oynadığı kıytırık bir lig maçı için bir sürü kanalda onlarca otorite (!) saatlerce ve haftanın birkaç günü televizyonda ahkâm keserler. Sesi kıssanız bu görüntüye göre, hararetli saatlerce süren konuşmaların, yüzlerdeki ciddiyete bakarsanız, insanlığın geleceği ile ilgili çok önemli konularla ilgili olduğunu düşünebilirsiniz. Basın ve televizyonların ülkemizin önemli ekonomik ve siyasi sorunlarına yeterince eğilmediğini biliyoruz. Hep seviyesiz, kültürsüz ucuz programlar halka sunuluyor. Sağlıkla ilgili yapılan programların çoğu ise üstü kapalı reklam kokuyor. Ülkemizde gelişen gerçek sağlık sorunlarının yeterince irdelenmediğini görüyoruz.

Türkiye'de gübre kullanımı da son derece kontrolsüz yapılıyor. Bu da toprakta ve bitkide birikmeye, toprağın özelliğini ve rejimini kaybetmesine sebep oluyor. İnsan sağlığını tehdit eden bir diğer problem de Genetiği Değiştirilmiş Organizmalar (GDO). Raporda, "Genleriyle oynanmış tohumların Türkiye'ye girmesi yasaklandı, ancak hayvan yemi olarak ülkemize ithal edildiği biliniyor" deniliyor. Tüketici Hakları Derneği de farklı ortamlardan aldığı 20 numuneyi İsviçre'deki laboratuvarlarda kontrol ettirdiğini, mısırdan soyaya pek çok ürünün genleriyle oynandığını tespit ettirdiklerini iddia ediyor.

Kanser Tedavisinde Yenilikler

Biraz da kanser tedavisindeki son yeniliklere değinelim. 2006 yılında yaygınlaşacağı öngörülen en önemli kanser tedavi yöntemlerinden biri kanser kitlesine yönelik bir tedavi olan immunoterapidir. Hastadan elde edilen kök hücrelerin, tümörle savaşabilen bağışıklık sistemi hücrelerine dönüştürüldüğü bu yöntem, özellikle deri kanseri, kemik iliği kanseri, akciğer zarı kanseri, lenf bezi kanseri ve böbrek kanserlerinde başarılı oluyor. Hücresel immunoterapi dünyada kanserli ve bağışıklık sistemi bozukluğu olan hastalara uygulanmaktadır. Bu tedavi yöntemi, kemoterapi, radyoterapi gibi tedavi yöntemlerinin uygulanarak kanser kütlesinin küçültülmesinden sonra geri kalan kanserli dokunun yok edilmesi bağışıklık sistemine öğretiliyor. Yani tümörle savaşmak için insanın vücudundaki bağışıklık sistemi kullanılıyor diyebiliriz.

Kanser ve hormon tedavisi ile ilgili olarak özetlersek sonuç olarak, menopozda hormon tedavisinin dölyatağı ağzı, dölyolu ve dış cinsel organ kanseri gelişmesinde etkili olduğuna dair bilgi yoktur. Sadece östrojen verilerek yapılan replasman tedavisi ile dölyatağı iç kısmının kanser riski arttığı ileri sürülmektedir. Bu nedenle bu riskin azaltılması için östrojen-progesteron replasman tedavisi önerilmeli ve progesteronun kanser riskini azaltmak amacıyla bir ay içinde en az 10 gün kullanılması gerektiği göz önünde bulundurulmalıdır. Meme kanseri ile östrojen replasman tedavisi veya östrojen-progesteron replasman tedavisi ilişkisi tam olarak ortaya konulamamıştır. Bu nedenle de daha kesin veriler elde edilinceye kadar menopozda hormon tedavisi olan kadınların meme kanseri riski yönünden meme muayeneleri ve mamografileri yakın bir şekilde izlenmelidir. Ancak şunu da unutmamalıyız ki, meme kanseri kadınlarda en fazla 40-45 yaşlarında ve sonrasında ortaya çıkmaktadır. Dolayısıyla hormon tedavisinden değil zaten yaş grubu nedeniyle kanser olasılığı artmaktadır.

MEME

Menopozda da belki kadının değişikliklerini en kolay fark edebileceği organı memelerdir. Bu nedenle biz kadınlara kendi memelerinin coğrafyasını tanımasını ve kendi kendini muayene etmesini önerir ve öğretiriz. Eğer kadın bunu öğrenebilirse en ufak bir değişikliği anında ve bir hekimden daha iyi bir şekilde saptayacaktır.

Kendi kendine meme muayenesi yöntemi:

Memelerinizin sağlıklı olup olmadığını kontrol etmeniz her ay sadece birkaç dakikanızı alır. Düzenli aralıklarla memelerinizi kontrol ederek herhangi bir değişikliği hemen fark edebilecek ve eğer yolunda gitmeyen bir durum söz konusuysa tedaviye olabildiğince erken başlamış olacaksınız. Memelerinizde bulduğunuz herhangi bir anormallik çoğu zaman kanser değil, yalnızca bir kist ya da iyi huylu bir ur gibi kolayca baş edilebilecek bir sorundur. Bu anormallik kanser bile olsa tedaviye ne kadar erken başlanırsa, iyileşme şansının da o kadar yüksek olacağı hiçbir zaman akıldan çıkarılmamalıdır.

Memelerinizi gereği gibi muayene edebilmeniz için, meme sınırlarının nerede olduğunu bilmek çok önemlidir. Memelerin aşağı ve iç yan kısımları açıkça belirlidir. Fakat yukarı ve dış kı-

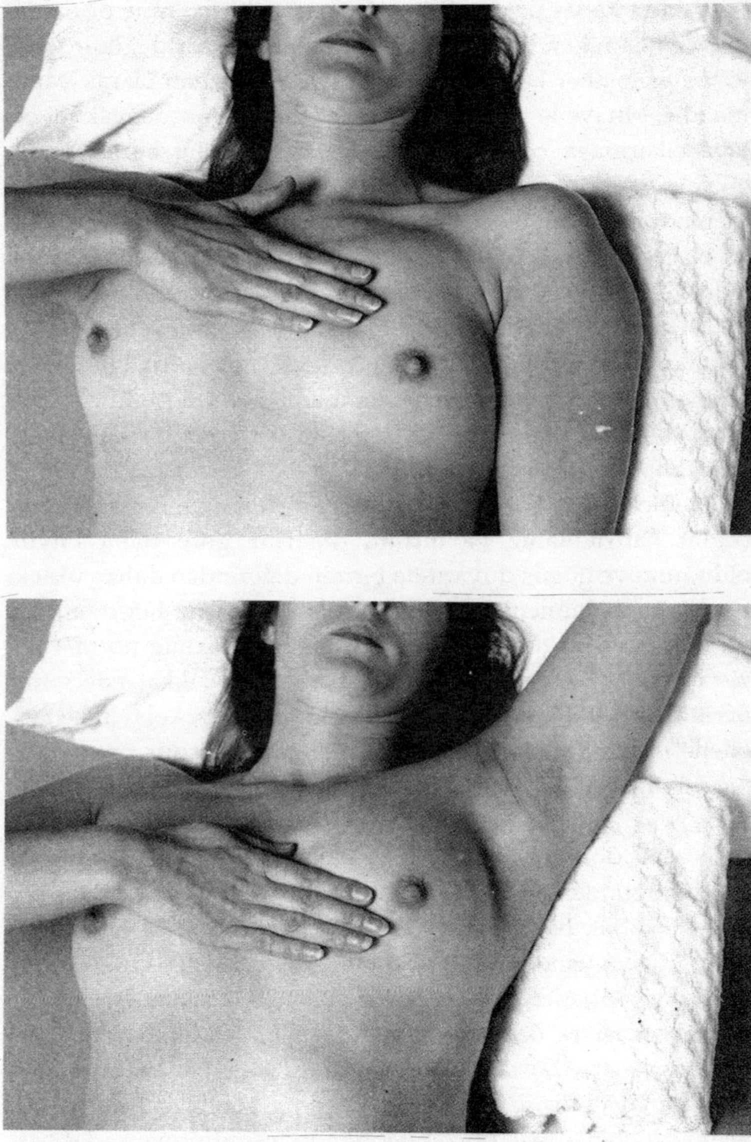

Kendi Kendine Meme Muayenesi

sımları derinin altında devam etmektedir. Meme tamamen yuvarlak olmayıp koltuk altı çukuruna doğru yönelen ve bazen de bu çukura kadar uzanan kuyruğa benzer bir bölüme de sahiptir. Memenin kendi kendinize muayenesi hiç zor değildir ve 20 yaşını aşmış her kadın tarafından her ay düzenli olarak yapılmalıdır. Muayene sırasında, olağan olmayan bir değişikliği ortaya çıkarmaya çalışıyorsunuz, bu nedenle hissetmek kadar gözle görmek de önemlidir. Aylık âdet döngüsü sırasında memenin normal büyüklüğünde ve yapısında birtakım değişiklikler olacağından bu muayeneyi ayın hep aynı gününde, örneğin, aylık âdet döneminizin sona erdiği gün yapmanız en iyisidir.

Menopozda adetten kesildiğinizde ise bu muayene her ayın ilk takvim günü yapılabilir. Başlangıçta memenizi bu şekilde muayene etmek tuhafınıza gidebilir ama her seferinde vücudunuzu daha iyi tanımanızı ve zamanla herhangi bir değişikliği kolaylıkla fark etmenizi sağlayacaktır.

Memelerinize baktığınızda iki memenin aynı olmadığı gerçeğini hatırlamanız ve birinin diğerine göre daha büyük olduğunu ve göğüs duvarında birinin diğerinden daha yüksekte olduğunu bilmeniz gerekiyor. İlk muayenede her memenin normal büyüklüğüne ve biçimine, meme uçlarının normal pozisyonuna ve memenizin genel durumuna dikkat ederseniz, ileride gelişebilecek herhangi bir anormalliği kolaylıkla fark edebilirsiniz. Yani kendi memelerinizi tanımalısınız.

Belinize kadar soyunarak, kollarınız iki yanınızda olacak şekilde ayakta, iyi bir ışık altında ayna karşışına geçin. Bir yandan diğer yana dönerek memelerinize bakın ve koltuk altlarının normal olduğundan emin olun. Kendinize zaman ayırın, memelerinize dikkatlice bakın ve büyüklük ve biçimlerindeki en ufak bir değişikliğe; meme yüzeyindeki herhangi bir şişlik, çukurlaşma, kızarma, toplardamarlarda belirginleşme ve meme başının içe çukurlaşması ya da dışa dönüklüğü gibi farklılıklara özel bir dikkat gösterin. Bir taraftan diğer tarafa dönerek tam bir inceleme yapmaya çalışın. Daha sonra ellerinizi beliniz boyunca içeriye doğru göğüs kaslarınızın gerildiğini hissedinceye kadar bastırın. Bu durumda memelerinize bakın ve deride herhangi bir büzüşme veya meme başında geri çekilme olup olmadığını kontrol edin. Ellerinizi başınızın üzerine koyun ve memelerinize dikkatlice tekrar bakın. Bu pozisyonda memelerinizin büyüklüğünde ve biçiminde herhangi bir değişiklik olup olmadığını açıkça görebilirsiniz. Şimdi meme başlarınıza dikkatlice bakın. Kollarınızı yukarıya kaldırın ve memeleriniz arasında herhangi bir farklılık görüp görmediğinizi kontrol edin. Son olarak da memelerinize bakın ve her iki meme başınızı sizin için anormal olan herhangi bir kanama veya akıntı olup olmadığını kontrol etmek amacıyla hafifçe sıkın. İlk muayenede memelerinizin normal durumuna dikkat etmek, daha sonraki muayenelerde değişikliklerin farkına varmanız açısından önemlidir.

Menopoza girmemiş olan birçok kadının âdetinin bitiminden hemen önce memeleri yumru yumru olabilir ve bazılarında bu durum bütün bir ay boyunca devam edebilir. Başlangıçta bu yumrular belirsizliğe yol açabilir fakat her başarılı muayene ile herhangi bir anormal şişliğin var olup olmadığını fark etmek daha kolaylaşacaktır. Başınızın altında bir yastık bulunacak şekilde düz bir zemin üzerine uzanın. Sağ memenizi muayene ederken sol elinizi ve sol memenizi muayene ederken de sağ elinizi kullanın. Her defasında yalnızca bir memenizi muayene edin.

Sol omzunuz yüksekteyken sol memenizi sağ elinizle yoklayın ve bu sırada parmak uçlarınızı değil parmaklarınızın alt yüzeylerini kullanın. Parmaklarınızı uzatın ve birbirine birleştirin. Çok sert basacak olursanız duyularınızı köreltmiş, çok hafif basacak olursanız yeterince derin hissetmemiş olursunuz. Biraz pratik yaptıktan sonra memenize ne şekilde bastıracağınızı keşfedeceksiniz. Bunu en iyi şekilde kadın hastalıkları doktorunuz size öğretecektir. Bu işlemi aceleye getirmeyin; yavaş, yumuşak ve düzgün bir biçimde yapın. Memenin yukarısından, köprücükkemiğinden başlayın. Memenizi gövdenize doğru yavaşça ancak sıkı bir şekilde bastırın ve parmaklarınızla giderek büyüyen daireler çizdirin. Alışılmadık bir sertleşme veya yumru olup olmadığını hissetmeye çalışın. Memenizi önce en dışarıdan bir daire çizerek yoklayın, daha sonra dairenin başlangıç noktasına geldiğinizde aynı işi daha küçük bir daire çizecek şekilde tekrarlayın. Bu tekrarlamaları meme başına ulaşana dek devam ettirin. Memenizde yoklanmadık yer bırakmayın. Dirseğinizden bükülmüş bir şekilde kolunuzu başınızın altına yerleştirin ve giderek küçülen daireler şeklindeki yoklama hareketlerini tekrarlayın. Özellikle dış kısmı tam anlamıyla hissedin. Memenizin altında yarımay biçimde sert bir bant hissedebilirsiniz, bu normaldir ve memenize destek sağlar. Son olarak da memenizin koltukaltı çukuruna doğru uzanan kuyruk kısmını muayene edin. Yine parmaklarınızın iç kısmını kullanın. Giderek küçülen daireler çizin ve herhangi bir yumru olup olmadığını kontrol edin. Yoklama işlemini koltukaltı çukuruna kadar eksiksiz tamamlayın. Şimdi aynı işlemleri diğer memenize de uygulayın. Eğer normal olmayan bir durumla karşılaşırsanız ya da son muayeneden bu yana dikkatinizi çeken bir değişiklik fark ederseniz, bunun nerede olduğunu belirleyin, daha sonra hiç dokunmayın ve her şeyi doktorunuza bırakın. Tamamen emin olmasanız bile gecikmeden doktora danışın. Yumrular çok büyük bir olasılıkla kanser değildir ama bunu size ancak doktor söyleyebilir. Yumru kanser bile olsa, erken tedavi edildiği takdirde ve hatta bazen ameliyatsız bile iyi olabilir. Doktorunuza danışmayı ihmal etmeyin.

Meme muayenesini her ay yapmak çok önemlidir. Bu, memenizi ve hayatınızı kurtarabilir. Herhangi bir değişiklik fark ederseniz doktora danışmayı ihmal etmeyin.

Gözle muayene sırasında: Memenin büyüklük ve biçiminde alışılmadık değişiklik. Meme başlarının pozisyonlarında farklılık. Meme başlarının içe doğru geriye çekilmiş olması. Meme başında olağandışı kanama veya sızıntı. Meme yüzeyinde alışılmadık şişlik veya çukurlaşma. Meme derisinde büzüşme, döküntü veya renk değişikliği. Toplardamarların olağandışı belirginliği.

Elle muayene sırasında: Memelerde herhangi bir sertleşme veya yumru.

Meme Ağrısı

Kadını doktora gitmeye yönelten en önemli neden meme ağrısıdır. Meme ağrısının nedenlerini burada sıralamanın faydalı olacağını düşünüyoruz:

1- Memenin kendisine ait hastalıkları; enfeksiyonlar, süt kanalı hastalıkları, fibrokistik meme hastalığı, meme kanseri, memede bazı hormonlara ait reseptörlerde duyarlılık.
2- İşlevsel yumurtalık bozuklukları: Östrojen ve progesteron yapımı ile ilgili bozukluklar, yumurtalıkların östrojen salgılayan tümörleri.
3- Beyinde FSH, LH ve prolaktin yapımı ile ilgili bozukluklar.
4- Tiroid hastalıkları olgularında.
5- Böbreküstü bezi hastalıklarında.
6- Hastaya tedavi amacı ile verilen bazı hormonlar.
7- Bazı doğum kontrol hapları.
8- Ruh hastalıklarında kullanılan bazı ilaçlar.
9- Yüksek dozda E vitamininin uzun süre kullanımı.

Görüldüğü gibi meme ağrısı pek çok nedene bağlı olarak ortaya çıkabilmektedir. Meme ağrısının gerçek nedeni henüz tam aydınlatılamamış olmakla birlikte en çok üzerinde durulan ve benimsenen görüş, östrojen, progesteron oranının progesteron aleyhine bozulması ve prolaktin hormonu salgılanmasındaki artışlardır. Bu görüşü destekleyen en önemli bulgular, hastalığın kadınlarda östrojenin aktif olduğu 30-45 yaşlar arasında en fazla görülmesi, menopozla birlikte giderek şikâyetlerin azalmasıdır.

Meme ağrısı ile hekime müracaat eden hastanın tanısında karşılaşılan güçlükler:

Hastanın ağrısının şiddeti ile fizik muayene bulguları arasında paralellik bulunmayabilir. Bu nedenle hekim, tanısını bazen sadece hastanın sübjektif yakınmalarına dayanarak koymak zorunda kalabilir. Çok defa mamografik ve ultrasonografik incelemeler ile de özel bir bulgu elde edilemez. Ancak meme ağrısına neden olan fibrokistik hastalık, meme kanseri veya meme iltihabı gibi hastalıkların ayırıcı tanısı yapılabilir. Hastaların progesteron, östrojen, androjen, FSH, LH ve prolaktin değerleri çok defa normal sınırlardadır.

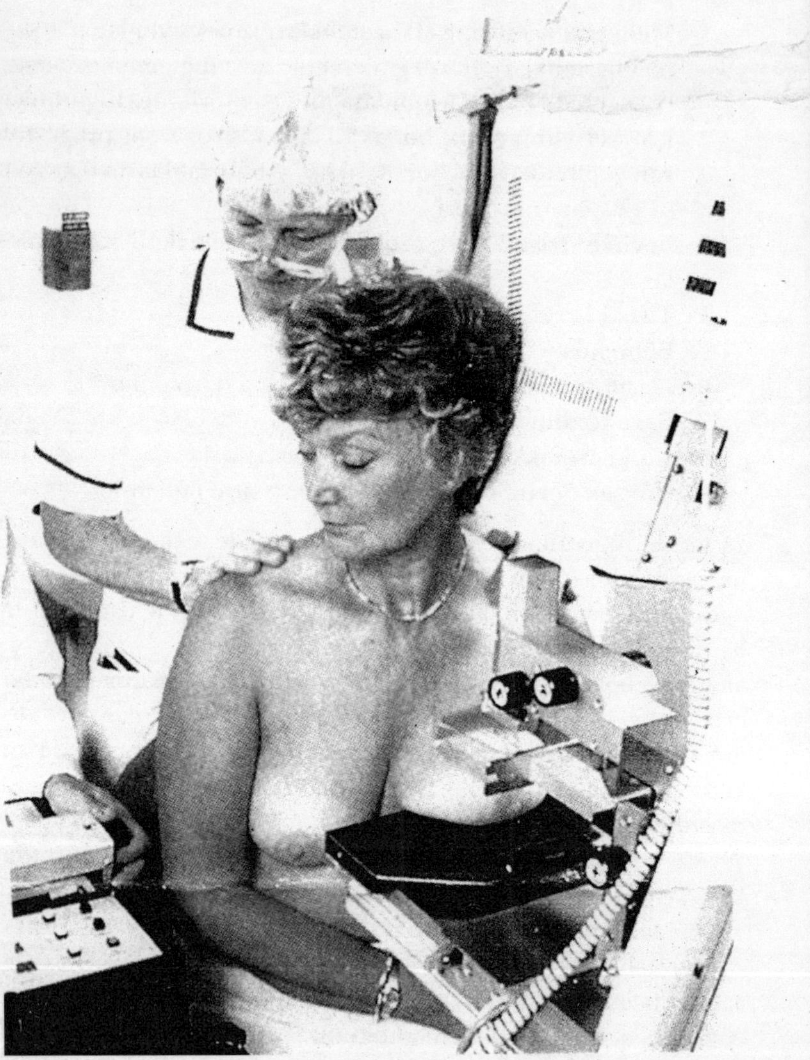

Mamografi

Meme ağrısı olan hastalarda biyopsi sonuçları tanı koydurucu bir özellik taşımaz. Hastaların büyük bir kısmında normal meme görüntüleri saptanır. Bazı hastalarda ise fibrokistik hastalığa ait çeşitli görünümlerin bulunduğu bildirilmiştir.

Meme ağrısı şikâyetleri olan hastalarda neden-sonuç ilişkileri yeterince çözümlenemediği için hastaya geleceği konusunda bilgi vermek oldukça güçtür. Hekimlerin meme ağrısı konusunda peşin yargılı olmaları, yeterince araştırmadan olaya "fizyolojik bir değişimin abartılmış bir şekli", hatta "ruhsal" bir davranış biçimi veya "çeşitli toplumsal ve psikolojik baskılara karşı bir savunma reaksiyonu" gözü ile bakmaları, tanı ve tedavi konusunda gecikmelere neden olmaktadır.

MEME KANSERİ

Günümüzde Batı ülkelerinde 100 kadından 93'ü göğüs sağlığını koruyabiliyor. Diğer yedisinde ise maalesef kanser görülüyor. Ülkemizde bütün kadınları kapsayan istatistik verileri meme kanseri konusunda yeterli değil. Ancak son yıllarda bu kanser türünde bir artma görüldüğü ileri sürülebilir.

Son zamanlarda yapılmış araştırmalara göre, en yaygın risk etkenleri şunlardır:

Yaş etkeni: Meme kanseri çoğunlukla 30-55 yaş arası kadınlarda görülür. Özellikle 50 yaşını aşmış kadınlarda daha çok rastlanır.

Kalıtım etkeni: Annesi ya da kız kardeşi meme kanseri olan kadınların bu hastalığa yakalanma olasılığı iki kat daha fazladır.

Gebelik: 30'lu yaşlardan sonra doğum yapan kadınlar 20'li yaşlardan sonra doğum yapan kadınlardan üç kat fazla risk altındadır. Bu risk hiç doğum yapmamış kadınlarda daha da fazlalaşır. 25 yaşlarında doğuran kadınlarda risk azalır.

Âdet kanamaları etkeni: 12 yaşından sonra âdet gören kadınlarda tümör oluşması olasılığı daha da azdır. Erken menopoza giren kadınlarda da risk azalır.

Kromozom etkeni: Ayrıca 17. kromozomda bulunan BRCA-1 ve p53 genlerinde, 13. kromozomda bulunan BRCA-2 geninde ve 10. kromozomda bulunan PTEN genindeki değişimler kalıtımsal meme kanserine neden olmaktadır. Doğru bir yaşam tarzı meme kanserinden korunmamızı sağlar. İyi bir diyet, tümör riskini yarıya indirir. Beslenme uzmanları hayvansal yağlar, sucuk, salam, sosis, tatlı, çok yağlı peynirler ve hayvansal gıdaları daha sınırlı tüketmemizi öğütlüyorlar.

Menopozdan sonra kilo alan kadınlar formda olan yaşıtlarından iki ya da üç kat daha fazla risk altındadır. Kadınların doğurganlık dönemi bittiğinde yumurtalıklar, memede tümör oluşmasına neden olan cinsiyet hormonları, yani östrojeni üretmeyi durdururlar. Fakat organizma bu eksikliği gidermek ve bu hormonların üretmek için uygun yağ dokularını biriktirir. Bu durumda normal olarak ne kadar zayıf olursa, östrojen seviyesi de o kadar düşük olur ve tümör oluşması riski azalır. Aşırı kilo alınmaması, dengeli beslenmek, diyette yeterli sebze ve meyve bulunması gibi genel sağlık kuralları önemli. Bol sebze ve meyve yiyin. Turunçgiller, çilek, kivi, domates, havuç, lahana, turp, karnabahar, baklagiller ve hububat özellikle tavsiye ediliyor. Çünkü bu gıdalar antioksidan maddeler içerir ve toksin arındırıcı özellikleri vardır. Alınan miktar da önemlidir: Bu gıdalardan günde en az 300-400 gram tüketmek gerekir.

Alkol: Dikkat edilmesi gereken bir diğer husus alkol. Lütfen alkol almayın: Bir İngiliz araştırması günde üç kadeh şarap ya da diğer alkollü içkilerin tümör riskini ikiye katladığını gösteriyor.

Teşhis: Görüntüleme yöntemleri ile memede kitle saptandıktan sonra ilk yapılması gereken işlem doku tanısı elde edilmesidir. Her ne kadar iğne biyopsisi ile tanı için yeterli materyal elde edilebilse de tercih edilen yöntem true-cut biyopsi veya geleneksel biyopsidir. Meme kanserinde biyopsi materyalinin pâtolojik incelemesinde tümör büyüklüğü, histolojik tip, grade, cerrahi sınırın durumu, östrojen/progesteron reseptör durumu, HER2/neu pozitifliği indeksi belirtilmelidir.

Bilim adamları yeni sondalar, gen testleri ve akıllı ilaçlarla meme kanseriyle savaşta önemli mesafeler alıyor. Yeni bulunan yolla, sağlıklı bölgeye en az zarar verilerek, sadece kanserli bölge vücuttan alınıyor. Bu işlemi takiben yapılan radyoterapi ile de, kanserin yeniden oluşması önleniyor. Ameliyat göğsün kola yakın alt kısmından açılan bir kesikten yapılıyor ve böylece, operasyon sonrası oluşan istenmeyen yara izleri de en alt düze-

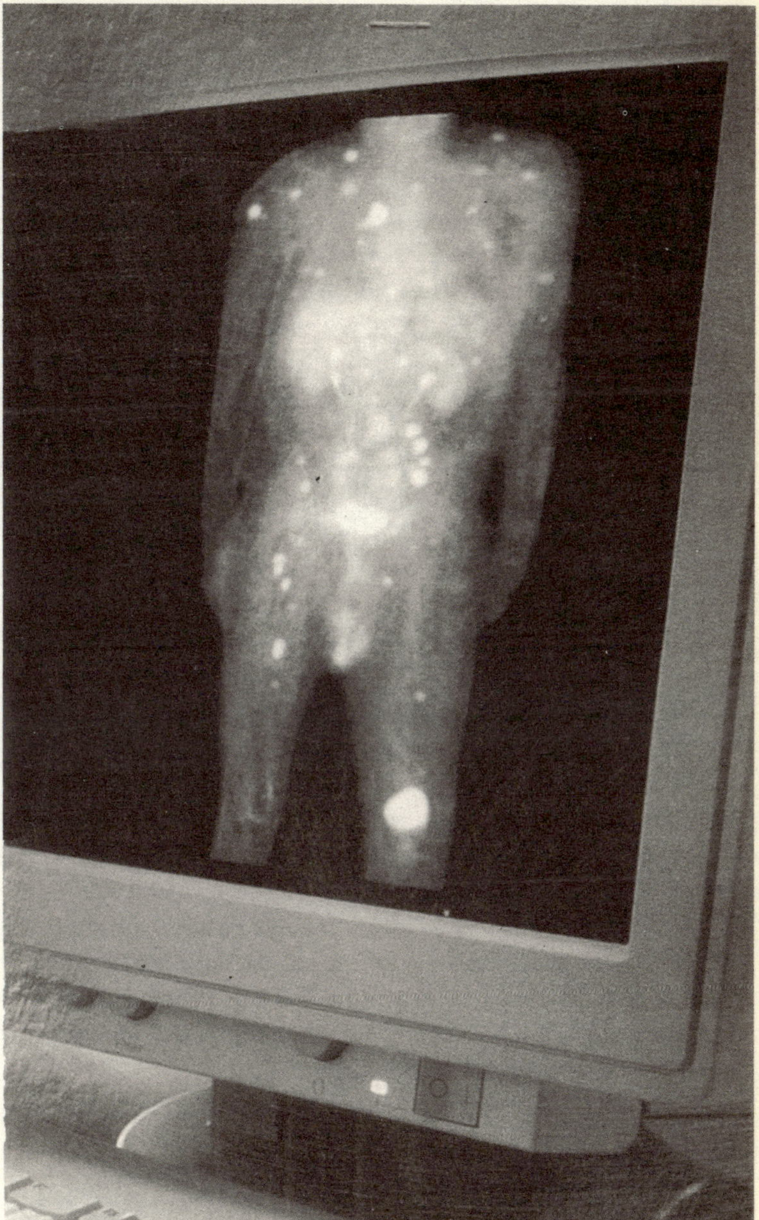

Kanser Tanısında PET (Pozitron Emisyon Tomografisi)

ye indiriliyor. Üçüncü yenilik ise bulunan ilaçlar. Genetik kodun nasıl işlendiğinin her geçen gün daha detaylı olarak ortaya çıkmasının da bunda büyük payı var. Böylece, kanser hücrelerine direkt olarak etki eden ilaçlar bulunuyor. Bu ilaçlar mevcutların sevimsiz yan etkilerinden arınmış olduğundan, hastalara da umut aşılıyor.

HORMON REPLASMAN TEDAVİSİ VE MEME KANSERİ

Yakın zamanda, İngiltere'de bir grubun yaptığı ve ülkemizde de yansımaları olabilecek "Milyon Kadın Çalışması" yayımlandı. Bu çalışma, Hormon Replasman Tedavisi (HRT) kullanan ve meme kanseri riskiyle ilgili endişe duyan kadınlara önerilerde bulunmanıza yardımcı olmayı amaçlayan bilgiler içermektedir. İngiltere'deki İlaç Güvenilirlik Komitesi ve bu komitenin HRT'deki uzman çalışma grubu çalışmayı gözden geçirdi.

Bu incelemeye göre: Sadece östrojen içeren ilaçlarla ilişkili, meme kanseri riskindeki artış "küçük" olarak tanımlanmaktadır. Kombine, yani östrojen ve progestin kullanımıyla ilişkili artan meme kanseri riski, sadece östrojen tedavisine göre daha azdır.

Bazı ilaçlar da, meme kanseri riskini anlamlı olarak, tek başına östrojenden biraz daha fazla ama kombine HRT'ye göre daha az bir miktarda artırmaktadır.

Meme kanseri riskindeki artış, tedaviye başladıktan sonra 1-2 yıl içinde, kullanılan HRT'nin tipi ne olursa olsun başlamaktadır.

Meme kanseri riskindeki azalma, HRT durdurulduktan sonra düşmeye başlamakta ve beş yıl içinde, hiç HRT almayan bir kadınla aynı düzeye ulaşmaktadır.

HRT ile ilgili uzman çalışma grubu, aşağıdakileri önermektedir:

Kısa dönem ve menopoz semptomlarını iyileştirme amaçlı uygulanan HRT'de, pek çok kadın için faydalar, risklere ağır basmaktadır.

Daha uzun süreli kullanımlarda, kadınlar yan etkiler ve artan meme kanseri olasılığı ile ilgili bilgilendirilmelidir.

HRT'ye başlama kararı, bireysel bazda değerlendirilerek verilmeli ve tedavi düzenli olarak, yani en azından yılda bir kez, tekrar gözden geçirilmelidir. Tekrar tekrar bunun önemine değinmek zorunluluğu hissediyorum.

Kombine HRT için, kanser de dahil olmak üzere dölyatağı iç yüzeyinde hastalık riskindeki düşüş, artan meme kanseri riskine ağır basmaktadır.

Konu edilen "Milyon Kadın Çalışması"nın sonuçları, kadınların tedavisinde acil bir değişikliği gerektirmemektedir.

HRT'yi bırakmak veya halen aldıkları tedaviyi değiştirmek isteyen kadınlar, hekimleriyle tedavi alternatiflerini tartışmalıdırlar. Tüm kadınların, meme konusunda bilinçli olmaları ve 50 yaşından itibaren bu açıdan gözlem altında olmaları önemlidir.

İlaç Komitesi ve HRT ile ilgili uzman çalışma grupları, yeni veriler ışığında, hastayı dikkatli izleme ile HRT'nin güvenilirliğini koruduğunu belirtmektedir. Uzun dönem risklerle ilgili önemli bilgiler, Temmuz 2002'de, WHO çalışmasının bir kolunun sonuçlarıyla ve durdurulmasıyla bildirilmiştir. Bu yeni bilgiler, koroner kalp hastalığı, inme ve yumurtalık kanseriyle ilgili veriler içermektedir.

Bu geniş ölçekli çalışma ve bulgular tanınmış tıp dergisi *Lancet*'de yayımlanmıştır. Bu gözlemsel çalışma, değişik HRT tiplerinin İngiltere'de yaklaşık 1 milyon postmenopozal kadın üzerindeki meme kanseri görülme oranını araştırmaktadır. Sonuçlar, dünyaca saygınlık kazanmış tıp dergisi *JAMA*'da yayımlanan, bu konudaki araştırma sonuçlarıyla benzerlik göstermektedir.

Bu çalışma, HRT'nin meme kanseri riskinde zamana bağlı bir artışa neden olduğunu onaylamakta ve HRT bırakıldıktan sonra riskin düşmeye başlayarak, beş yıl içinde hiç HRT alamayan bir kadının riskiyle eşitlendiğini göstermektedir. Sadece östrojen içeren ürünlerdeki riskin ölçüsü de belirlenmiştir. Kombine HRT kullanımı için risk, sadece östrojen grubuna göre anlamlı olarak düşüktür. Çalışma, daha özel olarak şunları göstermiştir:

Sadece östrojen tedavisi veya kombine HRT'nin farklı özel ilaçlar veya uygulama yollarının meme kanseri açısından farklı sonuçları olduğunu gösteren hiçbir kanıt yoktur.

5-10 yıl kombine HRT kullanımı ile oluşan ilave meme kanseri vakalarının "Milyon Kadın Çalışması"nda tahmin edilen sayısı, WHO çalışması ile neredeyse aynıdır.

HRT ile İlgili Karar Verirken

Tüm kadınlar için, tedavinin risk ve fayda dengesi dikkatle değerlendirilmelidir. Kararlar bireysel bazda değerlendirme yapılarak verilmelidir. Bu nokta çok önemlidir. Kendi kendinize karar vermeyin, mutlaka kadın doktoruna danışarak beraberce karar verin. Kadınlar, meme kanseri riskindeki artış ve diğer yan etkilerle ilgili bilgilendirilmelidir.

KANSER BELİRTEÇLERİ VE ERKEN TEŞHİS

Son yıllarda geliştirilen "tümör marker" denen "kanser belirteçleri" Türkiye'de de oldukça yaygın olarak ve başarı ile kullanılmaktadır. Tümör belirteçleri, organizmadaki kanser türü olayların varlığının işareti olan biyolojik değişiklikleri saptarlar. Kanser varlığında veya bazı iyi huylu urların oluştuğu durumlarda vücudun cevabı olarak hastaların kan, idrar veya dokularında saptanabilirler. İdeal tümör belirteci sadece tümör tarafından üretilmeli, ölçülebilen seviyelerde salgılanmalı, taramada kullanılabilmeli, tümör kütlesi ile değersel bağlantı göstermeli, tedaviye cevabı yansıtmalıdır. Burada en önemli nokta bu belirteçlerin teşhis koymada hekime çok yardımcı olmasıdır. Bunlar sayesinde kanser çok küçükken belirlenebilmektedir. Özellikle elle yapılan klinik muayenede ve ultrasonografide görülemeyen kanser odaklarının erken dönemde teşhisine yardımcı olmaktadır. Hasta sadece biraz kan vererek bu tarama yapılabilmektedir.

Son 20 yılda yeni tümör belirteçleri bulunmuştur. Günümüzde tümör belirteçleri jinekolojide daha çok tedaviye cevabı değerlendirmek ve hastalıkların tekrar edişlerini kontrol etmek için kullanılmaktadır. CIN ile dölyatağı ağzı kanseri ayrımında; antisitokeratin, düz kas aktin (SMA), kollajen tip IV, CEA kullanılmaktadır.

Dölyatağı ve içi kanseri ayrımında; HFMG-1, HFMG-2, kan grup antijenleri, CA 19.9 kullanılmaktadır.

Bazı kanser türleri ile diğer kanserlerin ayrımında; keratin, vimentin, glial fibriler asidik protein, CA-125, CEA teşhis koymak için hekimlere yardımcı olmaktadır.

Kanser antijen 12-5 (CA 125): Klinik olarak yumurtalık kanserli hastaların teşhis ve takibinde kullanılmaktadır. CA 125 düzeylerindeki artış sadece yumurtalık kanseri için spesifik değildir ve başka jinekolojik olmayan kanserlerde, gebelik, endometriosis, çok şiddetli geçen yumurtalık iltihabı ve absesi gibi hastalıklarda da yükselebilmektedir.

Lizofosfatidik asit (LPA): Yumurtalık kanserli hastaların asit sıvısında bulunmuştur, büyük olasılıkla yumurtalık kanseri hücrelerinin çoğalmasıyla yakın ilişkilidir. İlerlemiş hastalıkta hassasiyet yüzde 100, yumurtalığa sınırlı hastalıkta hassasiyet yüzde 90, yumurtalık kanserinde yüzde 90 bulunmuştur.

CA15-3, özellikle ilerlemiş meme kanserinin tedavisinin izlenmesinde yararlıdır. Erken evre meme kanserinde nadiren yükselir. Yumurtalık, akciğer veya prostat kanserli hastalarda artmış olarak bulunabilir.

Kansinoembriyonik antijen (CEA): Yükselmiş CEA serum seviyeleri kalınbağırsak ve pankreas kanseri için tipiktir. Yumurtalık urlarının çoğu CEA salgılar. CEA sıklıkla yumurtalıklara metastaz yapan meme ve GIS kanserli hastalarda bulunur. Gelecekte, çoklu belirteç kullanımı ve analizleriyle teşhis kolaylaşacak ve geliştirilebilecektir. Yeni teknolojiler yeni ve orijinal belirteç tanımlanmasına yardımcı olacaktır. Gelecek çalışmalar bu belirteçlerin rolünü daha iyi ortaya koyacaktır. Pek çok yeni belirteç geliştirilmekte ve değerlendirilmektedir.

Burada okuyucuya pratik bilgi verme gayesiyle hangi organlar için hangi testlerin yapılması gerektiğini sıralıyorum. Tabii bunların yapılmasına hekiminiz karar verecektir.

MEME için: CA 15-3, CEA, Sialik asit 5-Nükleotizal, Ferritin, LDH, GGT, kalsiyum, kan sayımı, sedimentasyon hızı, CA 549.

YUMURTALIK ve DÖLYATAĞI için: CA 125, CEA, CA 19-9, Beta- HCG, 5-Nükleotidaz, GGT, kan sayımı, sedimentasyon hızı, sialik asit (NANA), CA 50, Ca 72-4.

Eşinizde 50 yaş üstünde PROSTAT için: PAP, PSA, Free PSA, GGT, alkali fosfataz, asit fosfataz, sedimentasyon hızı.

KALINBAĞIRSAK: CA 19-9, CEA, sialik asit (NANA), Hemogram, sedimentasyon hızı, dışkıda gizli kan CA 50.

Bütün dünyada koruyucu hekimliğe önem verilmektedir. Çünkü bir hastalık, kanser dahi erken dönemde teşhis edilirse, tedavinin başarısı yüzde 100'dür. Bu nedenle hepimiz sağlığımıza özen göstermeli, çağımızın getirdiği modern tıbbi olanakları kullanmalıyız.

BİTKİLERDEN FAYDALANMA

Türk kültüründe "otacı" adı verilen bitkisel tedavi uzmanları, Türklerin Şamanist olduğu 10. yüzyıl öncesine ve yüzyıllarca öncelere Orta Asya Türk topluluklarına ve boylarına kadar gider. Bitkilerden faydalanma deyince aklımıza genelde Osmanlı-Türk kültürünün önemli bir dalı geliyor. Bu kültürün devamı günümüzde özellikle İstanbul Eminönü'ndeki Mısır Çarşısı'nda yaşatılıyor. Bursa, Konya, Mardin, İzmir ve Diyarbakır gibi şehirlerimizde bitkilerden faydalanma geleneği yaygın olarak sürmekte. Ayrıca Şam, Niş, Musul, Selanik, Bağdat, Kosova gibi bugün için Türkiye sınırları dışında kalmış eski Osmanlı şehirlerinde de bitkilerden faydalanma geleneğinin sürdüğünü izliyoruz.

Esasen hangi gıdanın ve ne kadarının sağlıklı, hangisinin zararlı olduğu tartışması bitmek bilmiyor. Günümüzde diyetlerin ve gıda ürünlerinin çeşitliliği giderek çoğaldıkça "sağlıklı beslenmek" zorlaşıyor. Çünkü daha birkaç yıl önce savunulan beslenme rejimlerinin bazıları, bugünün uzmanları tarafından reddediliyor.

Konumuz menopoz ve buna bağlı olarak kemiklerde osteoporoz gibi sorunların yaşanması olunca, hemen aklımıza kabayonca, arpa, karahindiba çiçeği, ısırganotu, maydanoz, kuşburnu ve avizeağacı gibi kemikleri güçlendirmeye yarayan bitkiler geliyor. Ardıç tohumu, aspir, eğir kökü, hardal tohumu, mısırpüskülü, sandalos ve terebentin de kemiklerdeki ağrıları hafifletici özelliğe sahip bitkiler.

Menopozda kalsiyum ve D vitamini açısından zengin gıdalar tüketmek gerekiyor. Brokoli, kestane, istiridye, karahindiba yeşilliği, dilbalığı, lahana, somon balığı, deniz mahsulleri, susam tohumu, karides, soya fasulyesi ve tahin kalsiyum açısından zengin gıdalardır. Değişik zamanlarda hububatlar ve kalsiyumlu gıdalar tüketmek önemlidir. Hububatlar kalsiyumla bağlanan bir madde içermektedirler. Ancak kalsiyumu uykudan önce almak gerekiyor, çünkü kalsiyum en iyi uykuda emiliyor.

Badem, kuşkonmaz, pancar, pazı ve ıspanak tüketiminizi sınırlandırın. Bu gıdalar kalsiyum emilmesini engelleyen "oksalik asit" bakımından zenginler.

Vejetaryen kadınlar et yiyenlere oranla daha az kemik erimesi sorunuyla karşılaşıyor. Kemik erimesinin kafein, yani kahve ile bağlantılı olduğunu unutmayın. Bir araştırmaya göre günde 300 mg (üç fincan) kafein verilen insanların idrarlarında içmeyenlere oranla daha fazla kalsiyum bulunuyor.

Karaciğer başta olmak üzere tüm organlara zarar veren alkolün, olumsuz etkilerinden kurtulmak için toksinlerden arındırıcı sebze ve meyve diyetlerine başvurun. Kırmızı yonca ve dulavratotu gibi kanı temizleyen bitkilerin çaylarını için.

Toksinlerden arınmak için haftada iki günü sadece sebze ve meyve yiyerek, bunların sularını içerek, zeytinyağı tüketerek, soyalı ürünlere ağırlık vererek geçirdiğiniz takdirde kanınız çok daha kolay temizlenecektir. Böyle bir diyeti bir kez, bir-iki hafta süreyle uyguladığınız takdirde metabolizmanız hızlanır. Ancak bu tarz bir diyeti uzun süre uygulamakta fayda var. Meyve ve sebzeler, yüksek oranda toksin atıcı etkiye sahiptirler. Sindirim sistemini desteklerler. Bol miktarda su tüketimi böbreklerin çalışmasını sağlarken, toksinlerin atımını da kolaylaştırır. Lif ve mineral zengini oldukları için toksinlerden arındırma programınızın içine kuru baklagilleri de katmanız uygun olur. Papatya, nane gibi sakinleştirici bitkilerin çayları, sindirimi arındırıcı bir etkiye de sahiptir. Zencefil, kimyon, hindistancevizi ve kişniş de toksin atıcı maddeler arasında sıralanabilir.

Kolesterol vücutta, beyin, sinirler, kalp, bağırsaklar, kaslar, karaciğer başta olmak üzere, yaygın olarak bulunan, mum kıvamında bir maddedir. Gıdalarla alınır veya vücut tarafından üretilir. Gıdalarla alınan kolesterolün tamamı et, süt, yumurta gibi hayvansal kaynaklıdır. Eğer kolesterolünüz yüksek ise, elma, muz, havuç, tatlı su balığı, kurutulmuş fasulye, sarmısak, üzüm ve zeytinyağı içeren bir diyet uygulayın. Lifli sebze, meyve ve hububatları daha sık tüketmeye çalışın, örneğin fasulye, kahverengi pirinç, yulaf. Bol taze meyve ve havuç gibi sebze suları için. Karaciğerden yağın atılmasını sağlar ve bu da kolesterolü düşürür. Sıvıyağları, özellikle de zeytinyağını tercih edin. Taze ceviz dışında kuruyemiş yemeyin.

Afrodizyak bitkiler hakkında Alfa Yayınları tarafından yayımlanan "Cinsellik El Kitabı" adlı kitabımda ayrıntılı bilgi bulabilirsiniz. Kadınlarda cinsel isteksizlik için geleneksel bir bitki karışımı önerisi: 50 gram andızotu kökü, 50 gram kayısıkıran kökü, 50 gram aynısefa çiçeği sapı, 50 gram ökseotu sapını karıştırın. İki çorba kaşığı karışımı, yarım litre suda 10 dakika kaynatın. Günde üç defa yemeklerden önce birer çay bardağı için.

Menopozda yüksek tansiyon için kırmızıbiber, papatya, rezene, yabani akdiken taneleri, maydanoz ve biberiye kullanılabilir. Uyarı: Eğer papatyaya alerjiniz varsa kesinlikle kullanmayın.

Şerbetçiotu ve kediotu kökü, sinirleri yatıştırıcı etkiye sahiptir. Günde üç bardak suma çayı için. Meyankökünden uzak durun, çünkü bu bitkinin tansiyonu yükseltme özelliği vardır. Anason, şahtere ve zeytin yaprağı tansiyon düşürücü özelliğe sahip bitkilerdir.

SAĞLIKLI MENOPOZ

GENÇ KALMAK

Genç kalmak şüphesiz çoğu insanın rüyasıdır. Tanıdığınız insanlara bir bakmanız bile hiçbirinin belirli bir yaşta aynı görünmediğini veya aynı biçimde davranmadığını görmenize yeter. Genel bir kavram olarak söylendiği gibi, kaç yaşında olurlarsa olsunlar, insanlar hissettikleri kadar gençtirler. Takvim yaşımız ancak kaç yıldır yaşadığımızı gösterebilir; daha önemli olanı, gerçek yaşımızın ne olduğuna bakmaksızın vücudumuzun ortamlar ve sorunlarla ne denli başa çıkabileceğini yansıtan işlevsel yaşımızdır.

Genç kalmak veya kalabilmek konusu 980-1037 yılları arasında yaşamış ünlü Türk hekimi İbni Sina'dan Lokman Hekim'e kadar yüzyıllardır Türk toplumunda işlenmiş bir konudur.

Bazı kadınlar 50'den sonrasını mezara yönelen bir iniş olarak görürler; gençlik, güzellik ve canlılıklarını yitirdikleri bir dönem olarak karşılarlar. Göremedikleri, yaşlanmaya karşı olumlu bir tutum içinde olabildikleri sürece yaşlılık ve moral çöküntüsünün bir arada olması gerekmediğidir.

Yaşlanmaya neyin neden olduğunu tam olarak bilemesek de sağlıklı ve üretken bir yaşlılığın nasıl sağlanabileceğini biliyoruz: Kendine değer verme ve saygı, genç kalmanın en önemli yapıtaşlarından biridir ve iyi bir diyetle düzenli alıştırmalar da iki bütünleyici etkendir.

Hiçbir zaman aklınızdan çıkarmayın ki yaşamın ilerideki yılları, kendi başarı biçimlerini de getirecektir. Menopoza geldiklerinde, çocuklar evden gittikten ve evle ilgili temel sorunlar azalmaya başladıktan sonra kadınlar sonunda toplumsal yaşama girebilirler ve birçok alanda eğitim görmeye başlayabilirler. Yüksek toplumsal konuma sahip işler için uygun hale gelirler, hukuk ve hükümet işleri gibi, bu işlere orta yaşlardan önce uygun olunduğu çok seyrektir. Gerçekten de insanların otorite, saygınlık ve benimsenmişlikleri orta yaşlarda en üst noktaya çıkar. Ve ilerleyen yaşların getirdiği avantajlar yalnız meslek yaşamı için geçerli değildir. Orta yaşın deneyim ve akılcılığı çoğu kez günlük yaşamın olağan gereklerinin daha kolay yerine getirilmesini sağlar. Araba kullanmak gibi fiziksel etkinlikler bile deneyimle değişir ve birçok kadın orta yaşa vardığında "psikolojik yerini" bulmuştur.

Kadınların cinsel olgunluğa kırklarına dek ulaşamadıkları oldukça sık söylenir. Bu da fiziksel açıdan değişik bir şeyler yaşadıkları için değil, duygusal açıdan yeni şeyler yaşadıklarındandır. Birçok kadın 40'ından sonra kazanılan özgüven ve kendini tanımanın birçok başka alanda olduğu gibi cinsellikte de kendini açıklayabilmeyi, belirtebilmeyi sağladığını fark eder.

YAŞLANMA SÜRECİ

Yaşlanma süreci kaçınılmaz bir süreçtir. Menopozla birlikte kadının hormonlarının azalıp durması yaşlanma sürecinin çok önemli bir devresidir. Bu değişimle yaşlanma süreci süratli bir şekilde kendini gösterir. Vücut yaşlandıkça işlevlerde aşamalı bir düşüş olur, fakat yaşlanmanın en belirgin etkileri bile, sağlıklı bir diyet, düzenli bedensel alıştırmalar ve her şeyin üstünde, zihnin sürekli canlı tutulmasıyla büyük ölçüde denetim altına alınabilir.

Yaşlanmanın Vücut Üzerindeki Etkileri

İskelet

20 yaşına doğru tam erişkin boyuna ulaştıktan sonra hiç büyüme olmamakla birlikte vücut kemikleri yaştan etkilenirler. 60'ın üstündeki kadınların hemen hepsinde eklem iltihabının veya bu biçimde belirtileri bulunabilir. Genelde sırtın alt bölümlerini, beli, dizleri, ayak bileklerini ve ayakları tutan osteoartritte eklem aralarındaki kıkırdaklar aşınır ve bu da her iki kemiğin uçlarında kalınlaşmaya yol açar. Bu da klasik, kemik çıkıntılar bulgusuna neden olur.

Menopozdan sonra kadınlar ellerinde, özellikle parmakların son eklemlerinde kalınlaşma ve biçimsizleşmeler olduğunu fark ederler. Menopozdan sonra her dört kadından biri osteoporozun etkilerinden yakınır, kalsiyum ve protein yitirme sonucu kemiklerde aşamalı bir incelme ve yumuşama olur. Bu, kimi zaman omurgadaki omur disklerinin incelmesi ve düzleşmesi ile de birliktedir ki, omurgada aşamalı bir bükülmeye ve boy kısalmasına yol açar.

Kaslar

Maksimum kas gücüne ortalama 25-30 yaşlar dolayında ulaşılır. Bu yaştan sonra kas kasılmalarının hızı ve gücünde aşamalı bir azalma ve aynı zamanda kasın eforu sürdürebilme yeteneğinde de bir azalma olur. Kasın esnekliğinde de azalma olur ve esnek olmayan fibröz doku artar. Kas liflerinin sayısı ve kaslardaki protein miktarı düzenli olarak azalır.

Deri

Derideki dikkat çekici esneklik özelliği kollajenin varlığına bağlıdır. Yaşla birlikte kollajenin bu uzama özelliği giderek azalır ve sonuçta da kırışıklıklar ve sarkmalar ortaya çıkar. Bu da görünümün güzelliğini büyük ölçüde yok eder, deri ince ve lekeli bir hal alır. Yüzde ve bacaklarda küçük damarlar görünür hale gelir ve yaş ilerledikçe hemen hiçbir esnekliği kalmayan deri neredeyse saydam bir nitelik alır. Yeni kollajen yapımı biz yaşlandıkça yavaşlar ve artık daha az su tutabilir. "Yaş" ya da "karaciğer" lekeleri denilen kahverengi lekelerin ortaya çıkışı orta yaşlarda olur.

Yaşlandıkça kilo tutmak için daha az kalori yeterli olmaktadır. Bu yüzden birçok kadın yediklerini fiziksel gereksinimlerine göre ayarlamadıkları takdirde çok kolay kilo aldıklarını fark ederler. Bununla birlikte daha da yaşlandıkça kas kitleleri gibi bu yağlar da yok olmaya yüz tutar ve yerlerini esnek olmayan deri kıvrımlarına ve kırışıklıklara bırakır.

Kalp

55 yaşından sonra kalp dakikada 72 vurumluk normal ritminden daha yavaş atmaya başlar ve vurumları daha da düzensizleşebilir. Kan basıncı normaldeki 120/80 değerinin üzerine çıkar genellikle. Bu da ana atardamarların çaplarının genişlemesine yol açabilir. Bununla birlikte daha küçük atardamarlar daralabilir ve kalsifiye olmuş yağ çöküntüleri yüzünden duvarları kalınlaşabilir. Bu da kan pıhtılarının oluşmasına yol açar. 60 yaşından sonra kalp hastalığı ana ölüm nedenidir. Kalp hastalığı riskindeki bu artışın nedeni yalnızca kan akımını bozan, kan damarlarındaki daralma değil, aynı zamanda sigara, aşırı yeme, fazla tuz alma, alıştırma yapmama ve bir ölçüde gerilimdir.

Böbrekler ve cinsel organlar

Yaşlanmayla birlikte işlevsel böbrek hücrelerinin sayısı azalır ve böbreklerin çalışma düzeni bozulur. Böbrekler aynı zamanda öbür organlardaki yaşlanmadan da etkilenirler. Örneğin eğer böbreğe gelen kan damarları "arterioskleroz"dan etkilenmişlerse böbrek dokusunun beslenmesi bozulacak ve bunun sonucunda da yaşlanacaktır.

Leğen kemiği tabanındaki kasların zayıflaması dölyatağı sarkmasına ve idrar tutamamaya yol açabilir. Bu sorunları giderecek, bir yerde kadının dölyolunu tekrar 20 yaş civarındaki dar haline getirecek ameliyatları artık daha sıkça yapıyoruz. Bu şekilde kadın ve eşi daha doyumlu bir cinsel yaşama kavuşuyorlar. Gerek menopoz sırasında, gerekse sonrasında dölyolu salgısında belirgin bir azalma olur ve dölyolu duvarları giderek incelir. Bunun tedavisi o bölgeye uygulanacak krem şeklindeki ilaçlarla mümkündür.

Beyin ve sinir sistemi

Yaşam boyunca beyindeki sinir hücreleri ölür ve yerlerine yenileri konulmadığından beyin yaşlandıkça hafifler. Beyin ağırlığı, sağlam sinir hücrelerinin sayısının kabaca ölçülmesinden oluşur. 20 yaşındaki bir beyin ortalama 1250 gram, 80 yaşındaki ise ortalama 1125 gram gelir. Bölünen ya da zedelenen sinirlerin onarım gücü azalır; iç fizyolojik işlevlerimizi denetleyen özerk sinir sisteminin tepki zamanı ve sinirlerden elektrik uyarılarının geçiş hızı yavaşlama eğilimi gösterir.

Gözler ve kulaklar

Yaşlandıkça göz merceği daha opaklaşır ve esnekliği azalır. Merceğin hareketlerini denetleyen kaslardaki değişiklikle birlikte, bu değişiklikler gözün eskiden olduğu kadar verimli bir biçimde uyum sağlamasını engeller ve bu da görme keskinliğinde azalmaya yol açar. Gözbebeğinin çapı küçülür ve göze giren ışık miktarı kısıtlanmış olur böylece. İrisin rengi solar; kornea kalınlaşır ve saydamlığı azalır. Aynı zamanda göz yaşlandıkça göz içi basıncında da bir artma eğilimi vardır.

Çoğu erişkin yaşlandıkça belli bir işitme kaybına uğrar, ama bu kayıp aşamalıdır ve kaybın derecesi kişiden kişiye değişir. Başlangıçta işitme kaybı yüksek tonlarda alçak tonlara göre daha fazladır ve giderek çok yüksek tonlar hiç duyulmaz olabilir. Sertleşen kulak kiri de yaşlı kadınlar için bir sorun olabilir.

Sindirim

Yaşamın ilerideki dönemlerinde birçok sindirim yakınması ortaya çıkmakla birlikte, bunların nedeninin sindirim sistemindeki herhangi bir bozukluktan çok psikolojik olma olasılığı yüksektir. Örneğin yalnız bir kadın, yalnızca kendisi için yemek yapmak istemeyebilir. Koku ve tat duygularındaki azalma sonucu gelişen uyarı eksikliği, tükürük ve sindirim salgılarının salgılanmasında azalmaya neden olabilir.

Metabolizma

Yaşlanmayla birlikte, yarı yarıya tiroid işlevlerindeki azalmaya, yarı yarıya da beslenme gereksinmesi olan toplam hücre sayısındaki düşüşe bağlı olarak metabolizma düşer.

Vücut artık ısı değişikliklerine eskiden olduğu kadar verimli bir biçimde yanıt veremez, ne yeterince terleyebilir ne de doğru dürüst titreyebilir. Vücudun ısıyı düzenleyememesi ve bununla birlikte soğuğun farkına da giderek daha az algılanması, ciddi bir üşütme riskine yol açar.

Vücut sodyum, potasyum ve kalsiyum gibi minerallerin dolaşımını yeterince sağlayamaz ve bu da hücre yapısında, vücudun normal işlevleriyle bağdaşmayan bir durum yaratır.

- Kalp hastalığının erkekler için ana ölüm nedenlerinden biri olduğunu biliyoruz; bu kadınlar için de böyle midir?

Kalp hastalığı menopoz öncesi kadınlarda pek yaygın değildir. Bununla birlikte menopozdan sonra erkeklerle eşit sıklığa ulaşır.

- Östrojen menopozdaki kadınlarda koroner trombozunu önler mi?

Dişilik hormonlarının menopoz öncesinde koruyucu bir etkileri olduğu düşünülmektedir ve menopozdan sonra da hormonların kalp hastalığını önleyebileceği yolunda bulgular var olmakla birlikte kanıt yoktur. Bununla birlikte bu hastalığı önlemenin en iyi yolu sağlıklı bir diyet izlemek ve düzenli olarak alıştırmalar yapmaktır.

- Birkaç gün önce olmuş olayları unutmak ve bunun giderek şiddetlenmesi bir bunama belirtisi midir?

Yakın zaman belleği yaşlanmayla birlikte bozulur, ama bu genellikle altmışlardan önce olmaz. Unutkanlık büyük olasılıkla gerilim altında olduğunuzu ve normalde bir kimseden beklenebileceğinden fazla şeyi anımsamak durumunda olduğunuzu gösterir. Listeler yaparak üzerinizdeki baskıyı kaldırın; evin her yanında bloknotlar bulundurun. Bazı otoriteler ise tam tersini önermekte. Yapacaklarınızı not etmeyip aklınızda tutmaya çalışmanızın daha faydalı olacağını belirtmektedirler. Bu şekilde belleğinizi kuvvetlendireceğiniz yönünde görüşler ileri sürülmektedir.

- D vitamininin kemiklerin incelmesini önlemede yardımcı olduğu doğru mu?

Evet, ama yalnızca 65 yaşın üstünde. Bu yaştan önce genelde östrojenler ve dengeli beslenme yardımcı olur.

- Kambur oluşmasını önlemenin bir yolu var mıdır?

Evet, kalsiyum ve protein açısından zengin iyi diyet ve eğer 65 yaşın üstündeyseniz D vitamini tamamlayıcıları. Duruşunuza dikkat edin ve alıştırmalarınızı düzenli olarak yapın.

Alıştırmalar

Isınma alıştırmaları

Daha zor alıştırmalara başlamadan önce istenmeyen, gereksiz gerilmeleri önlemek için vücudu yumuşatmak zorunludur. Vücut ısındıkça kol ve bacaklara kan taşıyan damarlar aşamalı olarak genişler, vücudun aerobik alıştırmayla birlikte artan oksijen gereksinimini karşılarlar. Isınma hareketleri, yumuşak alıştırmalar öncesinde beş dakika, daha şiddetli alıştırma öncesinde ise 10 dakika süreyle yapılmalıdır.

Omurga germe

10 kere ayaklarınızı hafifçe ayrık tutarak ayakta durun ve kollarınızı yukarı kaldırıp kendinizi gerin. Dizlerinizi bükerek eğilip kollarınızı aşağı ve arkaya doğru sallayın. Kollarınızı yeniden yukarı doğru sallayın ve sırtınızı bükün.

Bel germe

10 kere bacaklarınız açık olarak ayakta ve dik durun. Bir dizinizi bükün ve yukarı kaldırıp sıkıca göğsünüze doğru getirin. Öbür bacakla aynı hareketi yineleyin.

Aerobik egzersizleri

Vücudun işlevlerini düzgün biçimde yerine getirebilmesi, kalp ve akciğerin sağlamlığına bağlıdır, bu yüzden onları iyi durumda tutmak zorunludur. Koşmak, tenis, kayak ve yüzme gibi sporlar hem kasları çalıştırır, hem de kalp ve akciğerlerin dayanıklılık ve gücünü artırır. Bu, özellikle yaşlı kadınların yapabileceği ideal bir spor olan yüzme için geçerlidir, çünkü suyun içinde vücut ağırlığı rahatlıkla desteklenir ve kollara bacaklara hiçbir istenmeyen yük binmez.

Hareketlilik ve Esneklik Egzersizleri

Koşu, tenis gibi zorlu sporları yapmak düşüncesi size çekici gelmiyorsa, olduğunuz yerde yapabileceğiniz belirli yararlı alıştırmalar vardır. Bunların esnekliğe bir katkısı olmasa da zihinsel ve fiziksel yanıtları canlandırırlar ve görünümünüze olumlu katkıda bulunurlar. Bununla birlikte kendinizi iyiden iyiye bırakmışsanız veya eğer artritiniz varsa aşağıda anlatılan bu alıştırmalar ideal bir seçenek oluşturur.

Bacak hareketliliği

Oturun, bir tabanınızın altından bir eşarp geçirin. Her iki elinizle eşarbın birer ucundan tutarak ayağınızın ucunu hafifçe yukarı çekmeye çalışın. Öbür ayağınıza da aynı şeyi uygulayın.

Bel hareketliliği

İskemleye oturun, hafifçe dönerek bir dirseğinizi iskemlenin arkalığına atın. Aynı hareketi öbür kolunuzla da yapın.

Ayak bileği hareketliliği

Bacak bacak üstüne atın ve yavaşça ayak başparmağınızla bir daire çizin. Aynı hareketi öbür ayağınızla da yapın.

Genel duruş

İskemleye kalçanızı iyice geriye atarak oturun, belinizi dikleştirin; göğüs dışarı, baş yukarı olsun.

Ayak hareketliliği

İskemleye oturun, her iki ayak bileğini, önce parmaklarınızı sonra da topuklarınızı yukarı kaldırarak bükün.

Boyun hareketliliği

Başınızı bırakın öne düşsün; yavaşça kaldırın. Bu kez yana düşürün ve gene yavaşça kaldırın.

Kol kasları

Bu alıştırma kolların altındaki sarkmaları önlemek üzere hazırlanmıştır. İskemleye oturun, ellerinize birer ağırlık veya ağır birer kitap alıp göğsünüze tutun ve yavaşça yanlara doğru kollarınızı açın. Hareketi yineleyin, ama hiçbir zaman kendinizi zorlamayın. Bütün bu hareket önerileri genel bilgidir. Belki herkese uymayabilir. O nedenle bir uzmanın gözetiminde bu hareketleri uygulamanız uygun olur.

CİNSEL YAŞAM

Cinsel davranışlar, cinsellikle ilgili tavırlar ve inanışlar toplumca belirlenirler ve her zaman kadınlar için erkeklerden daha sıkı denetlenmişlerdir. Ancak son yıllarda ileri ülkelerde kadınların cinselliklerini belirtme ve doyurma hakkı kabul edilmiştir. Yıllar boyu vücutlarını yalnızca birer üreme aracı olarak gören kadınların kendi cinselliklerinin farkına varmaları çok güç olmuştur. Hem dünyanın pek çok yerinde hem de Türkiye'de kadınların bir kısmı hâlâ kendi cinselliklerini fark edememişlerdir. Fark etseler bile açıkça vurgulayamamaktadırlar.

Kadının cinsel gelişme süreci erkeğinkinden daha uzun, karmaşık, duyarlı ve ruhsal açıdan daha bağımlıdır. Birçok kadın için başarılı cinsel ilişkinin temelinde sevecenlik gibi duygular yatar. Yine birçok kadın, gövdeleri hakkında çelişkili düşüncelere sahiptir. Kişisel ilişkilerde kararsızdır, cinselliği ruhsal bir bağımlılık değil de fiziksel bir işlev olarak görmekte güçlük çekerler. Daha doğrusu genelde bu görüş açısından bakmaya şartlandırılmışlardır.

Kadının kendi cinselliğini kabul edip ondan zevk alması uzun zaman alabilir. Ne yazık ki, yetiştiriliş biçimi ve kadının görevleri hakkındaki düşünceleri birçok kadının çelişkilerini hiçbir zaman çözememesine neden olur. Bu konuları ayrıntılı olarak "Türkiye'de Cinsellik" adlı 2005'te Alfa Yayınları'ndan çıkmış olan kitabımda bulabilirsiniz. Kadın, dişiliğinden zevk almalıdır; ancak dişiliğin ilk ortaya çıktığı zamanda bile, gereksinim duyduğu mastürbasyon, olumsuz duygularla dolmasına neden olur. Bu cinsel sıkıntı, cinsel ilişkinin acı vermesi, gebelik ve doğum üzerine duyulan korkularla artar. Cinselliğe tüm vücudunuz olgun ve doyum sağlayıcı bir tavırla yanıt vermelidir. Eşinize çekici olmak, onunla sevişmek ve her ikinizin gereksinimlerinizin doyurulması için yalnızca cinsel organlarınız değil, zihniniz, duygularınız ve tüm benliğinize de iş düşmektedir. Menopozda gebe kalma korkusu ortadan kalktığından, yaşam deneyimlerinizi de göz önünde bulundurarak, belki de menopoz cinsel yaşamınızın zirvesi olacaktır. Vücudunuzla duygularınızı, düşüncelerinizi, algılarınızı belirtebildiğiniz an başarılı ve doyurucu cinselliğin anahtarını bulmuş olacaksınız. Türkiye'de yöresel töreler, hurafeler ve cahillik, hatta birçok kadının okuma-yazma bilmemesi, özellikle Güneydoğu Anadolu'da kız çocuklarının çoğunun okula gönderilmemesi ve kadının ailesi tarafından cahil bırakılması kadının yaşamını daha da zorlaştırmaktadır.

Kadınlar kendiliklerinden ve doğrudan seksi, yani çekici olabilirler; ama bu, dişiler için erkeklerden daha zordur. Cinsel olarak uyarılabilir olmak için dokunmaya duyarlı olmanız, psikolojik olarak kendinizden bir şeyler verebilmeniz ve dölyolunuza kamışın girmesinden zevk alabilmeniz gerekir. Menopozda bazen östrojen hormonunun azalmasına bağlı olarak dölyolunda kuruluk ve sonucunda birleşmede acı olabilir. Böyle durumlarda kadın hastalıkları uzmanına giderek gerekli ilaçları almanız gerekir. Kimi insanlar, cinselliğin kadınlar için geliştirilmiş bir yetenek, belki de azalan kısıtlamaların öğrenilmiş bir modeli olduğuna inanır. Kadınların cinsel doruklarına 30 yaşlarının sonlarında ve 40 yaşlarının başlarında ulaştıkları söylenir; fiziksel bir değişiklik ortaya çıktığı için değil, kendilerini sıkmaktan vazgeçip cinsellikten zevk almaya başlayabilmeleri bu kadar uzun sürdüğü içindir. Başarılı cinsel eylem, giderek daha başarılı cinsel eylem demektir. Cinsel uyarılmaya verilen fizyolojik yanıtlar tüm kadınlarda temelde aynıdır.

Kadının orgazma ulaşmaya yeterli olacak kadar uyarılıp uyarılmadığını belirleyen ruhsal farklılıklardır. Bir kadının kendisine yapabileceği en büyük iyiliklerden biri de, cinsel ilişkilere, tümüyle eşit bir eş olduğuna inanarak girmesidir. Cinsel ön oyunları başlatmak ve cinsel birleşmede önderliği ele almak kadının hakkıdır ve bunda ters bir yan olmadığı gibi her iki eş için de oldukça heyecan verici olabilir. Menopozda bu tür davranışlar hem kendiniz hem eşiniz için daha uyarıcı olacaktır. Aynı zamanda kadının, eşine yaptıklarını istediği biçimde yapıp yapmadığını sormasına yetecek özgüvene de sahip olması gerekir. Böylece eşinin ondan istediği başka şeyleri ve yeğlemelerini de öğrenebilecek ve eşini aynı şeyleri sormaya yüreklendirecektir. Yaratıcı olmaktan ve eşine öneriler getirmekten korkmamalıdır.

Menopozda cildinizde oluşmuş kırışıklara değil, gerekli, istekli ve uyarıcı davranışlara bakın. İstekle kabul edilen her öneri, ne kadar aykırı görünürse görünsün, cinsel heyecanı artırabilir. Kendiliğinizden denemeler yapmaya yönlendiğinizi hissediyorsanız hiç durmayın, önerin ve eşinize her zaman en çok neden hoşlandığınızı açıklayın. Araştırmalar göstermiştir ki, hemen tüm erkekler eşlerini hoşnut etmek kaygısındadır ve bunu başardıklarını duymak onları utandırmaz, tam tersine hoşnut eder. Çekinmeyin.

Orgazm

Son 20 yıldır kadın cinselliğiyle ilgili en tehlikeli söylentilerden biri de birden çok orgazm tipi olduğudur. Klitoris ve kamış eşdeğerlidir ve nasıl erkek orgazmı penisin sürtünmeyle uyarılmasından doğuyorsa dişi orgazmı da tümüyle aynı çıkış noktasına sahiptir diyebiliriz.

Klitoris birçok biçimde uyarılabilir. Kimi kadınlar klitorise dokunulmamasını, yalnızca dölyolu dudaklarının kıvrımları arasına alınarak, özgün olmayan, genel bir biçimde okşanmasını isterler. Başka kadınlar ise klitorisin tümüyle açıkta olmasını ve tamamı ya da bir bölümünün doğrudan ellenmesi, okşanması ya da öpülmesini yeğlerler. Kimileri içinse erkeğin vücudunun ya da dölyoluna giren kamışın kökünün klitorise yaptığı doğrudan olmayan baskı klitorisin orgazma ulaşmasına yeterli olmaktadır. Bazı kadınlar sadece meme ve meme uçlarının uyarılması ile bile orgazma ulaşırlar. 'Poroy Sınıflandırması' başlığı altında bu konuları 2006 yılında Alfa Yayınları'ndan çıkan "Cinsellik El Kitabı" adlı kitabımda ayrıntılı olarak bulabilirsiniz.

Orgazm deneyimi

Orgazm duygusunu sözcüklerle anlatabilmek çok zordur. Her kadın için farklıdır. Kadınlar orgazma erkeklerden çok daha yavaş ulaşırlar. Kadının uyarılma süreci vücudun birçok değişik bölgesini içine alır. Heyecanlanma arttıkça soluk alma sıklaşır ve kalp daha hızlı çarpmaya başlar. Dudaklar pembeleşir, gözbebekleri genişler, göğüs uçları dikleşir, klitoris şişer ve dudaklar da birbirinden ayrı durduğunda dik ve görünür bir duruma gelir.

Uyarılma ve heyecan daha da arttıkça deri pembeleşir ve kızarır, terlemeye başlar, göğüsler kanla dolduklarından dolgunlaşır ve iç ve dış dudaklar, klitoris, dölyolu genişler.

Birçok kadın birkaç dakikadan fazla sürdürülebilen bir "yükseliş" tanımlar. Orgazmın eşiğinde olduklarının farkındadırlar; heyecan ve uyarılma kesilmediği takdirde bunları, kadın kendini eşikten bırakınca orgazm izler. Klitorise gelen sinirlerin daha da uyarılmasıyla bir heyecan tırmanışına ulaşılır. İşte orgazm budur ve saniyelerce sürebilir. Esasen orgazm kelimelerle ifade edilemeyen bir doyumdur.

Dölyolu duvarlarının kasları ve dölyatağı kasları hızla kasılır, gevşer, kasılır, gevşer ve idrar yolu ağzının kenarlarındaki skene bezleri, aynı derecede belirgin olmasa da, o denli çok miktarda ve koyu olmasa da, erkekteki boşalmanın, kadındaki karşılığı sayılabilecek bir salgı çıkarırlar.

Orgazmdan hemen sonra kendinizi incelemeniz ya da yıkanmanız gerekirse göğüslerinizin yanı sıra iç ve dış dudaklarınızın şişmiş olduğunu fark edeceksiniz ve bu dolgunluğun geçmesi dakikalar alacaktır. Solunumunuzun, kalp atımınızın ve tansiyonunuzun normale dönmesi de dakikalar sürebilir. Menopozda yaşa bağlı olarak ortaya çıkmış kalp hastalıkları olanlar, bu rahatsızlıklarını doktorları ile paylaşmalı ve doktorun önerilerine uymalıdır.

Orgazmdan sonra büyük bir doygunluk, sakinlik, mutluluk ve uyku duygusu egemen olacaktır. Eşinize yönelik yakınlık, sevgi ve gönül borcu duyguları da ortaya çıkacaktır.

Her şey gibi orgazmlar da birbirinden farklıdır. Sadece bireyden bireye değil, aynı bireyin farklı zamanlarında da değişir.

Erkeklerin büyük çoğunluğu, cinsel olarak yeniden uyarılabilmek ve boşalabilmek için belli bir zamana gereksinim duyar. Kadınların büyük çoğunluğu için tek orgazm yeterli doyuruculuktadır. Bununla birlikte bazı kadınlar ilk orgazmdan sonra çok hızla ikinci ve hatta üçüncü bir orgazma geçerler ve tümüyle doyum bulamazlarsa aldatıldıklarını hissedebilirler. Bu kadınlardan biriyseniz eşinize bunu kesinkes anlatın; çoğu sizi mutlu etmeye çalışmaktan zevk duyacaktır.

Menopozda kadınların, orgazmı ne sıklıkla istediği de değişir. Kimi kadınlar ancak düzenli olarak ve sık cinsel doyum bulabildikleri takdirde mutlu olurlar; kiminde ise orgazm arayışı çok daha azdır. Kimi kadınlarsa orgazma hiç gereksinim duymayabilirler. Bu durumların hepsi tümüyle normaldir. Yapmanız gereken, neyi yeğlediğinizi eşinize açıklamaktır. Orgazm istememek, doğal olarak cinsel ilişkiyi engellemez. Birçok kadın cinsel birleşmeyi kendisi için doyurucu ve ödüllendirici bulmaktadır. Orgazma ulaşmasalar bile cinsel birleşmeden hoşlanırlar, çünkü sevgilerini eşlerine sunmanın doğal bir yoludur ve bu da kendi içinde yeterli olabilir.

Kimi kadınlar orgazma ulaşmaya ötekilerden daha mı yatkındır?

Cinselliğe aşağıda söylenen biçimlerde yaklaşan kadınların orgazma ulaşmasının daha olası olduğunu gösteren güçlü klinik kanıtlar vardır. Cinselliğe cinsellik olduğu için değer verirler, cinselliğe ilgi duyarlar ve etkin olarak doyum sağlama olanağı ararlar, cinsel açıdan kendilerini açıklama konusunda kısıtlamaları yoktur ve karşılıklı cinsel eyleme kendi içinde değer verirler.

Orgazm yaşamayan, ama gene de cinsel ilişkiden hoşlanan birçok kadın, olayın bütünlüğüne kuruluş, zamanlama ve romantik tonlamalarına ve yakınlığa, sıcaklığa ve eşiyle paylaşılan bir deneyim olması özelliğine cinsel yönlerinden daha çok tepki verir. Bunlara orgazma ulaşan kadınlar da değer verir, ama cinsel hoşnutlukları açısından daha az önemlidir.

CİNSEL SORUNLAR VE TEDAVİSİ

Cinsel sorunların tedavisi Türkiye'de 10. yüzyılda yaşamış ünlü Türk hekimi İbni Sina'ya kadar uzanır. Ortaçağ boyunca "Bahname" adı verilen, cinsellikle ilgili bilgiler veren, onlarca kitap Osmanlı İmparatorluğu süresince yayımlanmıştır.

Türk kültüründe herkese şifa veren hekimlerin sembolü olan "Lokman Hekim" sadece hastalıkların tedavisi ile değil, halk edebiyatına yansıdığı gibi, aşk ve cinsellik kavramlarının, sorunlarının çaresi olarak da karşımıza çıkar. İşte bu konuda şair Manisalı Tevhide Hanım'dan iki mısra:

Gelmese Lokman âleme bulmaz illet-i aşka deva
Yâre varsa sinede açma tabibe yâre aç

Biz ise menopozdaki cinsel sorunlara çare bulmak için en yeni görüş ve bilgileri bu kitabımızla size ulaştırmaya çalışacağız.

Menopozda veya daha genç yaşlarda çoğu cinsel sorun, sizden, sizin yetersizliğinizden veya yalnızca sizden olan "doğal olmayan" veya "duygulardan' değil, eşinizle aranızdaki cinsel uyumsuzluktan" kaynaklanır: Eşlerden biri bir düşünceden hoşlanırken, bu, ötekine itici gelir. Bir başka durum da her ikisinin de bu düşünceden hoşlanması, ama birinin bunu aykırı bulması ve ancak randevuevlerinde olabilecek bir şey olarak düşünmesidir. Yaşamda olduğu gibi, Nasrettin Hoca'nın dediği gibi eşler arasında herkes kendi açısından baktığında her zaman haklıdır. Cinsellikte de durum böyledir diyebiliriz. Her iki eşin de edilgen rolden hoşlanması ve etkin rolü almak istememesi de güçlüklere neden olabilir.

En sık karşılaşılan sorun, eşlerden birinin bir davranışı tatsız bulmasıdır ve tatsız bulunabilecek birçok davranış vardır. İşte bunlardan yalnızca birkaçı: Erkeğin üstte olmadığı herhangi bir pozisyon, her tür kendini uyarma, yani mastürbasyon da bunun içindedir. Her tür ağızla ilişki, anal yolla ilişki, çok sık cinsel ilişki, ışıkları söndürmeden ilişki kurmak, eşinizin cinsel organlarını ellemeniz, yatak dışında kurulan cinsel ilişki, soyunmadan cinsel ilişki, tümüyle çıplak olarak cinsel ilişki, cinsel ilişkinin kendisi vs...

Cinsel ilişki istemek anormal olduğunuzu göstermez. Cinsel ilişkiyi reddetmeniz de anormal bir biçimde bencil olduğunuzu göstermez. Cinsel ilişki konusunda ısrarlı olmanız, belki bir ölçüde bencil olduğunuzu gösterir. Fakat bu, kişinin elinde olan bir şey değildir. Onun vücudunun gereksinimi bu yöndedir. Öte yandan, birini sevmek, hem doğal hem de yasal olarak tümüyle birlikte olma arzu ve içgüdüsünü içine alabilir.

Herhangi bir cinsel sorunla karşılaştığınızda yapabileceğiniz en önemli şey, eşler arasında bu sorunla ilgili olarak konuşmaktır. Konuşabileceğiniz en uygun kişinin eşiniz olduğunu söylemeden geçemiyorum, ama gene de eğer bu size çok zor geliyorsa cinsel sorunlarda danışmanlık yapan bir hekime başvurun. Türkiye için benim bir tabirim var: "Komşu konsültasyonu"! Evet hele hanımlar, hemen konu komşu ile bu sorunları paylaşır. Belki kişinin rahatlaması için basit ve ücretsiz bir yöntem. Ancak komşunuz veya arkadaşınızın bir "cinsel sorunlar danışmanı" olmadığını unutmayın. Sizin aklınızı daha da karıştıracağı kesin, oluşabilecek dedikodular ise olayın cabası. Sorununuz bir kez gün ışığına çıkınca ve paylaşılınca kendinizi daha iyi hissedeceksiniz ve dahası, yararlı öğütler de alabilirsiniz. Huzursuz etmekte devam eden bir sorun, sizi kaçınmanıza neden olacak denli seksten hoşnutsuz kılabilir. Sonuçta da siz ve eşiniz, cinsel eylemlerden tümüyle uzaklaşabilirsiniz ya da kırgın ve küskün bir hale gelebilirsiniz. Cinsel sorun o denli büyük bir sorun haline gelebilir ki, ilişkinin sona ermesine neden olabilir.

Cinselliği, üstünde tartışılmaz bir konu olarak yönlendirilen kadınların birçok konuda duydukları kuşkular yüzünden sancılanmalarına ve kaygılarını dile getirmekte zorlanmalarına şaşırmamak gerekir. Eğer sorunlarınızı ortadan kaldırmaya niyetliyseniz, gene de ille atmanız gereken adım budur.

İnsanların çok sıradan cinsel olaylar yüzünden suçluluk duygusuna kapıldığı da sık sık görülür; birçok anne-baba dinsel ve siyasal önderlerden öğrenilen, kuşkucu bir akılcılığı çocuklarına geçirir. Çocukluğumuzda çoğumuz duymuşuzdur "Cinsel konular pistir, ayıptır, günahtır" lafını. Eğer toplumu gereğinden fazla önemsersek, çoğu kez salt neyin doğru neyin yanlış olduğu konusundaki kimi modası geçmiş düşünceler yüzünden, insanoğlunun yapabileceği birçok doyurucu ve ödüllendirici deneyimden yoksun kalırız. Sonuçta toplum değil, siz acı çekersiniz. Bu yüzden aklınızı gönlünüzün yönlendirmesine izin verin ve tutturduğunuz yaşama biçimine uyduğuna inandığınız yolu izleyin: hem siz hem de eşinizin hoşuna giden şeyleri yapın.

Unutulmaması gereken bir başka önemli husus, hiçbir erkeğin iktidarsız olmadığı ve hiçbir kadının frijit olmadığıdır. Her erkek, yeterli zaman tanındığı, gerekli sabır ve yardım gösterildiği takdirde kamışın sertleşmesini sağlayabilir ve boşalmayı denetleyebilir. Aynı biçimde gerekli hoşgörü ve anlayış gösterilen, kendi başına alıştırıcı egzersizler yapmaya nazikçe yönlendirilen kadın da, daha sonraları eşiyle birlikte yalnız cinsellikten hoşlanmakla kalmayacak, büyük bir zorlukla karşılaşmadan orgazma bile ulaşabilecektir. Tek önkoşul eşinizi sevmeniz, cinselliğe değer vermenizdir. Eğer eşinizi sevmiyorsanız ya da eşiniz sizi cinsel olarak heyecanlandırmıyorsa, hiçbir şey sorununuzu çözemez ve durumu kurtaramaz. Eğer tüm sevgi ve duygu gitmişse, aranızdaki uçurumu ne cinsel danışmanlar, ne cinsel tedavi, ne denemeler, ne de egzersizler kapatamaz. Böyle durumları görmek her iki eş için gerçekçi olacaktır.

Cinsel Sorunların Tedavisi

Kendi başlarına çözemedikleri cinsel sorunları olan çiftler için, cinsellik danışmanlığının, cinsellik kliniklerinin ve cinsellik tedavisinin belirli bir yeri vardır ve çok başarılı olabilir. Özellikle orgazm olamama, cinsel isteksizlik gibi işlevsel cinsel sorun bozuklukların tedavisi 1960'lı yıllardan beri yapılmaktadır. Ben de 30 yıldan fazladır cinsel sorunların tedavisini yapmaktayım. Ayrıca 40-50 yaşlarından sonra görülen dölyolu adalesinin gevşemesine bağlı orgazm olamama sorunlarını tedavi eden ameliyatları yapmaktayım. Bu ameliyatlar sonucu pek çok kadını tekrar doyumlu bir cinsel yaşama kavuşturdum. Özellikle menopoz yaşlarında bu sorunlar karşımıza çıkmaktadır. Bir cinsellik tedavisi uzmanına başvurmanız, birçok kısıtlamadan kurtulduğunuzu gösterir; ama eğer kurtulamamışsanız, atılacak ilk adım cinsellik konusunu konuşamama da içinde olmak üzere, cinsellikle ilgili tüm önyargılardan sıyrılmaktır. Danışman olarak, eşinizle sorunun tüm yönlerini açıkça ve utanmadan konuşmanıza ve baskı altında bıraktığınız her tür duygu ve düşüncenin açığa çıkmasına yardımcı olmaya çalışıyoruz.

Olumlu düşünmeye yönlendirileceksiniz. Gelecek haftalarda uygulanmak üzere önünüze bir program sunulacaktır. Neler olacağı ve sizden neler beklendiği size anlatılacaktır. Bir cinsellik danışmanına başvurduğunuzda tedavi uzmanınızla bir anlaşma yapıyorsunuz demektir; aynı biçimde eşinizle de bir anlaşma yapıyorsunuz demektir. Tedavi uzmanının önerdiği programı, yalnız istekle değil, gönülden gelen bir istekle uygulayabilmeyi eşinize borçlu olacaksınız.

Tedavi programı içinde, en başa dönmeye ve vücudumuzun cinsel dokunmaya ve hatta en basiti, eşinizin parmak uçlarının dokunmasına nasıl yanıt verdiğini bulmaya yüreklendirileceksiniz. Vücudunuzu etkileyen her tür duyuyu duyma, yaşama ve hoşlanma üstünde yoğunlaşma öğretilecektir. Danışmanınız, birkaç gün ya da hafta cinsel ilişkiden uzak durmanızı ve "cinsel kaslarınıza" belirli bir gerginlik kazandırmak amacıyla egzersizler yapmanızı önerebilir. Daha sonra, kendinize zevk vermeye ve eşinizin yanına yatıp birbirinize dokunmaya, okşamaya başlayabilirsiniz.

Daha sonraki haftalarda kendi kendinizi orgazma ulaştırmanın ve eşinizin, cinsel organını kullanmaksızın sizi orgazma ulaştırmasının yollarını denemeniz önerilecektir. Daha sonra da aşamalı olarak cinsel ilişki sırasında orgazma ulaşma amacına varacaksınız. Daha ayrıntılı bilgi için, her evde bulunması gereken "Cinsellik El Kitabı" adlı Alfa Yayınları'ndan, Ocak 2006'da çıkmış olan kitabıma başvurabilirsiniz.

Siz menopozdaysanız, Türkiye de evlilik yaş ortalamasına baktığımızda, eşinizde de sertleşme sorunu olabilir. 2005 yılındaki bazı verilere göre Türkiye'de 40-65 yaş arası erkeklerin yüzde 50'si sertleşme sorunu yaşıyor. Ülkemizde çoğu kadın ve erkek cinselliği bir görev olarak kabul ediyor. Ancak yukarıda da değindiğim gibi cinsellik zevk alınan bir olgu olarak görülmelidir. Yani insanın cinselliğe bakış açısı önemlidir. Yeter ki istesin, cinsellik 70 ve üstü yıllarda da heyecan verici bir ilişkinin devamı için gereklidir diye düşünebiliriz.

Eşinizin sorunu, dolayısıyla size yansıyan önemli bir sorun: İKTİDARSIZLIK

Menopozdaki kadının cinsel işlev ile birçok sorunu olurken eşinde de cinsel işlev sorunları görülebilir. Erkekte yaşlılıkta cinsel sorunların başında iktidarsızlık gelmektedir. Erkeğin bu önemli sorunu hakkında birkaç satırla kadınlara da bilgi vermenin sonuçta çift için faydalı olduğunu düşünüyorum.

Erkeğin cinsel birleşmeyi gerçekleştirememesine iktidarsızlık diyoruz. Diğer bir deyişle penisin (kamışın), kadının dölyoluna rahatça girişini sağlayan sertleşmenin, dikleşmenin olmama haline iktidarsızlık diyebiliriz. Orgazma ulaşamayan erkekler de iktidarsız sayılmaktadır. İktidarsızlığın nedeni olarak yüzde 10-15 vakada organsal bozukluklar gözükmekte, yüzde 85-90 neden ise ruhsal olarak ortaya çıkmaktadır. Kamışın tam sertleşmemesi 40 yaşından genç erkeklerin yüzde 2'sinde görülmektedir. Bu oran 40-55 yaş arasında yüzde 6.7, 55-70 arasında yüzde 25 olmaktadır.

Erkeklerin korkulu rüyası olan iktidarsızlığın, elimizdeki istatistiklerin verilerine bakıldığında pek sık rastlanan bir olay olmadığını görüyoruz. Cinselliğin günlük gazetelerde, dergi ve mecmualarda, film ve TV ile ülkemizin en ücra köşelerine girdiği ve insanların bu konuları daha rahat konuşabildiği günümüzde, özellikle yakından izlediğimiz Batı dünyasında kadının cinsellikten beklentileri, istekleri artmış ve başarı veya başarısızlık kaygısı dolayısıyla iktidarsızlık, o ülkelerdeki erkeklerin büyük sorunu haline gelmiştir. Bu, kadını doyuramama ve başarısızlık korkusu ülkemizde de artmaktadır. Bu nedenle iktidarsızlık konusu önem kazanmaktadır.

Türkiye'de iktidarsızlık ve kısırlık kavramları da pek çok kimse tarafından karıştırılmaktadır. Bunu karıştırmamak gerekir. Kısır erkeğin iktidarsız olması gerekmez. Kısır erkeklerin hemen hemen hiçbirinin iktidarsızlık şikâyeti yoktur.

Diğer taraftan cinsel organı tam sertleşmeyen, yani iktidarsızlık şikâyeti olan bir erkek penisini eliyle veya eşinin yardımıyla dölyoluna sokabilir. Bugün çeşitli yöntemlerle artık tedavi edilebilen bir sorun halindedir. Geçici iktidarsızlık yakınmaları olan erkekler mastürbasyonda böyle bir sorunun çoğu zaman olmadığını görürler. İktidarsızlıkta genelde cinsel istek vardır, fakat cinsel birleşme için gerekli penis sertleşmesi oluşmaz.

Kamışın sertleşip kalkması normalde sinirsel uyarım iletimi, o bölgenin atardamar ve toplardamarlarının belli bir düzen içinde çalışması ile oldukça karmaşık bir fizyolojiye sahiptir. Bu çalışma mekanizmasını burada sunmanın bir faydası yoktur.

Eşlerden birinde oluşacak bir cinsel sorun mutlaka karşı cinsi etkileyecektir. Bu konuda ayrıntılı bilgiyi 2006 yılında Alfa Yayınları'ndan çıkan "Cinsellik El Kitabı"nda bulabilirsiniz. Ancak burada özetle artık yeni çıkan ilaçlar sayesinde iktidarsızlığın bir sorun olmaktan çıktığını da söyleyebiliriz.

MENOPOZDA BUNALIM (DEPRESYON)

Herkes her zaman ruhsal bunalım yaşayabilir. Hepimiz ruhsal durumumuzda değişmeler yaşarız ve çoğumuzun ruhsal durumu belirli dönemlerde belirli değişiklikler gösterir. Bu değişiklikler bizi ne şaşırtmalı, ne de korkutmalıdır. Ancak menopozda yaşanan bunalımlar yaşın ilerlemesi ve hormonsal nedenlerle bazen daha zor geçebilir. Bunların üstesinden gelmeyi öğrenmeliyiz. Vücut ısımız, vücudumuzun çevredeki değişmelere kendiliğinden tepki gösterip belirli yanıtları devreye sokmasıyla nasıl değişmez kalıyorsa, duygusal yapımız da belirli bir çizgiyi izleme eğilimindedir. Buna karşın çoğumuz hoş bir olayla karşılaştığımızda iyi mizaçlı, işler iyi gitmediğinde ise kötü mizaçlı kişi görüntüsü veririz.

Herkesin ruhsal durumunda şu ya da bu zamanda dalgalanmalar yaşadığını rahatça söyleyebilirsek de bu değişmelerin ortaya çıkış biçimleri konusunda kesin konuşamayız. Kimileri kendilerini "huysuz" olarak kabul ederler ve tek bir gün süresince bile duygularında sık sık değişmeler yaşarlar. Öbürleri ise oldukça değişmez mizaçlıdır ve hemen hiçbir şey onların mizaçlarını sarsmaz görünür. Kimi kişilerde bu dalgalanmalar oldukça gürültülüdür.

Ruhsal durumdaki değişmeler yavaşça ortaya çıkabilir veya birdenbire oluşabilir. Genelde, bir kez bu duygusal sallanmanın farkına varınca, ya mutluluk ve doyum duygularını korumayı öğrenmelisiniz veya mutsuzluk duygunuzu yumuşatmalısınız. Ancak böylece, olumsuz duygu ve heyecanların ruhsal durumunuzu daha da kötüleştirmesini önleyebilirsiniz. Tüm bunlara karşın, gerçek depresyon, ruhsal durumdaki olağan değişmelerle aynı tutulamaz. İçinden yardımsız çıkabileceğiniz bir durum değildir. Gerçek bir depresyon yaşıyor olmanız, kendinizi ve çevrenizi artan bir biçimde değersiz gördüğünüzü gösterir. Bu tür olumsuz duygular, zamanla yalnız öz görüntünüzü değil, çalışma ve öbür insanlarla olan ilişkileri sürdürme yeteneğinizi de etkileyebilir ve hatta inançlarınızı yok edebilir.

Gün içi değişmeler: Sabahın erken saatlerinde çoğumuz kendimizi biraz moralsiz hissederiz. Ruhsal durumumuz gün içinde düzelir, öğlene doğru bir kez de öğleden sonra olmak üzere iki kez en iyi durumuna ulaşır. Bu değişmeler doğrudan doğruya adrenal bezinin işlevine ve ürettikleri kortizol adlı hormonun miktarına bağlıdır. Kortizol, yalnız fizyolojik işlevleri normalleştirmekle kalmaz, aynı zamanda ruhsal durumumuzu da normalleştirir. Uykudan kalktıktan sonra kortizolün kan düzeyi yükselir ve bizi fiziksel ve ruhsal olarak uyandırır ve kendimizi daha iyi hissetmeye başlarız.

Östrojen ve progesteron hormonunun eksikliğinin veya göreceli yokluğunun depresyonla ilişkili olduğunu gösteren bir çok kanıt vardır. Âdet öncesi, doğum sonrası ve menopoz depresyonları, kanda kadınlık hormonlarının eksikliğine bağlıdır ve her üçünün belirtileri de aynıdır. Bu açıdan bakınca da kadına menopozda dışarıdan hormon vermek gerektiği durumlar olduğunu yadsıyamayız. Bugün sentetik hormondan korkanlar için artık bitkisel kökenli ilaçlar üretilmektedir. Menopoz depresyonu hormonlarla düzeltilebilir.

Yalnızlık, sıkıntı, umutsuzluk ve kırgınlık, çoğu kez yaşamlarını çocuklarını yetiştirmeye adamış anneleri etkiler.

Toplumsal durumumuz ve birbirimizle olan ilişkilerimizden doğan duygusal dalgalanmalar da depresyona neden olabilir.

Sevdiğimiz birini yitirmemiz, evliliğimizin bozulması, arkadaşlıkların kopması, güvensiz bir iş durumu, çocukların buluğ çağına girmesi, evden ayrılmaları, hatta yeni bir çevreye taşınma, tüm bunlar ve yaşadığımız birçok başka olay depresyona kadar gidebilen gerilime yol açar.

Depresyonun değişik tipleri

İçsel depresyon, kişideki biyolojik değişikliklerin neden olduğu, beyin metabolizmasındaki kimyasal bir düzensizlik ya da eksikliktir. Hekimler henüz içsel depresyonu başlatan nedenin ne olduğunu söyleyememekle birlikte, ilaçlarla tedavi edebilmektedirler. Tepki depresyonu, çoğunlukla bir yitime, eşin ölümü, bir ilişkinin kopması gibi verilen bir yanıttır ya da bir hastalığa, tedavi veya hormonsal dengesizliğe gösterilen bir tepkidir.

Depresyonu belirleyen ruhsal durum değişmeleri hareketliliğe doğru da olabilir ki, bu durumlar mani olarak nitelendirilir. Olay "manik depresif" döngülerden geçebilir ve birbiri ardı sıra depresyon veya mani veya her ikisinin karışımı özellikler gösterir.

Depresyonun belirtileri

Depresyon kendini değişik şekillerde gösterir: Ruhsal durum değişmeleri, üzüntü, mutsuzluk, karamsarlık ve daha sonra da umutsuzluk yönünde kayma gösterir. Sevgi ve sevecenlik duygularında azalma vardır. Aşağılık, yetersizlik ve yararsızlık en yaygın duygulardır. Davranış biçimleri kökten değişebilir ve hırsızlığa, sahtekârlığa ve cinsel sapmalara kadar gidebilir.

Manik depresiflerdeki bu içedönük depresyon, aniden saldırgan, aşırı heyecanlı ve vahşi bir manik döneme girebilir. Manik depresif kadınlar için durum daha kötüdür, çünkü artmış cinsel isteklerinden dolayı bir nimfomanyak olarak görülebilirler. Yani sürekli cinsel birleşme veya mastürbasyon dürtüsü ile hareket ederler. Bir de, depresyonu kederin yoğunlaşması değil de, zevklerin azalması olarak yaşayan kadınlar vardır. Bu "gülen depresifler" her ne kadar tedaviye en az normal depresifler kadar gereksinim gösteriyorsa da hekimlerine pek inandırıcı gelmeyebilir.

Bazılarında ise düşünme, dikkat, yoğunlaşma ve bellek bozulabilir. Bazen bunlar sessiz, köşesine çekilmiş ve hareketsiz olabilir. Bunların canlılığında ve yaşama olan ilgisinde azalma görülür; genellikle dağınık, duyumsamaz ve uyuşuktur.

Bu durumdaki kişilerin çoğunda önce iştah azlığı ve yemeklere olan ilginin kaybolması gözlenir. Bunu cinsel etkinlikte azalma ve âdet bozuklukları izler. Uyku düzeni şiddetle etkilenir ve bir enerji kaybı söz konusudur. Bu kimselerde hazımsızlık, karın şişliği, terleme oldukça sık görülür.

Depresyonun tıbbi tedavisi

Menopozda depresyonlar, özellikle eğer bundan sorumlu olan koşullar değiştirilemiyorsa, kişinin kendi çabasıyla ortadan kaldırılamaz. Profesyonel yardıma gereksiniminiz vardır, artık bir ruh hastalıkları uzmanına başvurmak gerekir.

Doktorunuz öncelikle sizi evinizde görmeye gelip sorunlarınızla ilgilenecek ve doğru çözümü bulmanız konusunda yol gösterecek bir toplumsal görevli ya da sağlık görevlisinin desteğini önerebilir. İkinci olarak, depresyonda genellikle uyuma güçlüğü çekildiğinden, uyku düzeniniz yeniden kuruluncaya kadar kullanılmak üzere doktorunuz size uyku hapları verebilir. Hiçbir ruhsal hastalık uyku olmadan daha iyiye gitmez.

Daha da ötesi, doktorunuz size şiddetli depresif hastalıkların tedavisinde kullanılan güçlü maddeler olan antidepresan ilaçlar verebilir.

Depresyondaki kişinin kendine yardımı

Henüz ciddi bir hastalık haline gelmemişse, depresyonu ortadan kaldırmak için yapabileceğiniz bir-iki şey vardır. Olaylar üstüne düşünmek veya onları değiştirmeyi istemek, işe yaramaz, ama olabildiğince olağan bir düzeni sürdürmeye çalışmak yardımcı olabilir.

Mizah anlayışı: Çok önemlidir. Yalnız mutsuzluk duygusunu azaltmakla kalmaz, olaylara yeniden belirli bir açıdan bakmamızı da sağlayabilir.

Etkinlik: Her çeşidi önemlidir, çünkü başarının zevki her kederin üstesinden gelebilir.

Çalışma: Herhangi bir işe kalkışmak ve onu bitirmek büyük moral kazandırır ve eşsiz bir değerlilik duygusu verir. Bu, depresyon için eşsiz bir tedavi ve çözüm şeklidir. Kararlıysanız, kendinizi uzun zamandır ertelediğiniz bir işi yapmaya zorlayın; sonuçtaki doyum size uygulanabilecek olan en iyi tedavidir.

Hoşgörü: Kendinizi tedavi ederken moraliniz yükselebilir, ama her zaman için yemek ve alkol konusunda aşırı hoşgörünün ileride kilo ve bağımlılık sorunlarına yol açabileceğini ve alkolün depresyonu ağırlaştırabileceğini aklınızdan çıkarmayın. Yalnız başına kitap okumak, yürümek ya da banyo yapmak kimi insanlara rahatlatıcı gelmektedir.

Müzik: Çoğumuz için ruhsal durumu düzeltici bir etmendir. Bu, yüzlerce yıldır ispatlanmış bir olgudur. Eski Türklerde, Orta Asya'da Şamanist inancın hâkim olduğu geçmiş yüzyıllarda, Baksı adı verilen Şaman müzisyenler tarafından çeşitli hastalıkların müzik ile tedavi edildiği bilinmektedir. Büyük Türk bilgini Farabi (870-950) "Musiki-ül-kebir" adlı eserinde müziğin insan sağlığına faydalarını açıklamıştır. Kayseri'de Gıyasüddin Tıp Medresesi ve Gevher Nesibe Sultan Darüşşifası'nda 1205 yılından itibaren, Edirne Darüşşifası'nda 1488'den sonra ruh hastaları müzik ile tedavi edilmiştir.

Depresyona karşı kullanılan Türk musikisi makamlarının başında Farabi'ye göre Rast makamı, Neva makamı, Seba makamı ve Hüseyn makamı gelir. Yüzyıllardır kullanılan bu makamları mutlaka denemenizi öneririm.

Edinburgh Depresyon Ölçeği

Menopoza giriyorsunuz. Son bir hafta içindeki duygularınızı öğrenmek istiyoruz. Böylece size daha çok yardımcı olabileceğimize inanıyoruz. Lütfen sadece bugün değil, son yedi gün içinde kendinizi nasıl hissettiğinizi en iyi tanımlayan ifadeyi işaretleyiniz.

Son yedi gündür:
1)- Gülebiliyor ve olayların komik tarafını görebiliyorum.
a) Her zaman olduğu kadar
b) Artık pek o kadar değil
c) Artık kesinlikle o kadar değil
d) Artık hiç değil

Son yedi gündür:
2) Geleceğe hevesle bakıyorum.
a) Her zaman olduğu kadar
b) Her zamankinden biraz daha az
c) Her zamankinden kesinlikle daha az
d) Hemen hemen hiç

Son yedi gündür;
3) Bir şeyler kötü gittiğinde gereksiz yere kendimi suçluyorum.
a) Evet, çoğu zaman
b) Evet, bazen
c) Çok sık değil
d) Hayır, hiçbir zaman

Son yedi gündür:
4)- Nedensiz yere kendimi sıkıntılı ya da endişeli hissediyorum.
a) Hayır, hiçbir zaman
b) Çok seyrek
c) Evet, bazen
d) Evet, çoğu zaman

Son yedi gündür;
5)- İyi bir neden olmadığı halde korkuyor ya da paniğe kapılıyorum.
a) Evet, çoğu zaman
b) Evet, bazen
c) Hayır, çok sık değil
d) Hayır, hiçbir zaman

Son yedi gündür:
6)- Her şey giderek sırtıma yükleniyor.
a) Evet, çoğu zaman hiç başa çıkamıyorum
b) Evet, bazen eskisi gibi başa çıkamıyorum
c) Hayır, çoğu zaman oldukça iyi başa çıkabiliyorum
d) Hayır, her zamanki gibi başa çıkabiliyorum

Son yedi gündür:
7)- Öylesine mutsuzum ki, uyumakta zorlanıyorum
a) Evet, çoğu zaman
b) Evet, bazen
c) Çok sık değil
d) Hayır, hiçbir zaman

Son yedi gündür:
8)-Kendimi üzüntülü ya da çökmüş hissediyorum
a) Evet, çoğu zaman
b) Evet, oldukça sık
c) Çok sık değil
d) Hayır, hiçbir zaman

Son yedi gündür:
9)- Öylesine mutsuzum ki, ağlıyorum.
a) Evet, çoğu zaman
b) Evet, oldukça sık
c) Çok seyrek
d) Hayır, asla

Son yedi gündür:
10)- Kendime zarar verme düşüncesinin aklıma geldiği oldu.
a) Evet, oldukça sık
b) Bazen
c) Hemen hemen hiç
d) Asla

MENOPOZDA SORUNLARI GÖĞÜSLEMEK

Menopozda görülen bedensel ve ruhsal değişimler bir sorunlar yumağı şeklinde kadının karşısına çıkar. Bunların üstesinden gelmek ve eğer yaşadığınız hayatın tadına varmak istiyorsanız, birkaç önerimiz olacak. Zaten kitabın pek çok bölümünde sadece tıbbi bilgiler vermedik, düzeyli bir yaşam için birçok önerimiz oldu. Onları uygulayın ve ne kadar güzel bir yaşama sahip olduğunuzu yeniden keşfedin.

Eğer karamsarlık içindeyseniz, öncelikle yaşamınızın olumlu yanlarını içeren bir liste yapıp bu listeyi sürekli yanınızda taşıyın. Moraliniz bozuk olduğu zaman listeyi gözden geçirin ve sahip olduğunuz güzel şeyler için şükredin. Cesaretinizi kaybettiğiniz zaman zor durumları nasıl aştığınızı hatırlayıp yeterince güçlü bir insan olduğunuzu görün. Kendi kendinize "Geçmişte olduğu gibi bundan sonra da her şeyle baş edeceğim," deyin. Böylece zorluklarla, mutluluklarla yaşamı bütünüyle sevmeyi başarırsınız.

Gece yatmadan önce birkaç dakikalık süreyle, o gün neler yaptığınızı düşünün. Ufak şeylerle mutlu olmayı bilmelisiniz. Sonuçta hayat ufak şeylerden ibaret. Ufak yardımlar yapmak için düşkünler, özürlüler, yaşlılar, kimsesiz çocuklara yardım derneklerine gönüllü olarak katılın. Başkalarına yardım etmek mutluluk vericidir. Aynı zamanda bazı insanların ne kadar şanssız olduklarını görüp hayatınız için şükretmeyi öğrenmelisiniz. Geçmişteki kötü olayları sürekli hatırlayıp üzülmenize gerek yok. Üzüntüyü bırakın. Geçmiş olaylardan sıyrılın ve hep ileriye bakın. Tabii olumsuz olaylardan gerekli dersleri almayı bilmelisiniz.

Keyifsiz olduğunuz zaman bir süredir hiç aramadığınız arkadaşınızı arayın. Eski okul arkadaşlarınızı arayın. Onunla yeniden sohbet etme mutluluğunu yaşayacaksınız. Zor bir gün geçireceğinizi düşünüyorsanız üzerinize seksi bir kıyafet giyin. Güzel bir kadın olduğunuzun farkına varıp yaşamın kolay olmasa da güzel olduğunu kabul edeceksiniz. Her insanın yaşamında dönüm noktaları vardır. O noktada yanlış karar verseydiniz hayatınız çok kötü olabilirdi.

En iyi arkadaşınızı çağırın ve sizde en çok beğendiği özelliği sorun. Başkaları tarafından sevildiğinizi görmek size mutluluk verecektir. Doğanın sesini dinleyin, huzur bulacaksınız. Ayrıca ibadet, yoga ve meditasyon huzur verecektir. Şunu hiç unutmayın: En değerli şey sağlığınızdır. Eğer buna sahipseniz düşündüğünüzden bile şanslısınız. Diğer kişilerin sizi beğenip beğenmediklerinden endişe duymaktan vazgeçin. Önemli olan sizin kendinizi sevmeniz. Kendinizi kuvvetli hissettiğiniz an menopozun getirdiği sorunlarla daha kolay başa çıkacaksınız ve göğüsleyeceksiniz.

SPOR VE BAKIM

Menopozda da kadın için spor ve bakım çok önemlidir. Menopozda spor özellikle kadının sağlığı açısından büyük önem kazanır. Menopozda spor sözcüğünden birçok kimsenin çekineceğini biliyoruz. Ülkemizde spor ne yazık ki geniş insan topluluklarına ulaşamamıştır. Spor, okullarda çoğu zaman, zorlu matematik dersinden kaçmaya yarayan bir ders saati olarak görülmüştür. Sporun sağlığımız için ne kadar önemli olduğu bizlere pek öğretilememiş. Menopoz başlarken vücuttaki hormonsal değişimlere bağlı olarak kadın genelde kilo alır. Spor yapmaya alışık olmayan bir kadında, vücudun daha da hantallaşmaya başladığı bu yaş grubunda, spor önermek ona sanki bir angarya yüklemek gibi olmaktadır.

Menopozda ve yaşlılıkta sporun önemine son yıllarda değinilmektedir. Bu konunun önemine dünya tıp tarihinin en önemli Türk hekimlerinden olan İbni Sina (984-1037), bundan 1000 yıl kadar önce "El Kanun Fi't Tıb" adlı eserinin 1. cildi 278'inci sayfasında ayrıntılı olarak değinmiştir. Menopozla da ilgili birçok konunun işlendiği bu iki ciltlik çok önemli eser bugünkü Türkçe ile Prof. Dr. Esin Kahya tarafından kolay anlaşılır bir şekilde yazılmıştır. Yeni baskısı Atatürk Kültür, Dil ve Tarih Yüksek Kurumu, Atatürk Kültür Merkezi tarafından Ankara'da yapılmıştır. Türk kültürü açısından fevkalade önemli olan bu yapıt, sağlıkla ilgilenen herkesin faydalanacağı bir kitaptır.

Burada sporun özellikle menopoza giren veya menopozda olan kadın için ne kadar önemli olduğunu vurgulamak istiyoruz. Menopozdaki kadına spor zindelik verecek, sağlığını düzeltecektir. Menopozda spor kadının şişmanlamasını önleyeceği gibi, olabilecek bazı korku, depresyon ve uykusuzluk gibi şikâyetlerin ortadan kalkmasına ve kendine güveninin artmasına neden olacaktır. 10-15 yıl öncesine kadar kadınlara menopozda jimnastik hareketleri önerilirdi. Şimdilerde ise kemiklere kuvvet bindiren hareketler tavsiye ediliyor. Kemiklere yapılan baskı ile kemiklerin kanlanmasının daha iyi olduğu ve bunun sonucu osteoporozun önlendiği ileri sürülmektedir. Tabii kadın bu hareketleri yaparken olimpiyatlara hazırlanıyormuş gibi kendini zorlamamalıdır.

Spor yaparken insan kendi sınırını bilmeli, zarar verici hareketlerden kaçınmalıdır. Bu yaş grubunda daha önce spor yapmamış olanlara yürüyüş, kısa mesafeli ve zorlanmadan yapılan koşular, yüzme, voleybol, aerobik ve sınırlı bir şekilde zorlanmadan yapılacak aletli jimnastik önerilmektedir.

Birkaç hafta düzenli spor yaptıktan sonra kendinizi daha sağlıklı ve genç hissedeceksiniz. Şüphesiz yaşam kaliteniz artacaktır. Vücudunuzu diri hissettikten sonra, beslenme alışkanlıklarınızı da daha sağlıklı yöne yönlendireceksiniz. Burada önemli olan menopozda ilk defa spora yöneliyorsanız, bunun keyfini almaya alışmanız veya bu işi bir angarya olarak görmemeniz.

Spor yaparken dolaşım sisteminizi ve kalbinizi ne kadar zorlayabileceğiniz kişiden kişiye değişir. Önünüze koyduğunuz hedefe, çıtayı her gün yavaşça yükselterek yaklaşmaya çalışın. Hangi sporu yaparsanız yapın kendi sınırlarınızı fazla zorlamayın.

Menopozda sonuç olarak spor yaparak üç önemli hedefe ulaşmamız gerekir: daha kuvvetli olmak, daha dayanıklı olmak ve daha hareketli olmak.

Kendinize bakmanız özellikle menopozda yaşam kalitenizi yükseltecektir. Bakımınıza özen gösterirseniz, örneğin yaşlılık belirtilerini masajla yok edebiliriz. Burada verdiğimiz bilgiler genel bilgilerdir. Size bu konularda fikir verme ve faydalanabilmeniz düşüncesi ile yazılmıştır. Bu tür masajları önce çevrenizdeki bir uzmana yaptırmanızı öneririz.

Yaşlanmayı durdurma masajı:

Oldukça önemlidir. Vücudunuzun yaşlanması, hücrelerinizin de yıpranması anlamına gelir. Bu nedenle yüzünüzdeki deri kurur, çatlar, bazı kimyasalların eksikliğiyle kırışıklar oluşur. Ancak arada bir yüzünüzün farklı bölgelerine, doğru hareketleri uygularsanız, bu etkileri hafifletebilirsiniz. Bu masajın stresi azalttığını da göreceksiniz. Güzellik uzmanlarına göre yaşlanmaya karşı yüz masajınızı kendiniz de yapabilirsiniz.

Alın: Her iki elinizin işaretparmakları ve ortaparmaklarıyla burnunuzun kemerine yavaşça dokunun. Yavaşça gözlerinizin iç kısmına doğru baskı uygulayın. Kaşlarınız üzerinden geçerek ucuna kadar ufak bir masaj yapın. Daha sonra şakaklarınıza hafifçe baskı uygulayın. Bu masaj hareketlerini en az iki kez tekrarlayın.

Gözaltı: İşaretparmakları ve ortaparmakları burun kemerinin üstüne getirin. Buradan gözlerin altına, yanağa ve şakaklara doğru baskı uygulayın. Daha sonra elmacıkkemiklerine ve altına ilerleyin. Bu hareketleri iki kez tekrarlayın.

Boyun: Parmaklarınız birleşik olsun ve avuç dahil tüm elinizi kullanın. Boynunuzun alt kısmından çeneye doğru yavaşça çıkarken hafifçe baskı uygulayın. İki kez tekrarlayın.

Gözler: Üç parmağınızı kaşlarınızın tam altına yerleştirin. Bastırın ve rahat bırakın. Aynı hareketi kaşlarınızın üstünde ve saç köklerinde tekrarlayın.

Cilt: İşaretparmaklarınızla kaşların üzerinden başlayarak şakaklara doğru alnınızı ovun. Sonra gözaltlarından başlayarak yüzünüzün alt bölümüne masaj yapın. Burundan çenenize, oradan kulaklarınıza doğru gidin. İki kez tekrarlayın.

Rahatlama masajı:

Haftada bir kez yüzünüz için kendinize vakit ayırın. Evinizdeki ürünlerle yüzünüzü temizleyin ve rahatlatıcı masajı uygulayın. Böylece cildinizin gerginlikten kurtulmasını sağlayacaksınız üstelik güzellik ürünleriniz cilde daha iyi nüfus edecek.

Yüz temizleme ürününüzü avuç içinizde ısıtın ve cildinize yuvarlak parmak hareketleriyle yedirin. Eğer kremli bir temizleyiciyse temiz kâğıt havluyu yüzünüze koyarak iyice emmesini sağlayın. Kalanını iyice silin. Su ile temizlenen bir ürünse en az üç kez su çarptığınıza emin olun. Cildiniz çok kuru değilse buhar banyosu yapın. Büyük bir kâsenin içine kaynamış su koyun. Arzu ederseniz birkaç damla bitkisel yağ ekleyerek koku salgılamasını sağlayın. Başınızı kâsenin üstüne eğin. Rahatsız olmadığınız müddetçe üç dakika böyle kalmaya çalışın. Yumuşak bir keseyle yüzünüzü silin. Böylece ölü deriden kurtulacaksınız. Gülsuyunu bir pamukla yüzünüze sürün. Bu, maskeden önce cildin kendini toplamasını ve ferahlamasını sağlayacak. Yüz maskesi uygulayın. Maske yüzünüzdeyken pakette belirtildiği müddetçe yatağınıza yatıp dinlenin. Yüzünüze masaj yapın. Bunu yüz yağlarından biriyle ya da kayısı yağıyla yapabilirsiniz. İşaretparmakları ve ortaparmaklarınızı kaşlarınızın üstüne koyun, yavaşça bastırıp bırakın. İki kez tekrar edin. Parmaklarınızı gözlerinizin tam altına getirin. Bastırıp bırakın. Üç kez tekrarlayın. Şakaklardan, saç hizasından elmacıkkemiklerine, kulak memelerine ve çene kemiğine doğru ilerleyin. İki elinizin parmakları çenenizde birleşsin. Yüzünüzde kalan yağı havluyla temizleyin. Bitirmek için günlük nemlendiricinizi, gece kremini ya da anti-aging denen yaşlanmayı durdurucu bakım ürününüzü sürün. Bunu da masaj yaparak iyice yedirin.

Bakım size moral verecek ve bu şekilde daha sağlıklı olacaksınız. İleri yaşlarda bile bakımınıza özen göstermek sizi ayakta tutacaktır.

MENOPOZDA BESLENME

Menopozda beslenme hem kadınların hem de diyetisyenlerin zorlandığı bir konudur. En çok sorulan soru:

Kilonuz kontrol altında mı? Araştırmalara göre dünya nüfusunun altıda birini şişmanlar oluşturuyor. Türkiye'de de çoğu insanın kilosuna dikkat ettiği pek söylenemez. Kalıtım, yanlış beslenme alışkanlıkları, hareketsizlik gibi nedenlerden kaynaklanan ve modern toplumların sorunu olan şişmanlık, beraberinde birçok sağlık sorununu da getiriyor. Bu sorunlardan en sık rastlanılanlar şeker hastalığı, yüksek tansiyon ve kalp-damar hastalıkları.

Ben şişman mıyım?

Şişmanlık, çeşitli nedenlerle vücuttaki yağ dokusunun artışına bağlı olarak vücut ağırlığının artmasıdır. Vücuttaki yağ dokusunun yetişkin bireylerde normal değerleri erkeklerde yüzde 18-25, kadınlarda yüzde 25-31 arasındadır. Bu değerler yaşa göre değişmektedir. Bu değerlerin üzerine çıkılırsa, şişmanlık sorunuyla karşılaşılır. Şişman olup olmadığını anlamak için en sık kullanılan formül, beden kitle indeksi (BKİ), ağırlığın boy uzunluğunun karesine bölünmesiyle bulunur (kg/m)

BKİ=Ağırlık (kg)
Boy^2 (m^2)

BKİ	**Durumunuz**
18.5 kg/m^2 nin altında	Zayıf
18.5-24.9 kg/m^2 arasında ise	Normal kilolu
25-29.9 kg /m^2 arasında ise	Hafif şişman (fazla kilolu)
30-34.9 kg/m^2 arasında ise	Orta derecede şişman (1. derece)
35-39.9 kg /m^2 arasında ise	Ağır derecede şişman (2. derece)
40 kg/m^2 üzerinde ise	Çok ağır derecede şişman (3. derece)

Özellikle menopoz sırasında kadınlar "Neden kilo alıyorum?" diye sorarlar. Alınan ve harcanan enerji, bir terazinin iki kefesi olarak düşünüldüğünde, alınan enerjinin harcanandan çok olması, dengenin bozulmasına neden olur ve fazla enerji vücutta yağa dönüşür.

Şişmanlığa sebep olan yanlış alışkanlıklar:

1) Öğünlerin sıklıkla enerjisi yüksek olan cips, çikolata, bisküvi, hamburger, kuruyemiş gibi besinlerden oluşması. 2) Gece geç saatlerde yemek yemek. 3) Öğünlerin atlanması ve öğün saatlerinin düzensiz olması. 4) Kısa zamanda tüketildikleri için bize zaman kazandıran fakat şişmanlatan hazır gıdaların fazla tüketilmesi. 5) Yetersiz hareketlilik.

Şişmanlık yaşamı nasıl etkiler?

1) Çabuk yorulmaya ve çalışma veriminin azalmasına neden olur. 2) Bazı hastalıklara yakalanma riskini artırarak yaşam süresinin ve kalitesinin azalmasına neden olur. 3) Genellikle şişman bireylerde kötü huylu kolesterol (LDL) yüksek, iyi huylu kolesterol (HDL) düşüktür, bu da kalp damar hastalıklarına yakalanma riskini artırır. 4) Şişmanlık, solunum sistemine ve kan dolaşımına mekanik bir yük getirerek solunumu zorlaştırır, kalbi yorar. 5) Şişman bireylerde şeker hastalığı ve hipertansiyon gibi kronik hastalıklara yakalanma riski daha yüksektir. 6) Şişmanlık, iskelet ve kas sistemi üzerinde ağır yük ve kalça, bacak, omurga eklemlerinde kireçlenmeye neden olabilir.

Sağlıklı zayıflamak istiyorum!

Çevremize bakınca rejim yapmaya uğraşan birçok insana rastlarız. Her şeyden önce sağlıklı bir şekilde zayıflamaya kararlı olmak gerekir. 1) Uygulanan beslenme programı kişinin gereksinimlerini karşılayacak şekilde kişiye özel olarak belirlenmelidir. 2) Yeterli ve dengeli beslenmeyi yaşam biçimi haline getiren beslenme programları başarılıdır. Bu yüzden, uygulanan program, kişiye var olan kötü beslenme alışkanlıkları yerine doğru beslenme alışkanlıkları kazandırmalıdır. 3) Uzun sürede kilo vermeyi sağlayarak verilen kilonun kalıcı olduğu beslenme programları başarılıdır. 4) Bütün bu ayrıntıları sizin için bir diyetisyenin düşünebileceğini unutmayın.

Sağlıklı beslenmenin ilkeleri:

Sağlıklı olabilmek için nasıl sağlıklı beslenmemiz gerektiği üstünde durmalıyız. Gerektiği kadar kalori tüketin. Ne az ne de fazla! Tahıl, sebze, meyve, bakliyat ağırlıklı diyet uygulayın. Çeşitli ve farklı yemeklerden oluşan bir plan yapın. Yağı, doymuş yağları, yani hayvansal yağları sınırlayın. Kolesterollü hayvansal besinlerden kaçının. Tuz kullanımına sınır koyun. Şeker tüketiminizi sıkı takip edin. Fazla şeker kullanmayın, şeker ihtiyacınızı meyvelerle karşılayın. Alkol kullanmayın. Alkolü bırakamıyorsanız çok azaltın. Sağlıklı olan boyunuza göre ideal kilonuzu korumaya çalışın.

Doğru beslenirseniz menopozda ve her zaman kendinizi iyi hissedersiniz. Bedensel ve ruhsal gücünüzü korur, geliştirirsiniz. Bu şekilde olumlu, yapıcı, üretken ve başarılı biri olursunuz. Daha az hastalanır, eğer hasta olursanız daha hızlı iyileşirsiniz. Yaşlandırıcı ve uzun süren sağlık sorunlarından (şeker hastalığı, yüksek tansiyon, kalp-damar hastalığı, osteoporozdan) korunur, bunların tedavisini kolaylaştırırsınız. Bağışıklık sistemi güçlenir. Her yaşta formda olursunuz. Daha dengeli ve sağlıklı bir düşünme ve gelişme süreci yaşarsınız. Kesinlikle yaşam kalitenizi yükseltir, hastalıklı günlerinizi azaltırsınız. Daha sağlıklı ve dirençli bir yaşlılığa hazırlanırsınız.

VİTAMİNLER

Ülkemizde bazı insanların lüzumsuz yere fazla vitamin aldığını, birçok insanınsa gereksinimi olduğu halde vitamin kullanmadığını görüyoruz. Vitaminler, sağlıklı yaşamın vazgeçilmez bir parçası olan organik bileşiklerdir. Vitamin sözcüğü Latince "yaşam" anlamındaki "vita"dan gelir. Tıpkı besinler gibi vitaminler de vücutta üretilemediği için, yiyeceklerle dışarıdan alınır ve canlıların yaşam süreçlerinde çok büyük işlevler üstlenir. Bazı hastalıklar, büyüme, gebelik, özellikle menopoz ve yaşlılık, gibi durumlarda vitamin gereksinimi artar. Kötü beslenme alışkanlığı ya da zorunluluklar nedeniyle dengeli beslenemeyen kişilerde, vitamin eksikliğine bağlı hastalıklar görülebilir.

Vitamin tabletlerinin ilaç olduğunu unutmayın. Şu vitamin iyi, bu vitamin iyi diye, bakkaldan alır gibi vitamin alınmaz. Kesinlikle hekiminize danışarak bu tür tabletleri kullanın.

A VİTAMİNİ: Süt, yumurta sarısı, karaciğer, tereyağı ve balık gibi hayvansal yiyeceklerde ve marul, havuç, ıspanak gibi sebzelerde bolca bulunur. Cilt, diş ve kemik sağlığı açısından çok önemlidir. Görme işlevinde de doğrudan rol oynar.

D VİTAMİNİ: Bu vitamin, özellikle gelişme çağında çok önemlidir. Büyüme döneminde yeterince D vitamini alınmaması, kemiklerde ağır biçim bozukluklarına yol açan raşitizm hastalığıyla sonuçlanır. D vitamini eksikliğinin erişkinlerdeki sonucu ise, "osteomalazi" denen kemik yumuşamasıdır. Bu vitaminin en zengin doğal kaynakları, balıkyağı, karaciğer, süt ve yumurta sarısıdır.

VİTAMİN B 12: Sağlıklı kan değerleri ve dolaşım sistemi. B kompleks ailesinin en önemli üyelerinden birisi olan B12 vitamini, kan değerleri için büyük önem taşıyan bir vitamindir. Hücre oluşumunda, özellikle de alyuvar hücrelerinin oluşumunda hayati önem taşır. Ayrıca sinirleri çevreleyen koruyucu kılıfın oluşumunu destekler ve diğer B vitaminleri gibi besinlerin enerjiye dönüşmesini sağlar. Özellikle hayvansal kaynaklı besinlerde bulunan vitamin B12, vejetaryenler ve 50 yaşın üzerindeki kişiler için çok önemli takviyedir. Menopozda bu nedenle önem kazanır. 50 yaşın üzerinde, besinlerden vitamin B12 emilimi azalır. Vücutta B12 eksikliği, kalp hastalıkları, depresyon ve alzheimer hastalığı riski gibi önemli sağlık sorunlarına yol açar. Alzheimer hastalarında vitamin B12 eksikliği çok sık görülür. B12'nin önemli görevlerinden birisi de bağışıklık sistemini sağlıklı tutmakta oynadığı roldür. Son dönem çalışmalarında ise folik asit ile vitamin B12'nin kalp rahatsızlıklarına karşı önemli ölçüde koruma sağladığı bulunmuştur. Vitamin B12, folik asit ile beraber kandaki homosistein miktarını düşürerek kalbi korumaktadır.

Kullanım önerisi: Günde 1 kapsül, tercihen yemeklerden sonra.

VİTAMİN C 500 mg: En önemli doğal C vitamini kaynağı kuşburnudur. Formüldeki kuşburnu, doğal bioflavonoidleri sağlar. Bioflavonoidler genel olarak meyve, sebze ve bitkilere renklerini veren güçlü antioksidan maddelerdir. Kuşburnu çok zengin C vitamini kaynağı olarak bilinmektedir. C vitamini bağışıklık sistemi koruyucusu olarak, enfeksiyonlara yakalanma sıklığını ve enfeksiyon süresini azaltmaya yardımcıdır. Akyuvarların aktivitesini artırdığı bilinmektedir. Ayrıca güçlü bir antioksidan olarak vücut dokularını serbest radikallerin zararlarından korur. Bunun yanında özellikle kuşburnu gibi bioflavonoidlerle kombine halde alerjik durumlarda yardımcı olur.

Kullanım önerisi: Günde 1-2 tablet, tercihen yemeklerden sonra.

VİTAMİN E: Kalp sağlığı ve dolaşım sistemi için çok önemlidir. Soya fasulyesi yağından elde edilen ve yağda çözünen, antioksidan etkinliğine sahip önemli bir vitamindir. E vitamini, yağların ve kolesterolün serbest radikaller tarafından oluşan toksik, yani zehir niteliğindeki türevlerin oluşumunu engellerler. E vitamini en yüksek korumayı LDL (kötü huylu) kolesterole karşı gösterir.

E vitamini kalp ve damar sistemi için çok önemlidir. Son dönemdeki çalışmalar, günlük 400 IU E vitamini takviyesinin, kalp krizini ve kalp hastalıklarından ölme riskini önemli derecede azalttığını göstermiştir. Bunun yanında yapılan düzinelerce araştırma, vücuttaki E vitamini eksikliğinin bazı tümör oluşumlarının gelişme olasılığını artırdığını göstermiştir. Bu, çok önemli bir saptamadır. Her gün alınan 400 IU E vitamini, ileride kalp hastalıklarına yakalanma riskini azaltabilir. Yeşil erik, badem gibi birçok meyve E vitamininden zengindir.

Kullanım önerisi: Günde 1 kapsül, tercihen yemeklerden sonra.

Vitamin ve mineral dengesi önemlidir. Vitamin konusunda yapılan araştırmalar vitaminler kadar minerallerin de hayati fonksiyonlar için önemli olduğunu ve ikisi arasındaki dengenin korunması gerektiğini göstermiştir.

MİNERALLER

Demir: Oksijen taşınmasında ve hücre solunumunda çok önemli bir rol oynar. Vücudu kansızlıktan koruyan çok önemli bir mineraldir. Eksikliğinde kan içindeki alyuvarların oksijen taşıma kapasitesi düşer, birçok vücut işlevi bozulur.

İyot: Boynumuzun ön tarafında, bir içsalgı bezi olan tiroid bezi yer alır. Bu bezin hormonu olan 'tiroksin'in yapımı için iyot gereklidir. İyot yeterli miktarda alınmazsa tiroid bezinde büyüme, yani guatr olur. İyodun genel sağlık, büyüme ve gelişme üzerinde etkisi vardır.

Eksiklik belirtileri: Pul pul dökülen kuru cilt, saçlarda kuruma, kırılma, tırnaklarda kırılma, halsizlik, yorgunluk, guatr, hormon düzensizlikleri, cücelik.

Kalsiyum: Özellikle menopozda önemi artar. Kemiklerin normal oluşum ve gelişimi için gereklidir. Vücuttaki kalsiyumun yüzde 90'ı kemik ve dişlerde bulunur. Vücudunuzda her gün farkında olmadığınız binlerce kılcal kanama olmaktadır. Bu kanamaları durduran pıhtılaşma mekanizmalarının çalışabilmesi için kalsiyum gereklidir. Fizyolojik denge için gerekli minerallerden biridir. Sinir sistemimizin normal fonksiyonu için gereklidir.

Eksiklik belirtileri: Sinir dokularında hassasiyet gelişir. Kasılmalar görülür. Yetişkinlerde kemik erimesi gelişir.

Bakır: Kan, kemiklerin ortasında yer alan kemik iliğinde, demirden yapılır. Bazen besinlerle yeteri kadar demir alınsa bile kansızlık görülebilmektedir. Kemik iliğinde kan üretimi için yalnızca demir bulunması yeterli değildir, bir miktar da bakıra gerek vardır.

Magnezyum: Menopozda alınması önemlidir. Kemik kas, sinir dokusunda ve kan hücrelerinde bulunur. Sinir sisteminde yatıştırıcı etkisi vardır, iskelet kası, kalp kası ve sinir dokusunun normal fonksiyonu için kalsiyum-manganez arasında denge olmalıdır. Çok önemli biyolojik reaksiyonlar için gereklidir.

Eksiklik belirtileri: Magnezyum eksikliğine bağlı olarak kaslarda titreme, amaçsız istemsiz hareketler ve bazı durumlarda kasılma ile seyreden, alkolizme benzeyen bir hastalık görülebilir. Magnezyum hemen tüm hayati fonksiyonlarımız için gerekli bir mineraldir. Yokluğu veya eksikliği halinde kalpten mideye kadar birçok organ olumsuz sinyaller vermeye başlıyor. Bir yığın rahatsızlık ortaya çıkıyor. Bu değerli mineral en çok hububat, sebze, madensuyu ve soya fasulyesinde bulunuyor. Buna karşılık fazla miktarda aldığımız protein, yağ, kalsiyum ve fosfat metabolizmanın magnezyum almasını engelliyor.

NASIL KİLO VERİLİR?

Ağzınıza layık Türk mutfağı yerine günlük koşuşturma içinde özellikle çalışanlar son yıllarda, yurtdışından gelen olumsuzluklardan biri olan, "hızlı yemek" denen kemik kazıntısı, sağlıksız ve kilo yapan yiyeceklere yöneldiler. Bu beslenme alışkanlığı son yıllarda şişmanlık sorununu daha öne çıkardı. Fakat önce, "Şişman olduğunuzu nereden biliyorsunuz?" diye sorabiliriz. Olmanız gereken kilonun yüzde 20 üstündeyseniz, o halde çok şişmansınız.

İnsanlar yaşlandıkça kilo alma eğilimindedirler, ama her yaşta kadınlar erkeklerden daha fazla kilo alırlar. Çok seyrek durumlar dışında, yakabileceğinizden daha fazla kalori aldığınız için şişmanlarsınız. Kilo almanın başka bir açıklaması yoktur ve bu fazlalıkları verip istediğiniz kiloda kalabilmek için vücudunuz için gerekli olan enerjiden daha azını sağlayacak kadar besin almalısınız.

Metabolizma

Her bireyin metabolizması kendine özgüdür ve besin gereksinimlerinizi belirler. Kuşkusuz, kimi insanlar öbürlerinden çok az besine gerek duyarlar. Siz de bunlardan biriyseniz ve normal ya da normalden fazla miktarda yerseniz, mutlaka kilo alırsınız. Ne yazık ki metabolizmanız değiştirilemez. Eğer düşükse, iştahınızı frenlemeniz gerekir. Ama, yüksek metabolizmaya sahip şanslı kişilerdenseniz, hiç kilo almadan istediğiniz kadar yiyebilirsiniz. Ama dikkat edin. Metabolizmanız nasıl olursa olsun, yaşlanıp hareketleriniz kısıtlandıkça daha az besine gereksiniminiz olacaktır. 65 yaşında almanız gereken kalori miktarı 25 yaşında aldığınızın yüzde 80'i olmalıdır.

Kalıtım ve çevre

Genellikle bazı ailelerde şişmanlığa eğilim vardır, ama bunun kalıtımla geçen bir bozukluk nedeniyle mi, yoksa çocukken edinilmiş zararlı alışkanlıklar sonucunda mı oluştuğu kesin olarak söylenemez. Kuşkusuz, ruhsal durumunuz da aşırı yemeye neden olabileceği için kilonuzu etkiler. Bunalım, sıkıntı gibi durumlarda yemek yemek bir teselli gibi görünür, oysa bu bir kısırdöngü yaratır.

Özellikle menopozda bazı kadınlar kendilerine tarafsız bir gözle bakamaz, ancak çevrenin kabul edip kusursuz bulduğu değerlere uymak isterler. Bu ikilik, aşırı yeme, aşırı kilo artışı ve başarısız rejimlere neden olur. İnce olmanın çekici olduğuna körü körüne inandırılmışsanız, hiçbir zaman yemek yeme konusunda sağlıklı, dengeli bir tutuma sahip olamazsınız. Kilo vermek için rejim yapmanın gerekliliğine önce inanmalısınız. Bir kere inandınız mı, rejim yapmak kolaylaşır. Düşmemeniz gereken bir başka tuzak da, bütün sorunlarınızın şişmanlığınızdan kaynaklandığı ve zayıfladığınız anda bunların yok olacağı düşüncesidir. Buna inanmak saflıktır ve size ancak mutsuzluk getirir.

Zayıflama rejimleri

Son yıllarda Türkiye'de kadın dergilerinde, günlük gazetelerde, televizyonlarda, her yerde binbir çeşit zayıflama diyetleri bulabilirsiniz. Rejimlerin sayısı kişisel zevkler kadar çoktur ve hiçbiri kendiliğinden başarılı olamaz. Başarılı olmak için rejime sadık kalmanız ve kilo verdikten sonra eski kötü alışkanlıklara dönmemeniz gerekir. Bu rejimlerin birçok öğesi vardır, ama en önemlisi kendi iradenizdir. Herhangi bir rejime başlamadan önce, çok pahalı olmamasına, günlük yaşamınızı aksatmamasına ve çok fazla sıkı olmamasına dikkat edin. Kalorileri kısıtlayan bütün rejimler başarılı olacaktır.

İnsan gereğinden çok fazla zayıflayabilir mi?

Evet, özellikle kişi zayıflamak için kendini bilerek aç bırakırsa, ki o zaman bu duruma 'anoreksia nervosa' denir. Bu terim zayıflamanın ruhsal bir bozukluk sonucu olduğunu belirtir. Bunların çoğunun temelinde, genellikle aile çevresinde var olan bir gerilimden ileri gelen ciddi ruhsal bozuklukları vardır. Ancak, çoğunlukla bu hastalığın gerçek nedeni, ergenlik döneminde edinilen olumsuz cinsel deneyimlerdir. Bu durum en sık ergenlik çağında görülür ve hasta 30 kg'ye kadar düşebilir. Genellikle 45 kg'nin altına inince âdet kanamaları kesilir, deride aşırı tüylenme olur.

'Bulumia nervosa' en sık 20-30 yaşlarındaki kadınlarda rastlanan bir başka yemek yeme bozukluğudur. Bu durumda olanlar yiyeceklerden tiksindiklerini, ama yine de kendilerini yemekten alamadıklarını belirtirler. Ne var ki, yemek yedikten sonra kendilerini o kadar suçlu hissederler ki, yediklerinden kurtulmak için ya kusarlar ya da müshil alırlar. Önce aşırı bir yeme nöbeti, sonra kendini zorlayarak kusma, ardından uzun süren bir açlık dönemi çok sık rastlanan bir yeme modelidir.

Yiyeceklerin "yanlış kullanımı" hastalıkların nedeni değil, bu durumlarda görülen bir belirtidir. Bu yüzden, bozukluğu yaratan ruhsal rahatsızlığa, gerilime yönelik bir tedavi uygulanmalıdır. Mutlaka psikiyatrik tedavi yapılmalıdır.

Kilo vermenin en iyi yolu nedir?

Önce kendi hekiminiz ve diyetisyeninizle nasıl bir diyet uygulayacağınızı kendi sağlık koşulları içinde kararlaştırmalısınız. Bütün kitaplar genel bilgi verir. Sizin için en iyi yol size uyan yoldur. Kolayca uyup yaşamlarını eskisi gibi sürdürebilecekleri yeni bir yemek düzeni bulmadan hiç kimse kilo veremez. Eğer yanlış bir beslenme düzeniniz ve alışkanlıklarınız varsa, ne kadar güç olursa olsun onları değiştirmelisiniz. Bu alışkanlıkları değiştirmek ve yenilerine bağlı kalmak için iradenizden başka hiçbir silahınız olmayacaktır. Size uyup sorun çıkarmayacak bir rejime bağlı kalmak bile zordur. Çikolatadan vazgeçemiyorsanız rejimden tamamen çıkarmayın. Sık ve az yemeye alışmışsanız, uzun süre aç kalmanızı gerektirecek bir rejim yapmayın. Sebze yemeği severseniz, bol miktarda hayvansal protein içeren yüksek proteinli rejimlerden kaçının. Atıştırmaktan hoşlanıyorsanız, ona göre bir rejim bulun. Ancak, unutmayın ki, bir rejim ancak aldığınız kalorileri azaltırsanız başarılı olur. Şimdi diğer önemli bir soru:

Verdiğim kiloları almayı nasıl engelleyebilirim?

Bir zamanlar şişmanken kilo vermiş ve ideal kilosunda kalmayı başarmış hangi kadınla konuşursanız, verilen kiloların yeniden alınmaması için çaba göstermek gerektiği sonucuna varırsınız. Her şeyden önce kendi bedeninizi tanıyıp gereken hareketliliği göstermeli veya gereken hareketleri yapmalısınız.

Hareketlilik egzersizleri

Vücudun bütün bölgelerini gevşetmek için yapılan egzersizlerdir. Bu egzersizlerin birçok çeşidi vardır. Hiçbirinin öbüründen üstünlüğü yoktur. Eklemlerinizi ve kaslarınızı mümkün olduğu kadar çok çalıştıran her tür egzersiz yararlıdır.

Güçlendirme egzersizleri

Bu tip egzersizlere daima en kolayından başlamalısınız. Kol ve omuz kaslarınızı güçlendirmek için duvara dönük ve ayakta durarak ellerinizle duvarı itebilirsiniz. Daha sonra bunları masa üzerinde, ardından sandalyenin kenarlarını iterek, sonunda kaslarınızın iyice güçlendiğini hissederseniz yerde yatarken yapabilirsiniz. Aynı biçimde bacak ve karın kaslarınızı güçlendirmek için yapılan düz bacak kaldırma egzersizlerine sandalyede otururken başlayıp daha sonra yerde yatarak oturup kalkmayı deneyebilir, en sonunda topuklarınızı bir sandalyeye dayayıp o pozisyonda oturup kalkabilirsiniz. Bacak kasları için yapacağınız diz bükme hareketlerine bir sandalyenin arkasına tutunarak eğilip kalkmaya başlayın. Bir sürede sandalyesiz çöküp kalktıktan sonra diz çökmüş durumdan sıçrayarak ayağa kalkmaya çalışın.

Ne yaparsanız yapın, hoşunuza giden ve ev yaşantınızı fazla bozmayan bir egzersiz türü seçin. Egzersiz yaparken, daha önce anlatıldığı gibi nabzınızı sayın. Birkaç hafta sonra, sürekli egzersiz yapabiliyorsanız, egzersizlerin süresini ya da zorluk derecesini artırarak, nabzınızı hızlandırın.

Egzersiz kuralları

Sağlıklı olup olmadığınızı öğrenmeden hiçbir egzersiz programına başlamayın. Eğer herhangi bir kuşkunuz varsa doktorunuza danışın. Hoşunuza giden hareketler, egzersizler seçin. Böyle yapmazsanız, hiçbir zaman programa bağlı kalamazsınız. Egzersiz bir angarya olmamalıdır; eğer öyle hissediyorsanız, yanlış egzersizleri yapıyorsunuz. Bu sizin için bir ceza da olmamalıdır; eğer öyleyse kendinize çok ağır bir ceza veriyorsunuz. En iyi egzersiz günlük yaşamınıza en iyi uyandır; örneğin köpeği gezmeye çıkarmak, işe giderken ya da alışverişe çıkarken bisiklete binmek, asansöre binmek yerine merdivenlerden çıkmak gibi. Pahalı aletler için dünya kadar para harcamaya gerek yoktur. Hiç alet kullanmadan egzersiz yapmak da mümkündür.

Dolu mideyle egzersiz yapmayın. Zorlu egzersizlere başlamadan önce birkaç dakika gevşemeye çalışın. Egzersiz sürenizi artırmak konusunda çok hırslı olmayın; yaşınız için uygun olan düzeye yavaş yavaş ulaşmak için daima nabzınızı denetleyin.

Formunuzu bulduktan sonra o durumda kalmak için düzenli (haftada 3-4 kez) egzersiz yapın.

Formunuzu bulduktan sonra formda kalmak kolaydır ve çok az zaman ve çaba gerektirir (haftada 3-4 kez 20 dakika kadar). Her egzersiz seansında en az şunları yapmalısınız:

Beş dakika hareketlilik egzersizleri ya da iki dakika hareketlilik, üç dakika güçlendirme egzersizleri. 15 dakika bacakları çalıştıran zorlu egzersiz (nabzınızı normal sınırlara çıkarana dek). Bu miktar egzersizi herkes yaşamına sığdırabilir.

Egzersiz zararlı olabilir mi? Evet, bazen olabilir. Bu nedenle genel kural olarak bir uzmanın gözetiminde bu egzersizlere başlamak daha uygun olur. Ancak formdan çok düşükseniz, doktorunuzca izlenmesi gereken bir göğüs ya da kalp hastalığınız varsa, bir kemik ya da eklem hastalığınız varsa, bütün bu durumlarda ve kondisyonunuz konusunda kuşkunuz varsa doktorunuza danışın. Egzersiz, yaşları ne olursa olsun sağlıklı insanlar için zararlı değildir, tabii acele etmedikleri sürece.

ÖZEL YÖNTEMLER

GÜNLÜK BAKIM

İnsan, Tanrı'nın yarattığı kutsal bir varlıktır. O halde ona bakmak, iyi çalıştığından, gerekli durumlarda onarım görevini yaptığından emin olmak için denetlemek gereklidir. Bozuklukları ortaya çıkmadan önlerseniz veya ortaya çıktığı anda düzeltmeye çalışırsanız, karşılığını fazlasıyla alırsınız. Dış görünüşünüz daha iyi olmakla kalmayacak, kendinizi çok daha iyi hissedeceksiniz. Tabii, çok da sağlıklı olacaksınız. Reklamlar her gün özel şampuanlar kullanmamız, tenimizi düzenli temizlememiz ve her gece makyajımızı şöyle yapmanız gerektiği gibi öğüt verir. Gerek fizyolojik, gerek tıbbi, gerekse temizlik açısından bunların hiçbirisi gerekli değildir. Bunu yapmanızın tek nedeni estetik ise, haklısınız. Bu bölümde basit, etkili ve zararsız tedavilerle kendinize nasıl yardımcı olacağınızı anlatacağız. Aynı zamanda klasik tıbbi tedaviden ne beklemeniz gerektiğini ve ne yarar göreceğinizi belirtip değişik tedavi yöntemlerinin sonuçlarına değineceğiz.

Temizlik

Çoğumuz "Temizlik imandan gelir" sözüne uygun olarak yetiştiriliriz. Deri, saç, tırnaklar ve kulaklar, burun, ağız, dölyolu ve makat gibi açıklıklar özellikle temizlendikleri zaman daha sağlıklı olmazlar; hatta daha az sağlıklı bile olabilirler. Saç ve derinin kendine özgü temizleme yöntemleri vardır. Saçlar yağ bezlerinin salgısı ile temizlenir ve yağlanırlar. Deri artık maddelerden ter ve deriyi "asit zırh" ile örten, antiseptik özellikleri olan ve bakterilere karşı koruyucu olan yağ salgısı ile kurtulur. Bu doğal temizlik sistemi o kadar yeterlidir ki, biz deriyi toz ve makyaj malzemeleriyle kirletiyor olmasak ek bir temizliğe gerek olmaz.

Deriyi çok fazla temizlemek deri sağlığı için gerekli olan duyarlı bakteri dengesini altüst edebilir. Dahası, çok güçlü temizleyici maddeler kullanılırsa deri ciddi bir biçimde yağsız kalır. Yağ bezlerinden salgılanan biçimiyle yağ, deri sağlığının anahtarıdır. Deri yağsız kalırsa savunma mekanizmaları çalışmaz, ayrıca yağbilim dünyasında bilinen en iyi nemlendiricilerden biri olduğu için su kaybeder. Bu madde suyla birleşip onu deride tutar, derinin esnek ve nemli kalmasına yardımcı olur. Deriyi fazla temizlemektense az temizlemek daha iyidir. Bu kural özellikle ince bir mukozayla kaplı ağız ve dölyolu gibi kısımlar için geçerlidir. Özellikle dölyolu iltihaplanmadığı sürece kendi kendisini temizleyebilir. Normal koşullar altında bu organları temizlememelisiniz. Fakat tabii dişlerinizi fırçalamaya özen gösterin. Özellikle dölyolunda kullanılan deodoranlar çok zararlı olabilir. Bunlar da bakterileri yok edip dölyolunun sağlıklı kalması için ve döllenmenin meydana gelebilmesi için son derece önemli olan florayı, hafif asit ortamı bozarlar. Ayrıca estetik açıdan doğal dölyolu kokusu yapay parfümlere yeğ tutulur. Dahası, bu koku erkekler için çekici olduğu için cinsel ilişkilerde rol oynar. Bu kokuyu gizlemeye çalışırsanız eşinize daha az çekici gelebilirsiniz.

Günlük cilt bakımı

Burada en önemli nokta cildin yeterince temizlenmesidir. Eğer akşam yüzünüzü iyi yıkamadıysanız ve sabah cildinizde yağlı bir parlaklık yoksa gülsuyu ile silip nemlendirici sürün.

Eğer yağlıysa bu pis olduğu anlamına gelir. Çünkü kir yağın cildin üst katmanına çıkmasına neden olur. Temizleyicinizi avuç içinde ısıtın ve yüzünüze parmak uçlarıyla masaj yaparak sürün. Gözleriniz çevresinde ve boyunca yuvarlak, yukarı doğru hareketler yapın. Ne kadar masaj yaparsanız o kadar iyi, güzelce durulamayı unutmayın.

Yüzünüzü, suyla çıkan bir temizleme ürünü kullanıyorsanız havluyla, kremle yıkadıysanız bir kâğıt havluyla durulayın. Tonik kullanmayı seviyorsanız bu aşamada kullanın. Bir önceki gün makyaj yaptıysanız küçük bir pamukla gözlerinizin altına temizleme losyonu sürün. Bu, gözaltlarını ferahlatacaktır. Göz kremi kullanmayı sakın unutmayın. Göz kremleri yılların izlerini birkaç saniyede silebilir. Ancak önemli olan nasıl sürdüğünüz. Parmağınızın ucuna bir tutam krem koyun. Gözlerin dış kısmından içeri doğru küçük noktalar halinde sürün. Bu bölgeye hafif masaj yaparak kremi iyice yedirin. Nemlendiriciyi abartmayın.

Son olarak güneşten koruyucu krem ve dudaklarınıza nemlendirici sürün.

Menopozda, güzellik uzmanlarına göre, akşam veya gece yatarken yapacağınız bakım çok önemli. Günün kirini atmak için önce makyajınızı çıkarın sonra da genel bir temizlik yapın. Çünkü temizlik ürünleri tek başına makyajın tamamını çıkarmaya yetmez. İyi bir yüz makyajı temizleyicisini avuçlarınızda ısıtın ve yüzünüze uygulayın. Göz çevresinde ve boyunda yuvarlak, yukarı doğru hareketler kullanın. Ne kadar masaj yaparsanız o kadar iyi. Güzelce durulamayı unutmayın. Göz makyajını çıkarmak için ürünü sürdüğünüz pamuğu gözlerinizin üstüne koyun. Biraz bekledikten sonra yavaşça silin. Eğer yağlı bir makyaj temizleme ürünü kullanıyorsanız normal bir ürünle bunu da temizleyin. Yağlı temizleyicilerin yüzde kalması gözaltlarında şişkinliğe yol açabilir. Makyajınız çıktıktan sonra her gün kullandığınız yüz temizleme ürünüyle yüzünüzü yıkayın. Başparmaklarınızı çenenin altına koyarak yüzünüze iyice masaj yapın. Göz kreminizi elmacıkkemiklerinin hemen üstüne sürün. Gözlere çok yakın sürerseniz yatağa bulaşabilir ya da şişkinliğe yol açabilir. Dudaklarınızın çevresine nemlendirici sürün. Çünkü burada çizgi oluşumu daha sık görülür. Son olarak güneşten koruyucu kremle dudaklarınızı nemlendirmeyi unutmayın. Yatmadan önce yapacağınız son şey yüz özel yağlarla hafif masaj yapmak. Bunun için kayısı yağının yanı sıra piyasada satılan ürünlerden birini de tercih edebilirsiniz. Ancak yüzünüze yağ sürmek istemiyorsanız yalnızca su ya da gülsuyu kullanarak da anti-aging masajı, yani yaşlanmayı durdurma masajı uygulayabilirsiniz. Böylece yüzünüz, gün sonunda hafif bir "egzersiz" yapmış ve dinlenmiş olur.

Sigaranın zararlarını artık herkes biliyor. Sigara içmek deriyi yaşlandırır. Özellikle menopozda sigarayı bırakmalısınız. Hele yabancı sigaraların içinde yüzlerce zararlı maddenin olduğu söyleniyor. Hem sağlığınızı hem de dövizinizi yabancılar için harcamış oluyorsunuz. Sigara içme, kandaki methemoglobin miktarının artmasına yol açar. Böylece kanın oksijen taşıma kapasitesi düşer ve dokuların, bu arada derinin beslenmesi de yetersiz kalır. Ve cildiniz bozulur. Günlük cilt bakımı ile bu kadar uğraşsanız da sigarayı bırakmazsanız cildiniz bozulacaktır.

Bütün bu bilgiler faydalanabileceğiniz teorik bilgilerdir. Uzman görüşleridir. Bizim önerimiz, bu temel bilgileri öğrendikten sonra bir güzellik uzmanına başvurmanızdır. Bu şekilde sizin cildinize, bedeninize uymayan yöntemlerden, yanlış anlama ve tatbikten kurtulmuş olursunuz.

MENOPOZDA ESTETİK AMELİYATLAR

Menopozda estetik ameliyatların arttığı plastik cerrahi ile uğraşan hekimler tarafından ifade edilmektedir. 2005 yılının ekim ayında "80'lik estetik bombası" başlığı ile 50 yaşından sonra 20 kez estetik ameliyat olan emekli bir öğretmen ve menopoz sonrasında estetik ameliyatlar bu şekilde gündeme oturuyordu. Bu estetik ameliyatları kendini iyi hissetmek için yaptırdığını ve aynada kendini güzel görünce mutlu olduğunu söyleyen 80 yaşındaki emekli öğretmen Necla Hanım bu işe devam edeceğini ifade ederek sanki bir çığır açıyordu. Menopoz yaşlarında, yani

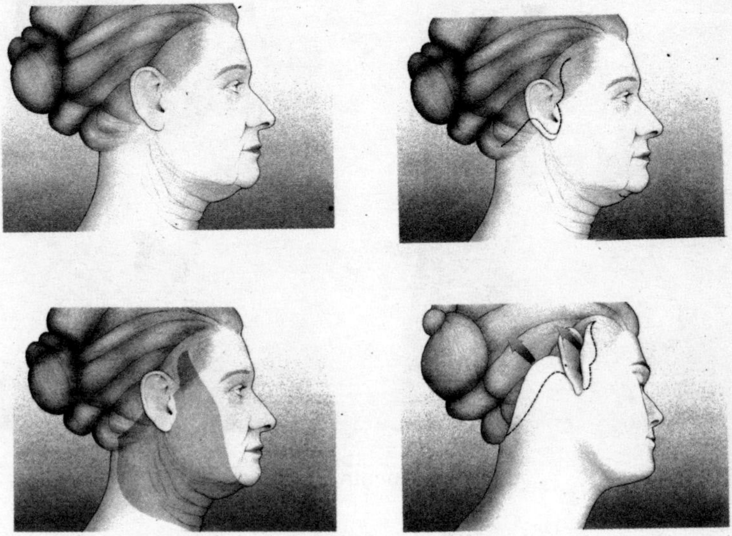

Gençleşmek İçin Yüz Gerdirme Ameliyatı

50-60'lı yıllarda pek çok kadının veya pek çok ünlü sanatçının estetik yaptığını biliyoruz.

Ancak yaş ilerledikçe bütün cerrahi dallarda çalışan hekimlerin bildiği gibi yara iyileşmesinde sorunlar artar, yara dokusunda kötü görünümler çoğalır. Bu nedenlerle bu yaş grubundaki şahıslar estetik bir ameliyata girmeden, aynı zamanda anestezi, karaciğer ve diğer beklenmedik kalıcı sağlık sorunları ile karşı karşıya gelebileceklerini unutmamalıdırlar.

Bu yaş grubunda gördüğümüz en önemli ameliyatlar yüz gerdirme ameliyatları olmaktadır. Bu tür ameliyatlardan önce kadının duygusal ani bir karar sonucu mu ameliyata yöneldiği, ameliyat sonrası beklentilerin neler olduğu iyice tartışılmalıdır. Ayrıca kadının aile öyküsüne bakılarak, deri altı yağ dokusunun veya sarkmanın diğer aile bireylerinde yaşlanma süreci içinde ne şekilde geliştiğini bilmekte fayda vardır. Her ameliyat bir yaşam riski getirdiği için, bu kişi için bu riski alıp almamanın değeri tartışılmalıdır. Yüzün gerdirilmesi ameliyatı dışında hastanın durumuna göre yüzdeki kırışıklıkların lazerle gideril-

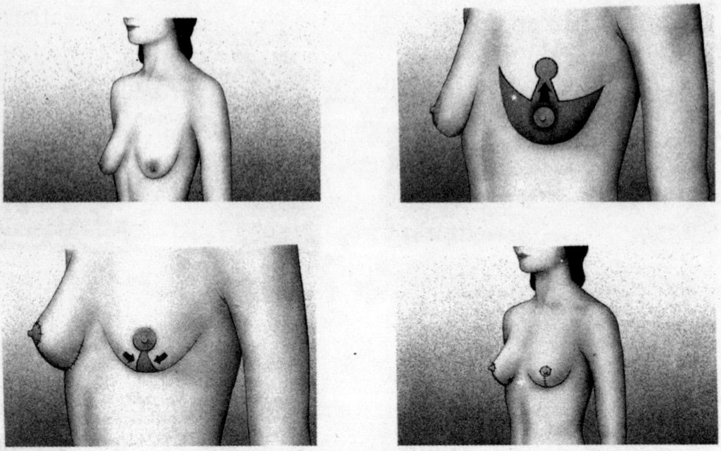

Sarkık Memenin Düzeltilmesi

mesi de söz konusu olabilir. Yüzü germek için ayrıca doku enjeksiyonu teknikleri de uygulanmaktadır. Alındaki kırışıklıkları gidermek için değişik yöntemler vardır. Yüzle beraber boynun kırışıklıklarının gerdirilmesi veya boyundaki yağların alınması, göze çarpan bölgelerdeki ameliyatların başında gelir. Ayrıca gözkapaklarındaki yağların alınması ve göz etrafındaki ince kırışıklıkların lazerle alınması oldukça sık rastlanan bir durumdur.

Menopozda östrojen hormonunun azalmasına bağlı olarak göğüslerde diriliğin kaybolduğu ve göğüslerin sarktığı bilinmektedir. Göğüsleri kaldırma ameliyatları gene estetik cerrahinin işidir. Böyle bir ameliyata karar vermeden önce, bu tür bir ameliyatı geçirmiş bir kadının çıplakken göğsünü ve ameliyat yaralarını görmeyi öneririm. Çünkü bazı kimselerde beklenti çok fazla olduğu için hayal kırıklığı da aynı oranda yüksek olmaktadır. Memeler gömlek içinde diri gözükmekte, ancak meme altındaki geniş yara izleri çok çirkin ve itici olabilmektedir. Diğer yandan tüm estetik cerrahi ameliyatlarında daha az kesi ile daha kansız işlemler yaygınlaşmaya başlamıştır. Bu durum meme ameliyatlarında da söz konusudur.

Diğer sık rastlanan bir ameliyat ise yağ aldırma ameliyatlarıdır. Yağ aldırma ameliyatları daha ziyade kalçalar ve karın bölgesindeki fazla birikmiş yağların alınmasından ibarettir. Aynı zamanda karın bölgesinde sarkan karnın fazla derisinin ameliyatla düzeltilmesi de söz konusudur.

Yeni lazer uygulamalarıyla ellerin cildi de gençleştirilmektedir. Ellerde yaşlılıktan dolayı oluşan lekeler lazer uygulaması ile etkili bir şekilde giderilmektedir.

GÜZELLİK REÇETELERİ

Dünyada silah sanayiinden sonra belki en çok para harcanan alan güzellik malzemeleridir. Güzellik malzemelerinin, maske temizleyici, canlandırıcı, tonik gibi en tatmin edicileri evinizde tanıdık maddelerle, kendi elinizle yapacaklarınızdır. Bu konuda yıllar boyunca elden ele geçen, eklemeler yapılan, geliştirilen formülleri uygulayabilirsiniz. Belirli cilt tipinize hangi formüllerin en çok yaradığını ancak zamanla anlayacaksınız.

Menopozda hormonların çekilmesine bağlı olarak kadınlar daha fazla güzellik malzemesine gereksinim duymaktadırlar. Her reçete size uygun olamaz veya fevkalade sonuçlar sağlayamaz. Bu arada maddeleri duruma uydurmayı, kendi belirli ihtiyaçlarınızı karşılamayı öğreneceksiniz. İklim şartları çoğu zaman dokuları değiştirir.

Evde cilt için yapılan malzemelerde piyasada satılanlara konulan kimyasal koruma maddeleri bulunmaz. Bu yüzden de bu malzemeler fazla dayanmaz. Bu tür maddelerin binbir çeşidi son yıllarda Türkiye'ye ithal edilmiş ve milyarlarca dolar bu yolda harcanmıştır. Bunların birçoğunu evde de yapabilirsiniz. Ancak bozulmaması için evde güzellik maddelerinizden az miktarlarda yapın. İçinde süt, yumurta, buğday özü gibi bozulacak besinler bulunan malzemeleri soğukta tutun.

Aşağıdaki reçeteleri fonksiyonlarına göre gruplara ayırıyorlar. Burada, daha çok, yapılması, malzemenin aranması bakımından pek az çabaya gerek gösteren, oldukça basit reçeteleri vermeyi uygun bulduk.

Temizleyiciler

Bademyağından temizleme kremi: 120 gr tatlı bademyağı, 30 gr suyu alınmış lanolin, 30 gr vazelin.

Yağları bir kaba koyun. Bu kabı içinde su kaynayan bir tencereye oturtarak yağları eritin. Sonra ateşten alın. Soğuyuncaya kadar çırpın.

Kuru ciltler için losyon: 75 gr gliserin, 120 gr magnezyumoksit, 120 gr güvercin ağacı hülasası.

Bütün malzemeyi ağır ağır birbirine karıştırın. Sonra bir şişeye koyarak ağzını sıkıca kapatın. Kullanmadan öncede çalkalayın.

Yağlı ciltler için losyon: 30 gr kâfuru ruhu, 75 gr gliserin, 120 gr kolonya, 60 gr damıtık su.

Hepsini birbirine karıştırın. En son suyu katın. Kullanmadan önce çalkalayın.

Zeytinyağından temizleme kremi: 4 çorba kaşığı yeşil zeytinyağı, 2 çorba kaşığı susamyağı, 2 çorba kaşığı vejetalin, 2 damla esans.

Malzemeyi çırparak birbirine karıştırın. Bu, sonunda krem gibi bir kıvam almalı.

Canlandırıcılar

Gece kremi:

3 çorba kaşığı bademyağı, 3 çorba kaşığı suyu alınmış lanolin, 2 çorba kaşığı kakaoyağı, 2 tatlı kaşığı gülsuyu, yarım tatlı kaşığı süzme bal.

Cam bir kâseyi içinde su kaynayan bir kaba yerleştirin. Bademyağı, lanolin ve kakaoyağını bu kâsede eritin, düzgün bir krem haline sokun. Ateşten alarak gülsuyuyla balı katın. Soğutun. Sonra yine bütün malzemeler birbirine iyice karışıncaya kadar çırpın.

Salatalık kremi:

15 gr beyaz balmumu, 60 gr tatlı bademyağı, 1 salatalık.

Balmumunu kaynar suya oturtulmuş cam kavanozda eritin.

Sonra buna bademyağını katın. Salatalığı soyarak ince inceltin. Kavanoza balmumunun üzerini iyice örtecek miktarda salatalık koyun. Kavanozun ağzını yaldız kâğıtla kapatın, bir saat kadar kaynamaya bırakın. Ateşten alarak iyice karıştırın. Sonra süzün.

Onarıcı Maskeler

Mayonez maskesi

1 yumurta, yarım tatlı kaşığı deniz suyu, 2 çorba kaşığı limon suyu, 1 çay fincanı zeytinyağı.

Zeytinyağının yarısını öbür malzemelerle birlikte karıştırın. Bu karışımı iyice koyulaşıncaya kadar çırpın. Sonra geri kalan zeytinyağını da buna ağır ağır katın. Buzdolabına koyun. Bu maskeyi yüzünüze sürdükten sonra 15ş dakika-yarım saat böyle oturun. Sonra yüzünüzü yıkayın.

Temel sivilce kremi:

1 çorba kaşığı hintyağı, 1 çorba kaşığı gliserin, 1 çorba kaşığı lanolin.

Bütün malzemeyi içinde su kaynayan bir kaba oturtulmuş cam bir kâsede karıştırın. Soğutun. Kavanoza koyarak kullanın.

Bal maskesi:

1 çorba kaşığı bal, 1 yumurta sarısı, 1 tatlı kaşığı zeytinyağı.

Yumurtanın sarısını çırparak zeytinyağına karıştırın. Sonra da buna karıştırarak balı katın. Yüzünüze sürerek 15 dakika bırakın. Sonra suyla yıkayın.

Maydanoz maskesi:

2 avuç maydanoz, 1 çay fincanı damıtılmış su, 1 çorba kaşığı bal, 1 yumurta sarısı.

Maydanozu suda 15 dakika kaynatın, sonra süzün. Elde ettiğiniz su soğuduğu zaman buna balı, çırpılmış yumurta sarısını karıştırın. Yüzünüze fırçayla sürerek 15 dakika bırakın.

Salatalık maskesi:

1 salatalık, dörtte bir tatlı kaşığı limon suyu, 1 tatlı kaşığı güvercin ağacı hülasası, 1 tatlı kaşığı alkol, 1 yumurtanın akı (çırpılmış).

Salatalığı soyarak suyunu çıkarın. Buna limon suyunu, güvercin ağacı hülasasını, alkolü katın. İyice karıştırın. Sonra çırpılmış yumurta akını karıştırın. Maskenin yüzünüzde en aşağı 15 dakika kalarak kurumasını sağlayın. Sonra yüzünüzü yıkayın.

Gençleştiriciler

Menopozda belki de en çok işe yarayacak olan güzellik malzemeleri

Nane sirkesi:

4 bardak sirke (elma sirkesi olursa daha iyi), 4 bardak damıtık su, 1 çay fincanı nane yaprağı.

Bütün malzemeyi karıştırarak kaynatın. Sonra ateşten alarak cam bir kaba koyun. Beş gün böyle bırakın. Süzün. Bu karışım gözenekleri iyice sıkarak küçültür.

Salatalık toniği:

1 salatalık (soyulmuş), 1 tatlı kaşığı güvercin yağı hülasası, 1 tatlı kaşığı gülsuyu, 1 yumurta akı.

Salatalığı ezin. Buna güvercin ağacı hülasasıyla gülsuyunu katın. Yumurta akını beyaz bir köpük halini alıncaya kadar çırpın. Bunu da öbürüne katarak iyice karıştırın. Buzdolabına koyun. Kullanmadan önce süzün.

Gül sirkesi:

4 çay fincanı kurumuş kırmızı gül, yarım çay fincanı gülyağı, 2 bardak sirke.

Bütün malzemeyi kapaklı cam kavanoza koyun. Üç hafta böyle bırakın. Sık sık çalkalamayı da unutmayın. Sonra süzün. Sıvıya aynı miktarda damıtılmış su katın. Bunu bir tonik olarak kullanın.

Koruyucular

Susamlı güneş losyonu:

Dörtte bir çay fincanı lanolin, yarım çay fincanı susamyağı, dörtte bir çay fincanı damıtılmış su.

İçinde kaynar su bulunan bir kaba oturtulmuş kâsede lanolini eritin. Ateşten alarak susamyağıyla, suyla iyice karıştırın. Bu losyonu buzdolabında saklayın.

Güneşten korunma losyonu:
1 salatalık (soyulmuş), yarım tatlı kaşığı gliserin, yarım tatlı kaşığı gülsuyu.
Salatalığı ezerek suyunu çıkarın. Bu suyu gliserinle, gülsuyuyla karıştırın. Buzdolabına koyun.

Güneş yanığı merhemi:
1 yumurtanın akı (çırpılmış), 1 tatlı kaşığı bal, yarım tatlı kaşığı güvercin ağacı hülasası.
Bütün malzemeyi iyice karıştırarak düzgün bir merhem haline getirin. Güneşten fena yanmış yerlere sürün. Merhemi daima buzdolabında saklayın.

Güzelleşmek İçin Faydalı Otlar

Bütün bu bitkileri kolayca bulacağınız adreslerin başında İstanbul Eminönü'ndeki Mısır Çarşısı ile Çemberlitaş'taki baharatçı dükkânları gelmektedir.
Banyo suyuna katılan güzellik otları:
Sarı papatya, şerbetçiotu, yasemin, ıhlamur çiçeği, keçisakalı, kediotu, fesleğen, defne, lavanta, rezene, okaliptüs, adaçayı, kekik, civanperçemi, böğürtlen.

Yüz Maskelerinde Kullanılan Güzellik Otları

Normal ciltler için: Rezene, ardıç yemişi, aslanpençesi, ıhlamur çiçeği, nane, ısırgan.
Kuru ciltler için: Karakafesotu, damkoruğu, gülhatmi, ezilmiş keten, ayva tohumu.
Yağlı ciltler için: Adaçayı, civanperçemi, rezene, acı bakla tohumu.

Saç Bakımında Kullanılan Güzellik Otları

Kuru saçlar için: Dulavratotu kökü, mürver çiçeği, gülhatmi, maydanoz, adaçayı, ısırgan.
Yağlı saçlar için: Aynısefa, atkuyruğu, limon, oğulotu, lavanta, nane, biberiye, kara pelin, ısırgan, kekik.
Kepekli saçlar için: Dulavratotu, sarı papatya, soğan, sarmısak, kazotu, maydanoz, biberiye, kara pelin, ısırgan, kekik.

Göz ve Göz Çevresi Bakımında Kullanılan Otlar

Göz yanmaları için: Aynısefa çiçeği, sarı papatya, rezene tohumu, pelin.
Göz şişlikleri için: Peygamberçiçeği, atkuyruğu.
Göz çevresindeki halkalar için: Nane, gül.

Ağız Bakımında Kullanılan Otlar

Nefes temizliği için: Isırgan, adaçayı, nane, maydanoz.
Diş temizliği ve ağrıları için: Karanfil esansı, adaçayı.
Bugün Türkiye'nin birçok yerinde doğal ürünler ve kurutulmuş bitkiler satan dükkânlar ve bunlara yönelik yayınlar çoğalmakta. Osmanlı geleneğinde önemli yer tutan sağlıkta bitkilerden faydalanma yöntemleri günümüzde bütün dünyada yayılmaktadır.

YAŞLANMAYA KARŞI ÖNLEMLER (Anti-aging)

Yaşlanmanın durdurulması, ölümsüzlük 12 bin yıl önceki büyük tufanlardan önce yaşamış olan Atlantis ve Mu Kıtası uygarlıklarından beri insanların rüyası olmuştur. Bugün Pasifik Okyanusu'nda 20 bin yıl önce çökmüş bulunan Mu Kıtası ile Atlas Okyanusu'nda çökmüş olduğu söylenen Atlantis'ten göç ettiği söylenen, İnka, Maya, eski Mısır, Şamanist Orta Asya Türklerinin efsane ve destanlarında insanın yaşamı ve ölüm ve ölümsüzlük binlerce yıldır ilgilenilen bir konu olmuştur. 20. yüzyılın başında insan ömrü ortalama olarak 50 yaşın altındaymış. Başında olduğumuz 21. yüzyılın bu ilk yıllarında gelişmiş ülkelerde erkeklerde ortalama insan ömrü 78, kadınlarda ise 82 civarında.

Türkiye'de de son yıllarda gelişen tıbbi olanaklar sonucu bebek ve çocuk ölümlerinin azalması neticesinde insan ömrü uzamıştır. Sonsuz gençliğin sırrı henüz bulunamadığı için yapılan tüm çalışmalar, yaşlanmayı ve bunun getirdiği sorunları geciktirmek için. Belki de yakın gelecekte, mükemmel bir makine olan vücudumuzun parçaları eskidikçe yenisiyle değiştirilebilecek. Fakat yaşlılığı geciktirme veya yaşlanmaya karşı önlemler, konusunda esas büyük devrimin 10 ya da en geç 20 yıl içinde gerçekleşeceği bilim adamları tarafından belirtiliyor. Yaşlılık, yaşam biçimi ve ekonomik durumla da bir hayli ilgili. Gelişmiş toplumlarda yaşayan insanlarla, diğer ülke insanlarının arasındaki görünüm farkı gittikçe açılacak. Yani yaşlılık, zengin ve fakir ülke insanları arasındaki eşitsizliklerin belki de en önemlisi olacaktır.

Özellikle gelişmiş ülkelerde insan ömrü uzadıkça, yaşlılıkla beraber gelen, her bakımdan kuvvetten düşme büyük sorunlar oluşturmuştur. Bu sorunlara çare bulmak, yani yaşlılıkta yaşamın kalitesini artırmak için "yaşlanmaya karşı" veya bu fikrin geliştiği ülkelerde denildiği gibi "anti-aging" önlemlerinin değer kazandığı yeni bir yaklaşım ortaya çıkmıştır. Şüphesiz genetik mühendisliği ve hücre kültürü tekniklerindeki ilerlemeler bu yeni "yaşlanmaya karşı" oluşan görüşe ivme kazandırmıştır.

Bütün bu çabalarda hedef, yaşlılık nedeniyle azalmış veya kaybolmuş bazı yeteneklerin kabul edilebilir normal ve iyi bir düzeye taşınmasıdır. Gerçi toplumumuzda Osmanlılardan beri bilinen kuvvet macunları, "Pastile de serail" denen cinsel güç veren karışımlar yüzyıllardır kullanılmaktadır.

Menopoz tedavisinde uygulanan hormon tedavisi belki şu an uygulanan en etkin "yaşlanmaya karşı-antiaging" tedavidir. Önce gözlerin çevresinde kendini gösteren çizgiler, gittikçe verilmesi güçleşen kilolar, hareketli gecelerin ertesi yaşanan çeşitli ağrılar. Bunlar ne yazık ki yaşlanmanın ilk belirtileri. Vücudu zinde tutmak için bir şeyler yapmanın zorunlu hale geldiğini, işte vücut böyle anlatır. Bu belirtilerden yola çıkarak, gençliği korumak, bir anlamda vücudun direncini artırmak ise insanların elinde. Antikçağdan beri insanlar genç kalmak, genç görünmek için bir sürü güzellik merhemleri geliştirmişlerdir. Günümüzde insanlar hem uzun, hem sağlıklı yaşamak istiyor.

WHO, Dünya Sağlık Organizasyonu yaşlılık sınırı olarak 65 yaşını belirlemiştir. Yaşlılık sadece yaşla ilgili değildir. Tabii ki genetik etkenler çok önemlidir. Ancak beslenme ve yaşam tarzı çok önemlidir. Son yıllarda anti-aging beslenme ile ilgili çok çeşitli öneriler gelmiştir.

"Yaşlanmak bir hastalıktır. Doğru beslenme ile 10 yaş daha genç görünmek mümkün." Bu sözler Amerika'da büyük tartışmalar yaratan doktor Nicholas Perricone'a ait. Birçok Hollywood ünlüsü onun diyet ve beslenme programını uygulayarak genç kalıyor, milyonlarca Amerikalı da "Perricone Promise" (Perricone'un Vaadi) adlı kitabını okuyarak yaşlılığı yenmenin sırlarını öğretiyor. Nicholas Perricone, 2000 yılında yaşlılığın bir hastalık olduğunu iddia ederek ilk kitabını yazdığında tıp camiasında olay yaratmıştı. Geçtiğimiz beş yıl içinde yaşlılık teorisini anlattığı üç kitap 2.5 milyondan fazla satmış.

Yaşlılık=Hastalık: Perricone'a göre yaşlılık "hücresel seviyede oluşan ve yavaş yavaş ilerleyen iltihaba bağlı bir hastalık". Yalnızca 28 gün uygulanacak somon, marul ve bol su içilen bir diyetle, ona göre, bu iltihabın iyileştirilmesi ve kırışıkların tarihe karışması mümkün. Perricone, ABD'de milyonlarca kişinin takip ettiği diyetini 15 yıl boyunca tedavi ettiği 15 bin hasta üzerinde denerken kendisi de benzer şekilde beslenerek gençliğini koruduğunu söylüyor.

Bu gençleşme programının ana maddesi balık. Günde mutlaka bir öğün balık yemek gerekiyor. Tipik bir öğle yemeğinde ızgara somon ya da tonbalığı, yeşil salata, karışık sebze yiyor ve yeşil çay içebiliyorsunuz. Diyetinize Türkiye'nin sağlık kaynağı zeytinyağına her fırsatta yer vermeyi unutmayın.

Tablo 2.1 Yaş, yerleşim yeri ve cinsiyete göre hanehalkı nüfusu

De facto hanehalkı nüfusunun beş yıllık yaş grupları, yerleşim yeri ve cinsiyete göre yüzde dağılımı, Türkiye 2003

	Kent			Kır			Toplam		
Yaş	Erkek	Kadın	Toplam	Erkek	Kadın	Toplam	Erkek	Kadın	Toplam
<5	9.8	8.5	9.1	10.4	9.5	9.9	10.0	8.8	9.4
5-9	9.7	9.4	9.5	11.1	9.9	10.5	10.1	9.5	9.8
10-14	9.6	9.5	9.6	11.4	9.9	10.6	10.2	9.7	9.9
15-19	10.4	9.3	9.8	9.0	10.1	9.6	10.0	9.6	9.8
20-24	8.6	9.9	9.3	7.1	9.3	8.3	8.1	9.7	8.9
25-29	8.6	9.5	9.0	6.2	6.5	6.4	7.8	8.5	8.2
30-34	8.2	7.9	8.0	6.1	6.7	6.4	7.5	7.5	7.5
35-39	7.0	7.1	7.0	5.8	6.4	6.1	6.6	6.9	6.7
40-44	6.6	6.8	6.7	5.9	5.5	5.7	6.4	6.4	6.4
45-49	5.8	5.4	5.6	5.1	4.7	4.9	5.6	5.2	5.4
50-54	4.5	4.9	4.7	4.4	4.8	4.6	4.5	4.9	4.7
55-59	3.5	3.1	3.3	4.3	4.0	4.2	3.8	3.4	3.6
60-64	2.3	2.6	2.5	3.5	3.4	3.5	2.7	2.9	2.8
65-69	1.9	2.4	2.2	3.2	3.4	3.3	2.3	2.8	2.5
70-74	1.7	1.7	1.7	2.8	2.8	2.8	2.0	2.1	2.1
75-79	1.0	1.1	1.0	2.1	1.8	1.9	1.4	1.3	1.3
80 +	0.6	0.9	0.8	1.5	1.2	1.3	0.9	1.0	1.0
Bilmiyor/cevapsız	0.1	0.0	0.0	0.1	0.0	0.1	0.1	0.0	0.1
Toplam	100.0	100.0	100.0	100.0	100.0	100.0	100.0	100.0	100.0
Sayı	14,314	14,894	29,208	6,528	7,116	13,644	20,842	22,010	42,851

Şekil 2.1 Nüfus Pramidi

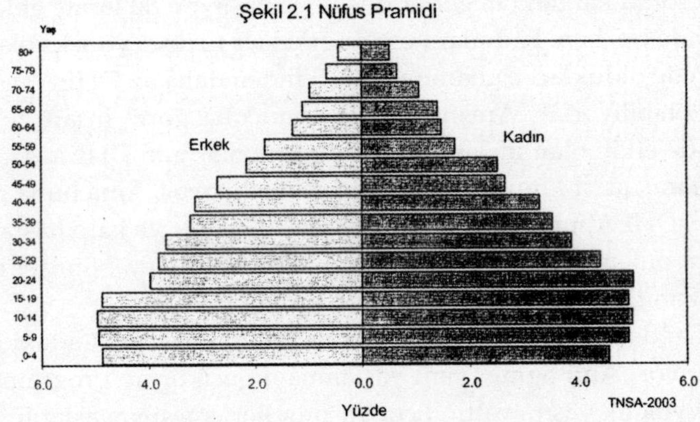

Türkiye'de Hanehalkı Nüfusu

Kaynak: Türkiye Nüfus ve Sağlık Araştırması, Hacettepe Üniversitesi Nüfus Etüdleri Enstitüsü. Ankara, Ekim 2004, sayfa 18

Yaşlılıkta tüm doku ve organlar yaşlanmaktadır. Hormonlarda azalma olmaktadır. Protein üretimi azalmakta, sonucunda beyin ve adale sisteminde yetersizlik, denge kusurları ve hareketsizlik görülmektedir. İnsanlar genelde bir hap olayını, her şey yoluna girsin diye düşünüyor.

Öyle bir hap içeyim ki, saçlarım beyazlamasın, cildim kırışmasın, ellerim titremesin. Yani yaşlanmayayım. Doktorunuzdan böyle bir istekte bulunursanız, biraz beklemeniz gerektiğini, dünya kurulduğundan beri insanoğlunun hayalini kurduğu bu hapın henüz keşfedilmediğini size anlatacak. Ancak, hemen arkasından bu mucize hap kadar olmasa da ellerinde birtakım yenilikler olduğu, bunları kullandığınız zaman en azından daha geç yaşayacağınız müjdelenecek:

DHEA (Dehidroepiandrosterone), böbreklerin üzerinde yer alan böbreküstü bezinin ürettiği bir hormondur. Vücut, bunu kadın ve erkekte farklı miktarlarda olmak üzere testosteron ve östrojene çeviriyor. DHEA'yı son yıllarda bu kadar çekici kılan ise, yaşlanmaya karşı kimyasal tepki yaratması. İnsanlar güçlerinin büyük bir bölümünü 30 yaşına kadar tüketiyorlar ve bundan sonra kandaki değerler düşmeye başlıyor. 80'lerine geldiklerinde ise, hem kadınlar hem de erkekler fiziksel ve seks olarak zirvede oldukları zamanın yüzde 5'inden daha az DHEA'ya sahip olabiliyorlar. Araştırmaların sonucuna göre, insan gelişiminde etkili olan melatonin tarzı hormonlar gibi DHEA da tıbbi olarak aktif kimyasal maddelerden oluşuyor. Ama buna rağmen, DHEA'nın seks gücünü artırması, kanser ve kalp hastalıklarını önlemesi gibi faydalarının hiçbirinin henüz bilimsel olarak kanıtlanamaması kafaları karıştırıyor.

Çağdaş tıp artık biyolojik yaş ile takvim yaşı arasındaki farkı açıyor. Anti-aging, yani yaşlanmayı geciktirme programları ile biyolojik yaşın, yani vücut yaşının ilerlemesi yavaşlatılmakta, hatta geriye döndürülebilmektedir. HGH, yani büyüme hormonu, sayesinde insan ömrü ve bu ömrün kalitesi artırılabilmektedir.

Yaşla birlikte, vücuttaki östrogen, progesteron, testosteron, melatonin ve DHEA hormonları seviyeleri nasıl azalıyorsa, HGH (Human Growth Hormone-İnsan Büyüme Hormonu) seviyesi de dikkati çekecek ölçüde azalır. İnsanların birçoğu bunu önemsemezler, çünkü HGH'nin canlandırıcı ve gençleştirici etkisinin farkında değillerdir. Oysa, HGH'nin önemini bilen bilim adamları artık yaşlılığı bir kader değil, hastalık olarak tanımlamaktadırlar. HGH, hipofiz bezi tarafından, çocukluk ve ergenlik çağı boyunca, yüksek oranda salgılanır. Yeni doğmuş bir bebekte yaklaşık 1800 olan HGH seviyesi gelişmenin tamamlandığı 20'li yaşlarda 1200'ün altına düşer. 21-61 yaşları arasında ise, bu azalma yüzde 80'lere kadar varır. Yapılan araştırmalarda, HGH'nin hücreleri yenilenerek, deriyi, saçı, tırnakları, kemikleri ve bütün iç organları olumlu yönde etkilediği ve insanları kısmen gençleştirdiği gözlenmiştir. HGH seviyesinde sağlanan artışın kemik erimesi, kalp krizi ve felç oluşması riskini azaltabildiği de yapılan bilimsel çalışmalarda defalarca ortaya konulmuştur. HGH metabolizmayı hızlandırır. Karın, kalça ve bel bölgelerinde biriken yağları azaltırken kas yoğunluğunu artırır. HGH seviyesindeki altı aylık bir yükseltme programı sonrasında, egzersiz bile yapmadan, ortalama olarak kas yoğunluğunda yüzde 8.8'lik bir artış, bedensel yağlarda ise yüzde 14.4'lük bir azalma gerçekleşir.

HGH, cildi gençleştirir. Bilim adamları, HGH seviyesindeki azalmanın, deriye gençliğini, yoğunluğunu, esnekliğini ve nemini kaybettirerek kırışık ve buruşukluklara yol açan en önemli etken olduğunu keşfetmişlerdir.

HGH, sağlıklı olabilmek için gerekli olan derin ve kesintisiz uykuyu sağlar. HGH, özellikle 40 yaş üstü insanlarda cinsel gücü ve isteği de artırır.

Menopoz belki "yaşlanmayı geciktirme" programları için erken bir yaştır. Ancak menopozla birlikte yaşam tarzınıza daha çok dikkat ederseniz daha sağlıklı bir yaşlılık geçireceğiniz şüphesizdir. Yaşlılığı geciktirme önlemlerinin biri de bedensel egzersizlerdir. Bu konuda bir sürü pratik kitap ve broşür bulabilirsiniz. Burada önemli olan sınırlarınızı bilmektir. Yapabileceğinizden fazla spor ve egzersiz yapmaya kalkarsanız, hem kalp damar sisteminizi, hem de adale eklem ve kemiklerinizi zorlayıp gereksiz hastalıklara neden olabilirsiniz.

Anti-Aging Araştırma ve Eğitim Derneği Genel Sekreteri Dr. Hasan İnsel, karaüzüm ve çekirdeğini içeren tüm ekstreleri anti-aging önlemleri içinde öneriyor. Bir söyleşisinde şöyle söylüyor: "Günde bir kadeh kırmızı şarap tavsiye ediyoruz. Kırmızı şarabın sağlık üzerinde etkisi büyük. Dünyada yeni besin piramidinde artık her akşam bir kadeh kırmızı şarap var." Antiaging uzmanları karaüzümden yapılmış şurupları veya kara üzüm çekirdeğini kırarak yemeyi de tavsiye ediyorlar.

Bütün bu yaşlanmayı geciktirme önlemlerini aldıktan sonra, ben ne kadar yaşarım diyorsanız, bunu değerlendirebileceğiniz bir soru dizisi sunuyoruz.

Bilim adamları tarafından yapılan bir araştırmaya göre dünyada en uzun ömrü Japonlar sürüyor. Japonları İsveçliler ve Avustralyalılar takip ediyor. Peki siz kaç yaşına kadar yaşayacaksınız? Eğer bunu öğrenmek istiyorsanız Harvard Tıp Fakültesi profesörlerinin hazırladığı testi yanıtlayın:

1- Sigara içiyor musunuz veya sigara içmediğiniz halde sürekli sigara içilen ortamlarda bulunuyor musunuz?
2- Haftada birden fazla sosisli sandviç, hamburger, patates kızartması yiyor musunuz?
3- Balık ya da etleri kömür olana kadar kızartıp öyle mi yiyorsunuz?
4- Her gün tereyağı, krema, kaymak yiyor musunuz?
5- Her gün çok alkol alıyor musunuz?
6- Yaşadığınız yerde hava kirliliği var mı?
7- Kilonuz yüzünden şişman sınıfında mısınız?
8- Stresli bir ortamda mı çalışıyorsunuz?
9- Ailenizde şeker hastası olan biri var mı?
10- Anneniz veya babanızdan biri genç yaşta öldü mü?
11- Genellikle mönünüz et ağırlıklı mı?
12- Günde üç fincandan fazla kahve içiyor musunuz?
13- "Spor yapmak için vaktim yok" gibi bahanelerin arkasına mı saklanıyorsunuz?
14- Vitamin kullanıyor musunuz?
15- Anneniz veya babanız 50 yaşından önce kalp krizi ya da felç geçirdi mi?
16- Erken emekli oldunuz mu?
17- Masa başında mı çalışıyorsunuz?
18- Heyecanlı, saldırgan ve kolay sinirlenir bir yapıya mı sahipsiniz?

19- Şu an yaşadığınız hayattan mutsuz musunuz?
20- 40 yaşına geldiğiniz halde hiç sağlık taraması yaptırmadınız mı?
21- Sabahları kahvaltı etmiyor musunuz?
22- Kolesterol veya yüksek tansiyonunuz var mı?
23- Yalnız başınıza mı yaşıyorsunuz?
24- Günde beş saatten daha az mı uyuyorsunuz?
25- Sürekli diyet yapıp bırakıyor musunuz?
26- Kötümser misiniz, yani yaşama karşı kötümser mi bakıyorsunuz?
27- Her yere sürekli olarak arabayla mı gidip geliyorsunuz?
28- Mizah anlayışına sahip değil misiniz?

Sonuç: Eğer testteki soruların dörtte üçüne "Evet" yanıtını verdiyseniz sizin için üzgünüz. Uzmanların verdiği bilgiye göre bu durumda 100 yaşını görmeniz sadece bir "hayal". Eğer soruların dörtte üçüne "Hayır" yanıtını verebiliyorsanız, 100 yaşına kadar yaşamanız işten bile değil.

ANTİOKSİDANLAR

Yaşlanmayı önleyici tababet, özellikle "antioksidan"lar üzerinde duruyor. Basit tanımla hücrelerdeki bozulmayı önleyen antioksidanların bulunduğu beş doğal kaynak: E vitamini, beta karoten, çinko, selenyum ve C vitamini. Dünyada gençleşmek için çok çeşitli uygulamalar var. Kimisi yüzde 100 oksijen soluyor, kimisi damardan ozon iğnesi yaptırıyor. Büyüme hormonu kullanma Amerika'da çok yaygın. Bu yöntem yaşlılığı belli oranda geciktiriyor. Bu yöntemi daha çok Hollywood yıldızları kullanıyor. Erkeklerde testosteron, kadınlarda ise östrojen uygulaması da çok yaygın. Bunların dışında yeni geliştirilen "Chelation" tedavisi var. Aynı adlı kliniklerde damardan verilen özel maddelerle vücuttaki ağır metallerin bağlanıp idrar yoluyla atılması sağlanıyor. Menopozdaki kadınlar için bu konuda bilgi sahibi olmak, antioksidanlardan faydalanmak çok önemlidir.

Hangi sebze ömrü ne kadar uzatıyor?

Bazı bilim adamları tarafından yapılan araştırmaya göre bazı sebzeler insanların daha uzun yaşamasını sağlıyor. Ispanak, brokoli, pırasa bu sebzelerin başında geliyor. Fasulye ve pancar, demir bakımından zengin sebzeler.

Yeteri kadar demir almamak, anemi, konsantrasyon azlığı, kırılgan saçlar, uyku hali, kırılgan kemikler, sinirlilik, şişmanlık gibi hastalıklara yol açıyor. Patlıcan ve pırasa ise önemli lityum kaynakları. Lityum, beynin depresyon ve alkol bağımlılığı gibi ruhsal bozukluklara yol açan problemlerini önlemeye yardımcı olur. Brokoli ise içerdiği kalsiyum sayesinde kemik erimesini önlüyor. İşte insan ömrünü uzatan sebzelerden bazıları:

Marul 6 yıl, salatalık 5 yıl, turp 5 yıl, pancar 4 yıl, brüksel lahanası 4 yıl, lahana 4 yıl, karnabahar 4 yıl, balkabağı 4 yıl, patlıcan 4 yıl, domates 4 yıl, kuşkonmaz 3 yıl, fasulye 3 yıl, brokoli 3 yıl, havuç 3 yıl, kereviz 3 yıl, bezelye 3 yıl, ıspanak 3 yıl, pırasa 2 yıl, biber 2 yıl, soğan 1 yıl, maydanoz 1 yıl.

Alfa Lipoik Asit vücutta hücresel enerji üretim süreçlerini hızlandıran ana unsurdur. Daha çok Alfa Lipoik Asit demek daha fazla miktarda enerjinin daha hızlı üretilmesi demektir. Yeni tanıştığımız ama yeteneklerini öğrendikçe daha çok sevdiğimiz bu mucize besin unsuru ıspanakta, pazıda, brokoli, karnabahar ve sığır etinde bol miktarda bulunur.

Alfa Lipoik Asit aynı zamanda çok güçlü bir antioksidandır. Antioksidan gücü ne E vitaminin ne de C vitaminin gücü ile kıyaslanabilir. Suda ve yağda aynı zamanda eriyebilen, bu nedenle de hücrenin her yerinde görev üstlenebilen tek antioksidandır. C ve E vitamini ile Co-enzim Q10 ve Glutatyon gibi diğer antioksidanlar arasında güçlü bir antioksidan ağ oluşumunu da destekler. Diğer antioksidanların vücutta kullanılırlıklarını arttırır.

Alfa Lipoik Asit, cilt yaşlanmasını geciktirmede ve ciltte yaşlanma sonucu oluşan kırışıklık, kuruma, pörsüme gibi sorunları tedavi etmede de son derece etkili bir antioksidandır. Ağız yolu ile kullanılması veya kozmetik ürünler içerisinde cilde uygulanması ciltteki yaşlanma belirtilerini ertelemektedir. Son yıllarda üretilen pek çok anti-aging ürününün içinde yer alması bundandır. Berkeley Üniversitesi' nde yapılan bir çalışmada Alfa Lipoik Asit ve L- Carnitin' in birlikte kullanımının hücrelerin yaşam süresini uzatabileceği ortaya çıktı.

Sözün kısası Alfa Lipoik Asit'in 10 parmağında neredeyse 10 marifet var gibi görünüyor. Bu yetenekli besin desteği bazı ülkelerde reçeteli ilaçlar arasına çoktan girdi.

ÖZEL TEDAVİ YÖNTEMLERİ

Bugün dünyanın her yerinde geleneksel tıp eğitiminin karşısında daha eski yöntemleri içeren 'alternatif tıp' denen yeni bir akım oluşmaktadır. Daha önce de belirttiğim gibi, hani hepimizin Mısır Çarşısı'ndan veya Çemberlitaş'tan bildiğimiz aktarlarda bulunan bitkilerden faydalanan ve diğer yeni ve eski yöntemler. Yeni, alışılmamış tıp ekolünde, geleneksel bir eğitim görmüş bir doktoru şaşırtacak, büyüleyecek pek çok şey vardır. Öte yanda, bu ekolde elde edilen sonuçların da bir anlamı olmalıdır. Doğal bir iyileşmeye romatizma eklem hastalıklarında veya deri iltihaplarında olduğu gibi, migrende olduğu gibi, hastalığın gidişi sırasında kendi kendine olan bir iyileşmeye ya da iyileşmeyi sağlayabilecek herhangi bir başka etkene bağlanmadığı sürece, bu sonuçlar göz ardı edilemez. Menopozda bu yöntemler çoğu zaman menopoz şikâyetlerini azaltmakta veya ortadan kaldırabilmektedir.

Özel tedavi yöntemleri iki ekole de sırtını dayamıştır. Sağlığın korunması ve tıp konusunda, seçmeci bir yaklaşım uygun olur diyebiliriz. Size günlük modaların, arkadaşların baskılarının veya tutuculuğun, denemek istediğiniz bir şeyi denemekten sizi alıkoymasına izin vermemesini öğütlerim. Yeni bir yöntem hakkında tedavi olmadan bilgi sahibi olmanızı, bir dereceye kadar kuşkulu olmanızı, başarısızlıkları düş kırıklığına uğramadan kabullenmeniz için beklentilerinizi gözden geçirmenizi öneriyorum.

İşin doğrusu, bir tedavi yönteminin işinize yarayacağına inanıyorsanız, büyük bir olasılıkla size yararı olacaktır. Bu durum tüm sağlık kampları, kaplıcalar, orada göreceğiniz tedavilerin çoğu, istenmeyen tüylerin yok edilmesi gibi bilimselliği kanıtlamış bir yöntem dışında, güzellik kliniklerinde uygulanan tüm işlemler için geçerlidir. Gelenekler elinizi kolunuzu bağlamasın: Özel tedavi yöntemlerinden yararlanmaya bakın, sunulan hizmetler çok pahalı olmadığı sürece vücudunuza bakmanın yeni yollarını bulun diyebiliriz.

Özel Beslenme Yöntemleri

Birçok gelişmiş ülkede son yıllarda özel beslenme klinikleri olarak adlandıracağımız kurumlar oluştu. Hemen tüm klinikler beslenmenin hastalıkların başlamasında önemli bir yeri olduğunu, az veya yanlış beslenmenin de hastalıkların nedeni olduğunu savunur. Ciddi bir kaplıcada beslenme hiçbir zaman göz ardı edilmemelidir.

Örneğin, ilk iki-üç gün çok az yemeniz önerilecektir. Hekim, bunun nedeninin vücuttan "toksinler"in atılmasına izin vermek, sindirim ve öbür metabolizma olaylarına ara vererek, bu alanda kullanılacak enerjinin vücudun kendi kendini tedavi etme sürecine aktarılmasını sağlamak olduğunu açıklayacaktır. Benim bildiğim kadarıyla, bu varsayımı kanıtlayacak tıbbi bilgi yoktur. Toksinin bilimsel açıklaması zehirdir; hekime vücuttan atılacak toksinlerin hangileri olduğunu sorarsanız, üstü kapalı bir yanıt alırsınız.

Yemek yemediğiniz süre boyunca, baş ağrısı, zayıflık duygusu, baygınlık gibi tatsız belirtiler fark edebilirsiniz. Ancak, ileri sürüldüğü gibi, bu duygular 48 saat sonra yok olur. Tabii, istediğiniz zaman bu belirtileri doktorla konuşup yardımlarını isteyebilirsiniz.

Açlık döneminden sonra, ilk günlerde genellikle yoğurt, meyve, sebze, bal, az miktarda yağsız et, tavuk ya da balıktan oluşan bir diyet verilecektir.

Özel Bakım Yöntemleri

Masaj: Gerginliği azalttığı, kasları gevşettiği, kanlanmayı arttırdığı söylenir. Çeşitli masaj biçimleri vardır. Örneğin Şiatsu. Birçok kişi için gevşemeye yardım edebilir. Kaslara ve deriye kan akımını artırabilir. Hafif yapılırsa hiçbir zararı yoktur.

Terleme: Su kaybı yoluyla vücut ağırlığını düşürmeye çalışır. Çok terleyerek, geçici olarak nem yitirirsiniz ve bu yüzden, eğer terleme yöntemi çok şiddetliyse iki kg'ye kadar ağırlık yitirebilirsiniz. Kilo kaybı yalnızca birkaç saat sürer. Vücut, ağırlık kaybına yitirmiş olduğunuz sıvıyı yerine koymak için, sonraki birkaç saat içinde tüm sıvıları tutarak tepki verir. Isı nedeniyle kendinizi zayıf duyabilirsiniz, yaşlı ve zayıf bir insanda susuz kalmaya neden olabilir. Kalbiniz zayıfsa, yüksek ya da düşük tansiyonunuz varsa, veya tıbbi olarak zayıf bünyeli kabul ediliyorsanız ve bayılmaya eğilimliyseniz bu tedaviyi almamanız gerekir.

Sarma: Su kaybettirerek kilo verdirmeye çalışır. Şifalı otların ya da bitkilerin sularıyla, jölelerle ya da losyonlarla ıslatılmış da olabilen bezlerle vücut sarılır. Etkileri terleme gibidir.

Deri tedavileri:

Fırça ile temizleme: Deri yüzeyindeki ölü hücre tabakası ve deri daha düzgün ve "temiz" duruma gelir. Deri, özel bir fırça kullanılarak temizlenir. Fırça yerine ponza taşı kullanılarak daha sert bir etki sağlanabilir. Cildinizi kesinlikle daha düzgün duyumsayacaksınız, ama yalnızca geçici olarak. Ölü hücreler yeniden deri yüzeyine ulaşacaklar ve birkaç saat içinde başladığınız yere geri döneceksiniz. Derinin daha alt katmanlarındaki bakterileri harekete geçirdiğinden, deri yüzeyindeki bakteri sayısı artabilir. Deriyi etkileyen herhangi bir yakınmanız varsa, bu tedaviyi uygulamanız sakıncalıdır. Eğer sivilceleriniz varsa, herhangi bir güzellik kliniğinde böyle bir temizleme işlemi uygulamasına izin vermeyin.

Yüz masajı:

Derinin işlev kapasitesini daha verimli hale getirdiği söylenir. Yüz derisine ve kaslarına, çeşitli yönlerde, genellikle yukarı ve dışa doğru masaj yapılır. Yön, tedavinin etkisi açısından yaşamsal önem taşır. Birçok daha karmaşık masaj yöntemleri vardır. Bazı yüz maskeleri, temizleme, masaj, yüz maskesi, deriye gerginlik kazandırılması, makyaj ve yüksek frekanslı elektrik akımı kullanılması gibi çeşitli işlemleri içerir. Bu yöntemlerin hiçbirinin fizyolojik bir dayanağı yoktur. Kendinizi rahatlamış ve olasılıkla gevşemiş duyarsınız. Başka görüşlere göre yüzün, ne derisinin ne de kaslarının masaja gereksinimi vardır. Yüz derisini ve kaslarını çalıştırmanın konuşma, gülme, çiğneme, gülümseme gibi normal etkinliklerden daha iyi bir yolu yoktur.

Yüz maskeleri:

Yüz maskesi ehliyetli güzellik uzmanı tarafından uygulanmalıdır. Derideki gözenekleri temizlediği, boyutlarını küçülttüğü, deri yüzeyindeki ölü hücreleri ortadan kaldırdığı, deride kan akımını artırdığı söylenir. Bal, yumurta sarısı, şeftali, gliserin gibi maddeler içeren bir maske yüze uygulanır. Kurumaya bırakılır, sonra da silinip atılır. Deliklerdeki küçülme kalıcı değildir ve verdiği gerginlik duygusu da kısa zamanda yok olma eğilimindedir. Eğer duyarlı bir cildiniz varsa, egzama, bir deri enfeksiyonu, örneğin akne, varsa sakıncalıdır.

Basınçlı püskürtme ile gerdirme: Su içeriğini artırarak deriyi gerdirdiği söylenir. Genellikle bir yüz maskesini çıkarmak için, yüze basınçlı su püskürtülür. Psikolojik etkisi vardır. Bu yolla deriye giren su, yalnız buharlaşma nedeniyle aşağı yukarı 20 dakika içinde yok olacaktır.

Vakumla yüz tedavisi: Yüzün lenfatik drenajını artırdığı, dokunun beslenme durumunu düzelttiği ve kara noktalarla yağlı salgıların ortadan kaldırılmasına yardımcı olduğu ileri sürülür. Vakum tedavisi, temizleme için üç-beş dakikadan, masaj ve lenf damarları dolaşımı için 10-12 dakikaya kadar sürebilir. Temizler ve kara noktalarla yağlı salgıların çıkarılmasında yardımcı olabilir. Herhangi bir deri hastalığınız varsa vakum uygulanması sakıncalıdır.

Ozon tedavisi: Seboreik deriye, özellikle akneleri kuruttuğu, iyileştirdiği, uyardığı için, rahatsız ve lekeli ciltlere yararlı olduğu söylenebilir. Kimyasal olarak, saf oksijene molekül başına bir atol daha ęklenmesi demek olan ozon yüze genellikle buhar biçiminde uygulanır. Psikolojik yarar sağlar. Bir zamanlar ozonun çeşitli ilaç özelliklerine sahip olduğu düşünülürdü. Ozon uygulaması çok duyarlı bir cildiniz ya da bir deri hastalığınız varsa sakıncalıdır.

Güzellik klinikleri, kalıcı bir görünüm değişikliği sağlayabilir mi?

Bir güzellik kliniğinde sunulan hiçbir tedavi, kalıtımla size geçen deri görünümünü ve doğasını kalıcı bir biçimde değiştiremez. Çünkü siz bunları kalıtımla almışsınızdır. En az göz renginiz kadar değişmezdirler. Bir güzellik kliniğinin yapabileceği hiçbir şey derinizi olduğundan daha kuru ya da daha yağlı kılamaz; yapmayı umabileceğiniz tek şey, derinizdeki fazla yağı alacak ya da derinizi nemlendirecek işlemleri, günde bir ya da birçok kez yinelemektir.

Yaşlanmayı yavaşlatan tedaviler var mıdır?

Güzellik kliniklerinin sunduğu tedavilerin çok çeşitli olması gerçeği, kendiliğinden hiçbirinin doyurucu olmadığı anlamına gelebilir diye düşünebiliriz. Bir güzellik uzmanının cildinizin yaşlanmasını yavaşlatmak için ne yapabileceği bir şey, ne de almanızı önerebileceği ilaçlar vardır. Son yıllarda ülkemize binbir çeşit dermokozmetik ve kozmetik ürünler ithal edilmiştir. Bunların içinde sadece eczanelerde satılan ve gerçekten işe yaradığı ileri sürülenler vardır. Gerek derinin görünümü açısından, gerekse vücut işlevleri açısından, eğer biri yaşlanmayı yavaşlatmanın yolunu bilseydi, yaşamın gizemine ulaşırdı diye düşünebiliriz.

Güzellik klinikleri kırışıklıkları ortadan kaldırabilir mi?

Kırışıklıkları ortadan kaldırmanın en önemli yolu kozmetik cerrahidir. Derinin gerilmesini ve kırışıklıkların küçülmesini sağlayan çeşitli maddeler deriye uygulanabilir. Bazı dermokozmetikler geçici olarak kırışıklıkları azaltabilir. Birkaç saat için kırışıklıklarınız daha az görünebilir. Eğer kimi özel günlerde özel olarak güzel görünmek istiyorsanız, bu güzellik tedavisi biçimini kullanabilirsiniz.

YOGA

Bütün dünyada menopoz kliniklerinde kadınlara önerilen bedensel hareket yöntemleri içinde yogayı görüyoruz. Yoga hem bedensel hem de ruhsal açıdan çok önemli. Yoga, Hindistan'dan çıkan bir felsefe, bir bilgelik ürünüdür. Yoga felsefesi bugünkü bilgilerimize göre yazının icadından önceki zamanlara dayanmaktadır. Yoga, Hindistan'da yaşayan insanların çoğunun uyguladığı bir yöntemdir. Hintlilerin çoğu Budist olduğu için Batı'da ve bizim ülkemizde insanlar yogayı Budist dinin bir parçası gibi düşünürler ve pratikte yogayı uygulamaktan bu yüzden çekinirler. Halbuki yoga kesinlikle bir din değildir. Bu eski felsefe ve sistemi herkes uygulayabilir. Ne özel bir giysiye ne de özel aletlere ihtiyacımız vardır.

Yoga görüşüne göre insanın çevresindeki insanlarla uyumlu olabilmesi için öncelikle kendisiyle uyumlu olması, doğa ile uyumlu olması, dingin bir halde olması gerekir. Yogayı ustalarından öğrenmelisiniz. İnsan yoga yapmaya başladığında, insanın kendisi ile daha barışık bir hale geldiği ileri sürülmektedir. Kendini, çevreyi, doğayı, doğallığı içinde görmeye başlayabilir. Yoganın anlamı evrenle bir olmak demektir. Bu aşamada evrenle bir olmak için en zor şey bireysel düşüncenizi bırakıp, egoistliği bırakıp ben yerine biz diyebilmektir. Birçok diğer Uzakdoğu felsefesi gibi, yogaya ve hedeflerine ulaşmak için kararlılık, sabır, inanç ve uzun çalışma gerektirir. Yoga ile dünyayı ve çevrenizi değiştirmek mümkün değildir. Ancak siz değişerek daha uyumlu bir konuma gelebilirsiniz.

Yoga nefes teknikleri, fiziksel hareket teknikleri ve meditasyonu içeren bir sistemdir. Ancak, bir yoga öğretmeni nezaretinde yogaya başlamadan önce doktorunuza muayene olup bedeninizin yapısı ve durumu hakkında bilgi sahibi olmanız gerekir. Eğer bir sakınca yoksa, bu hareketlere geçmeden hocanız ısınma hareketleri ile başlayacaktır. Meditasyona başlarken ise, etrafınızla ilişkinizi kesmelisiniz. Bazı görüşlere göre meditasyon gerçeği kendi içinde arama ve bulma yoludur. Etraftan gelen sesler sizi rahatsız ediyorsa, meditasyona geçemiyorsunuz demektir. Meditasyonu çok sessiz ve ıssız bir yerde yapabildiğiniz gibi, patırtılı gürültülü bir şehrin ana caddelerinin üstündeki bir odada da bütün çevreyi unutarak veya algılamayarak kendi içinize yönelebilirsiniz. Ben burada yöntemlerin ayrıntılarına, şakralara geçip size aktarmayı düşünmüyorum. İlgi duyanlar bu konuda kitaplar okuyarak bilgilenip öğrenmek için yoganın ustalarına başvurabilirler. Şuna inanıyorum ki, menopoz sırasında oluşan şikâyetlerinizi bu tür ruhsal ve bedensel yöntemlerle de ortadan kaldırabilirsiniz.

TÜRKİYE'DEKİ KAPLICALAR

Türkiye'nin dört bir yanındaki kaplıcalar kolesterolden şekere, romatizmadan karaciğere, şişmanlıktan kalp ve karaciğere kadar tüm rahatsızlıklara şifa oluyor. Osmanlı zamanında rağbet edilen kaplıcalar Atatürk'ün Yalova kaplıcalarını ihya etmesinden sonra tekrar aranan mekânlar oldu.

Ancak kaplıcada şifa bulmak için hangi kürü, nasıl uygulayacağınızı bilmeniz şart. Gideceğiniz kaplıcanın hangi hastalıklara iyi geldiğini de öğrenmeniz gerekir. Menopoz döneminde ortaya çıkan birçok sorun ve hastalığın şifasını kaplıcalarda bulabilirsiniz.

Ülkemizdeki sağlık kaynağı kaplıcalar eski uygarlıklar döneminde keşfedilmiştir. Fethiye Köyceğiz Gölü'nün maden açısından zengin çamurunda banyo yapmak asırlar öncesine dayanır. Romalılar döneminde İzmir Balçova termal kaynaklarının tedavi özelliğinden yararlanılmıştır. Pamukkale'nin zengin maden suları civarında antikçağda kurulmuş yerleşim merkezleri herkes tarafından bilinmektedir. Uzmanlar, çok eskiden keşfedilen şifa kaynaklarını günümüzde de öneriyor. Ülkemizin dört bir yanındaki modern kaplıcalar pek çok kişinin derdine derman oluyor. Bugün artık Türkiye'de çok modern konforlu kaplıca tesisleri inşa edilmiştir. Bunların birçoğu yurtdışından gelen turistleri ağırlamaktadır. Uzmanlar kaplıcalardan doğru yararlanmak için önce doktora gidilmesini tavsiye ediyor. Türkiye'deki kaplıcalarda şüphesiz menopoz yaş dönemindekilere uygun konforu bulacaksınız. Kaplıcalardaki şifa ise bulunduğu bölgeye göre değişiyor.

Banyo kürleri:

Sıcaklıkları vücut ısısına yakın olan (35-38 derece) maden suları ile yapılıyor. Küvet veya havuz gibi bir yere biriktirilen suya bütün vücutla girilince "tam banyo", yarı vücutla girilince de "yarım banyo" oluyor.

Buhar kürü:

Sıcaklıkları vücut ısısının üzerinde olan maden sularının buharından yararlanılıyor. Tavan veya zemindeki delikten fışkıran suların buharı teneffüs ediliyor.

İçme kürü:

Bazı maden suları içilebiliyor. Günde kaç defa, ne zaman, ne ölçüde içilmesi gerektiğini doktor belirler.

Çamur kürü:

Maden sularıyla ıslanarak zamanla çamur halini alan kaplıca toprağı vücuda sürülerek uygulanıyor. Bu çamurdaki kimyasal maddeler cildin gözeneklerinden içeri nüfuz ediyor.

Bazı durumlarda kaplıca sakıncalıdır: Örneğin kontrol edilemeyen kalp ve dolaşım sistemleri yetmezliğinde. Kandaki iltihap faktörlerinin yüksek olması halinde, ağır kansızlıkta. Apse, iltihap durumlarında. Eklem romatizmalarının akut dönemlerinde.

Kurallara uymayan şifa da bulamaz:

İlaç tedavisinde olduğu gibi kaplıca tedavisinde de sonuç almak için doktorun önereceği küre sadık kalmak gerekiyor. Bu, çok önemlidir. Kaplıca kürleri ortalama bir ile üç hafta (ortalama 21 seans) sürüyor. Uygulama şekilleri şöyle sıralanıyor: hastalığın seyrine göre günde bir banyo, gün aşırı bir veya iki günde bir banyo yapılıyor. Banyo için en uygun zamanlar 10.00-11.00, öğleden sonra 15.00-17.00 arasında. Banyo süresi yaşa, hastanın durumu ve hastalığın dönemine göre beş dakikadan 50 dakikaya kadar uzayabiliyor. Aç veya tok karnına banyo yapılmaması şart. Banyodan sonra bir saat dinlenilmesi ve sıcağa çıkılmaması öneriliyor. Banyo kürlerinin dışında içme veya soluma kürleri uygulaması da mümkün.

Banyolar:

En çok uygulanan banyo, içinde "sağlık verici" maddeler eritilmiş ılık sudur.

Çamur banyosu:

Bu banyo sık kullanılır, çünkü çamurun dinlendirici özellikleri olduğu ve ısıyı tuttuğu için tüm vücudu saran bir yakı gibi yararı olduğu ve yorgun ve gergin vücudu gevşettiği sanılmaktadır. Bu tür banyo, özellikle buhar odalarında uzun süre kalmaya dayanamayacak yaşlı kişilerde kullanılmaktadır.

Oturma banyosu:

Bu, karın ve leğen kemiği içindeki bölgelerindeki kas ve organları dinlendirmek için uygulanan özel bir yöntemdir. Bu bölgelerdeki kan akımını hızlandırdığı ve düzenlediği söylenir.

Adından da anlaşılacağı gibi, oturma banyosu, içinde oturabileceğiniz küçük bir banyodur. Önce karnın alt bölümü, kalçalar ve bacaklarınızın üst bölümü sıcak suda, ayaklarınız soğuk suda oturursunuz. Bu bölgedeki kan damarları, deridekiler kesinkes, iç organlardakiler de belki genişler, kan akımı düzelir. 10 dakika kadar sonra, soğuk su dolu bir banyoda oturursunuz. Bu da tam tersi etki gösterir. Kan damarlarının büzülerek kanın bu bölgeden çekilmesini sağlar. Bir görüşe göre kanla birlikte zararlı maddeler de bu bölgeden çekilmektedir. Böylece karnın alt bölgelerinde kan dolaşımı iyi bir düzeye ulaşır ve bölgedeki damarlara kan daha fazla dolar, boşalır, temizlemeyi sağlar. Özellikle basit dölyolu iltihaplarında papatya çaylı ılık oturma banyoları öneririz.

Sıcak banyo:

Bütün vücut 38-42 derece sıcaklıktaki suya sokulur. Süre, en çok 20 dakika. Banyodan çıkarken mutlaka el ve ayaklar soğuk duşa tutulmalıdır.

Neye iyi geliyor: sürekli yorgunluk, dolaşım bozukluğu, asabiyet, kramp.

Sakıncalı olduğu durumlar: yüksek tansiyon.

Soğuk banyo:

Bütün vücut 12-16 derece sıcaklıktaki suya sokulur. Süre, en çok 10-15 saniye. Soğuk banyo, mutlaka sıcak bir ortamda alınmalıdır.

Neye iyi geliyor: aşırı yorgunluk, hormon dengesizliği, aşırı duyarlılık, şiddet eğilimi, asabiyet.

Sakıncalı olduğu durumlar: kalp yetersizliği.

Ayak banyosu:

Soğuk banyo: Ayaklarda sıcaklık hissi duyulana kadar suya ayaklar sokulur.

Neye iyi gelir: şişmanlık, kabızlık, vücut yorgunluğu ve burun kanamaları.

Sıcak banyo: Ayaklar 42 derecedeki suya sokulur. Süre: 15-20 dakika.

Neye iyi gelir: böbrek hastalıkları, âdet sancıları, migren, boğaz ağrıları, karın ağrısı.

Sıcak ve soğuk banyo: Ayaklar beş dakika 42 derecedeki suya, 10 saniye derecedeki suya sokularak beş kez bir sıcak, bir soğuk banyo yapılır.

Neye iyi gelir: dolaşım bozukluğu, migren, uykusuzluk, baldırlarda yerleşen selülit.

Giderek sıcaklaşan suda ayak banyosu: Ayaklar, 30 derecedeki suya sokulduktan sonra, kaynar su katılarak, tahammül edilinceye kadar su sıcaklaştırılır.

Neye iyi gelir: Damarlarla ilgili yüksek tansiyon, siyatik, sinir sistemi ile ilgili tüm bacak ağrıları, bronşit, astım, yetersiz âdet kanamaları (âdetin beklendiği günden üç gün önce alınırsa, âdet gecikmesini önler).

Bitki Banyoları

Bitkilerin hazırlanışı: Seçilen otlar, makul miktarda su içinde 10 dakika kaynatılır. Süzgeçten geçirilmeden banyoya dökülür ve banyo doluncaya kadar su doldurulur.

Kepek banyosu:

Malzeme: 50 gram buğday kepeği.

Neye iyi geliyor: egzama, sedef hastalığı ve kuru cilt.

Çam banyosu:

Malzeme: 500 gram taze çam yaprağı.

Neye iyi geliyor: eklem iltihapları.

Kekik banyosu:

Malzeme: 200 gram kuru kekik.

Neye iyi geliyor: eklem iltihaplanması, yorgunluk, bronşit ve hazımsızlık.

Masaj:

Çoğu kaplıcanın programında masajın değişmez bir yeri vardır; masajın gerilimi yok ettiği, kan dolaşımını uyardığı ve deri yoluyla toksinlerin atılmasına yardım ettiği ileri sürülür. Yüzyıllardan gelen Türk hamam kültüründe de masaj önemli yer tutar.

Bir şeyi iyice anlamalısınız: Masaj kilo vermenizi, yağlarınızı eritmenizi sağlamaz. İşi yapan masör ya da masöz biraz kilo yitirebilir, ama siz yitiremezsiniz. Masaj kasların güçlenip sertleşmesine de yaramaz. Mutlaka gevşemenizi sağlar, daha önce olmayan birkaç ağrının, sızının da ortaya çıkmasına neden olabilir. Masaj, yapılan bölgede kan dolaşımının artmasını sağlar, dokuların beslenmesini düzenler, kaslardaki gerilimi azaltarak duygusal gerilimin de boşalmasını sağlar.

Özellikle masör ya da masöz çok sert hareket ediyorsa, masaja alışmak zaman alabilir. Yaptırdığınız ilk iki-üç masaj bazen size çok rahatsız edici gelebilir.

Masaj yöntemleri: Masaj vücuttaki gerilimin boşaltılması ve kan dolaşımının artırılmasının bir yoludur. Sürtünmeyi önlemek ve masörün ellerinin hareket etmesini kolaylaştırmak için vücuda yağ, talk pudrası ya da krem sürülür. Kullanılan teknikler veya masörün vücudunuzda çalışacağı bölgeler kişisel zevk sorunudur; kanın dönüşünü artırmak için her zaman kalbe doğru çalışacaktır. Kullanılan masaj yöntemi ne olursa olsun, hareketler hep düzgün ve ritmik olmalıdır; sert hareket olabilir, ama kaba olmamalıdır.

İsveç masajı denilen türde hareketler enerji ve güç katılarak yapılır. Masaj hareketleri özellikle baldırlar, bacakların üst bölümleri, sırt gibi geniş kas kütleleri olan bölgelerde uzun ve ağırdır. Masörünüz elinin kenarıyla vurarak ya da el ayasıyla bastırıp ovarak masaj yapabilir.

Bir Uzakdoğu yöntemi olan Şiatsu (belirli sinirleri uyarmak amacıyla başparmağın vücutta belirli bölgelere bastırılması), jakuzi (özel bir küvette ince fıskiyelerin tüm vücuda çarpması) ve nöromüsküler masaj (kaslardaki gerilimi azaltmak için belirli motor bölgeler parmak uçlarıyla bastırılır) gibi masaj yöntemleri de vardır.

Isı tedavileri:

Kaplıcalarda ısı tedavilerinin iki tür etkisi olduğu ileri sürülür: Birincisi vücut ısısını artırarak vücuttan toksinlerin atılmasını hızlandırmak, ikincisi vücudun terlemesini sağlamak. Toksinlerin deriden ter yolu ile atıldığı sanılmaktadır.

Saunalar ve buhar odaları: Çocukluktan alışık olmayanlar çok dikkat etmelidir. Bunlar en kökten ısı tedavilerindendir ve vücut ısısını birkaç derece artırarak şiddetli terlemeye neden olurlar. Sağlığı yerinde olmayan, kalp ya da akciğer hastalığı olanlarca denenmemelidir. İlk sauna ve buhar odası seansının birkaç dakika sürmesi ve kişinin kendini iyi duymaması halinde hemen sona erdirilmesi öğütlenmektedir. Saunada, bir havlu üzerinde yatılır, buhar odasında oturulur. Her seanstan sonra soğuk bir duş almanız söylenir; saunada duştan sonra birkaç dakika daha sıcağa dönebilirsiniz. Saunanın sıcaklığı her gün birkaç derece olmak üzere yavaşça artırılmalıdır.

Vücut ısısı arttığı ve derideki kan damarları genişlediği için kalp atım sayısı artar, kalbin yaptığı iş de artar. Bu durum kan akımını artırır. Sauna ya da buhar odasından sonra, soğuk duş yapmak, ardından birkaç dakika dinlenmek kişinin kendisini iyi duymasını sağlar.

Kaplıcaya gitmek kilo vermeme yardımcı olur mu?

Çok fazla kilo vermeyi beklemeyin; hemen hemen her zaman ancak hafif bir kilo kaybı görülebilir. Bunun nedeni, daha az yiyor olmanızla birlikte, etkinlik düzeyinizin de genelde alıştığınız normal iş yaşamınızdakinden daha düşük olmasıdır. Zamanın çoğu dinlenmeyle geçer, kaplıca bahçesinde küçük gezintiler yapılabilir, ama gerçekten enerji harcamanıza neden olacak bir etkinlik yoktur. Bu yüzden de, daha az kalori alsanız bile, daha az kalori harcarsınız. Sıcak banyolarına, saunalara, buhar banyolarına ya da terlemeye bağlı olarak yitirilen kilolar, sıvı almaya başlanır başlanmaz geri alınır, çünkü vücut, sıvı dengesini, terlemeyle yitirdiği tüm sıvıyı tutarak yeniden kurar.

Kaplıcalar, hastaların şifa bulmasında yararlı olur mu?

Kaplıcalarda, özgün hastalıklar için özgün olarak düzenlediği öne sürülen çeşitli tedaviler bulunmakla birlikte, yalnızca kaplıcaya gitmenin var olan tıbbi durumlarında kökten değişiklikler yapacağını uman çoğu kişi, hayal kırıklığına uğrayacaktır. Artrit için balmumu banyoları, astım için solunum tedavisi ve sindirim sorunları için kalınbağırsak yıkanması ve oturma banyoları kullanılır ve tüm bu sorunlarda düzelme görülebilir, ama bu düzelmenin uygulanan özgün tedaviler sonucu olması gerekmez. Gerçekten de çoğu kaplıca, kullanılan ilaçları kaplıca süresinde de almayı önermektedir. Öte yandan, yaşam biçimindeki kimi genel değişiklikler eğer ciddiye alınır ve düzenli yapılırsa, sorunlarda düzelmeye ve olasılıkla, alışılmış tıbbi tedavilerin daha düşük dozlara inmesine yol açarlar.

Türkiye'deki kaplıcalar arasında hangi hastalığa hangi merkezi önermek gerekir? Bu konuda geniş bilgiyi aşağıda sunuyorum. Menopoz ve menopoz sonrası birçok sorununuzu buralarda giderebilirsiniz. Her yıl bir kaplıcayı seçmenizi öneririm. Size Türkiye'deki bazı kaplıcaların bir kısmının listesini sunmak isterim:

Denizli Pamukkale Kaplıcası:

Denizli'ye 20 km uzaklıktadır. Pamukkale'nin bulunduğu alandadır. Karstik alanlardan çıkan suların bünyesindeki kireç çözeltisi buharlaşma ve sudaki karbondioksitin ayrışması sonucu çökelerek genellikle beyaz renkte ve pamuk balyalarını andıran kalker tüfleri Pamukkale travertenlerini oluşturmuştur. Kaplıca suları kalp, damar sertliği, tansiyon, romatizma, deri, göz, raşitizm, felç, sinir ve damar hastalıkları, ılık içildiğinde spazmlı midelere iyi gelmektedir. İdrar söktürücüdür. Böbrek kum ve taşlarında, idrar yolu iltihaplarında etkilidir.

Serpin Manyas Kaplıcaları:

Serpin Manyas, Manyas'ın çok ünlü kaplıcalarından biri. Birçok hastalığın tedavisi için bu kaplıcaları her mevsim çok sayıda insan ziyaret eder. Burası sorununa hiçbir şekilde çözüm bulamayan ve Serpin Manyas'a iyileşen hastalar tarafından "mucize su" olarak anılmış ve adı da öyle kalmış. Tedavi ve kür uygulamalarında "mucize" yarattığı da görülmüş. Suların sıcaklığı 55 derece dolayında. İçinde sodyumklorür, potasyumklorür ve magnezyumklorür bulunan bu sular romatizma için tedavi edici özellik taşır. Kadın hastalıkları, deri bozuklukları, karaciğer ve idrar yolları rahatsızlıkları için de yararlıdır.

Bayındır Ilıcaları

Bayındır Ilıcası, Bayındır'ın kuzeydoğusunda Turgutlu yolu üzerinde 8 km uzaklıktaki Ergendi Ilıcası Dereköy Kaplıcası'ndan oluşur. Birbirlerine 15 dakika uzaklıkta bulunan kaplıcalardaki su sıcaklığı ortalama 40 derece dolayında. Kükürt ve sodyumbikarbonat ihtiva eden kaplıcaların daha çok romatizma ve deri hastalıklarının tedavisinde başarılı olduğu belirtilir. Hangi kaplıcanın hastalığınıza iyi geleceğine, ne kadar müddetle faydalanacağınıza doktor karar vermelidir. Günde kaç defa, ne zaman ve ne miktarda içileceği yine doktor tarafından tavsiye edilmiş olmalıdır.

Bergama Banyoları:

Bergama'ya 4 km uzaklıkta buluna güzellik ılıcası kubbeli ve iki mermer havuzlu bir kaplıcaya sahip. Antikçağ döneminde kurulduğu belirtilen kaplıca "Eskülap Banyoları" adı ile yüzyıllarca ününü sürdürmüş. Bugün ağaçlık bir alanda bulunan kaplıcanın bitişiğinde Bergama Belediyesi'ne ait bir otel bulunuyor.

Samsun Havza ve Ladik Kaplıcaları:

Havza, Karadeniz'in en önemli kaplıca merkezlerinden biri. Yeni ve eski binalardan oluşan beş hamamın yanı sıra termal otel ve moteller de mevcut. Birçok hastalığa derman olduğu söylenir. Ladik ilçesinde bulunan kaplıcaya, tedavi ve kür uygulamalarında içerdiği radyoaktif elemanlarından dolayı "Gençlik Suyu"da denilir. Havza ve Ladik'teki kaplıca sularının başta romatizma hastalıkları olmak üzere, kadın hastalıkları, sinirsel hastalıklar, eklem ve kireçlenme gibi hastalıkların tedavisinde olumlu etki yaptıkları tıbbi olarak kanıtlanmıştır.

İzmir Çeşme Ilıcaları:

İzmir Çeşme yolu üzerinde ve Çeşme'ye 5 km uzaklıkta deniz kıyısında bulunan Çeşme Ilıcaları, plajı ve ılıcası aynı yerde olan dünyanın en ilginç ve zor bulunur ılıcalarından biri. Suların sıcaklığı 58 derece dolayında. İçinde sodyumklorür, potasyumklorür ve magnezyumklorür bulunur. Romatizmanın kronik her şekli, gut, şişmanlık gibi metabolizma bozuklukları ile raşitizm, kadın, deri hastalıkları, karaciğer ve idrar yollarının ağrılı hastalıklarında yararlı. Çeşme Ilıcaları'na ulaşım Üçkuyular'dan kalkan Çeşme otobüsleri ile de mümkün.

İzmir Balçova Kaplıcaları:

Antik dönemlerden bugüne şifa yurdu olarak kullanılır. İskender ordularından bir grubun yaralarını tedavi ettikleri bu kaplıcalar, o dönemde büyük kullanıma sahip olmuş, tesisler inşa edilmiş ve geliştirilmiş.

Denizli Karahayıt Kaplıcaları:

Pamukkale'nin 5 km kuzeyinde Karahayit Kasabası'ndadır. Suyunun sıcaklığı Pamukkale'nin sularından daha fazla (42, 50, 56), serbest karbondioksitorani daha az, radyoaktivitesi yüksektir. Kalp, damar sertliği, yüksek tansiyon, romatizma, siyatik, deri ve sinir hastalıklarından bazılarına, limbo, uyuz, sivilce, kaşıntı gibi hastalıklarda şifalıdır.

Afyon Gazlı Göl: romatizma, solunum yolları, sindirim sistemi, şeker.

Ankara Haymana: böbrek, kalp-damar, romatizma, sindirim sistemi.

Ankara Kızılcahamam: solunum, sinir, kas, kemik, kadın hastalıkları.

Aydın Germencik-Alangülü: şişmanlık, göz, kalp-damar, kolesterol, sindirim sistemi, solunum.

Balıkesir Gönen: romatizma, sindirim, solunum, karaciğer, şeker.

Bolu Termal: kalp-damar, kolesterol, şişmanlık, kas, kemik.

Bursa İnegöl-Oylat: romatizma, böbrek, idrar yolları, taş düşürme.

Erzurum Pasinler: çocuk hastalıkları, şişmanlık, solunum, kas, kemik, cilt, şeker.

Yalova Termal: karaciğer, safrakesesi, sindirim, şeker, romatizma.

Kayseri Bayramhacı: solunum, kas, kemik, sindirim sistemi, çocuk hastalıkları.

Kırşehir Terme: romatizma, sindirim, solunum, kadın hastalıkları, kalp-damar.

Konya Ilgın: şeker, sindirim, böbrek, idrar yolları, solunum.

Kütahya Gediz: karaciğer, safrakesesi, kas, kemik.

Manisa Salihli: cilt, solunum, sindirim sistemi.

Mardin Germiab: sinir sistemi, solunum, kas, kemik, cilt.

Muğla Bodrum-Karaada: kadın ve çocuk hastalıkları, solunum, kas, kemik.

Nevşehir Kozaklı: romatizma, kadın hastalıkları, kalp-damar.

Niğde Çiftehan: solunum, sindirim sistemi, cilt, kas, kemik.

Ordu Ilıca: kanda yüksek yağ oranı, karaciğer, safrakesesi, sindirim sistemi, romatizma.

Rize Çamlıhemşin: böbrek, idrar yolları, cilt, kas, kemik, sinir sistemi hastalıkları.

Sivas Kangal-Balıklı-Çermik: sedef, akne, romatizma, sinir sistemi.

Yozgat Boğazlıyan: solunum, sinir sistemi, kas, kemik hastalıkları.

TÜRKİYE'DEKİ MENOPOZ KLİNİKLERİ

Ülkemizde edindiğim izlenime göre, menopoza giren kadınlar 20 yıl öncesine kıyasla menopozla her şeyin bitmediğine artık inanıyorlar. Sağlıklarını korumak için çaba sarf etmenin gerektiği bilincine varmışlar. Bu, çok olumlu bir gelişme. Kitabımız Türkiye'nin her yerine dağıtıldığı için, değişik bölgelerde başvurabilecekleri menopozla ilgilenen hastanelerin isimlerini vermeyi, sizlere yardımcı olmak gayesiyle, uygun buldum. Esasen okuyucularımız bütün kadın hastalıkları ve doğum uzmanı meslektaşlarımızdan ve kadın doğum bölümü olan özel hastanelerden yardım alabilirler.

Marmara

İstanbul Çapa Tıp Fakültesi
Cerrahpaşa Tıp Fakültesi
Marmara Üniversitesi Tıp Fakültesi
Okmeydanı Doğumevi
Zeynep Kâmil Hastanesi
Süleymaniye Doğumevi
Bakırköy Devlet Hastanesi
Samatya Devlet Hastanesi
Şişli Etfal Hastanesi
Edirne Tıp Fakültesi

İç Anadolu

Ankara Numune Hastanesi
Ankara Üniversitesi Tıp Fakültesi
Ankara Zekâi Tahir Burak Kadın Hastanesi ve Doğumevi
GATA
Gazi Üniversitesi Tıp Fakültesi
Hacettepe Üniversitesi
Sivas Tıp Fakültesi
SSK Etlik Doğumevi

Ege

Dokuz Eylül Üniversitesi Tıp Fakültesi
Ege Üniversitesi Tıp Fakültesi
İzmir Devlet Hastanesi
Konak Doğumevi Hastanesi
SSK Tepecik Doğumevi, Menopoz Kliniği

Güney Marmara

Bursa Uludağ Üniversitesi
Eskişehir Osmangazi Üniversitesi Tıp Fakültesi

Akdeniz

Akdeniz Üniversitesi Tıp Fakültesi
Çukurova Üniversitesi Tıp Fakültesi
Selçuk Üniversitesi Tıp Fakültesi

SONSÖZ

Bu kitabı okuduktan sonra artık içinizin rahat olduğuna eminim. Artık menopozla karşınıza çıkabilecek bütün sorunları biliyorsunuz. Fakat en önemlisi, artık bütün bu sorunların nasıl üstesinden geleceğinizi biliyorsunuz. Şüphesiz bu kitap sayesinde, yaşama bakışınız değişiyor ve artık dünyanın, daha önceki yıllardaki gibi, ne kadar güzel olduğunu görebiliyorsunuz. Hele yılların getirdiği kişisel deneyimlerinize bu kitaptaki sağlık bilgileri eklenince, artık sağlıklı, bilinçli, mutlu bir yaşam sizi bekliyor demektir.

Bu sağlık bilgileri ve önerileri çerçevesinde sağlık, dinginlik ve mutluluğu yakalayabileceğinizi ümit ederim. Sağlıklı bir menopoz için altı ayda bir kadın hastalıkları Uzmanı'na gitmeyi unutmayın.

Dr. Akif Poroy
Kadın Hastalıkları ve Doğum Uzmanı
Büyükada/Nişantaşı İstanbul
Nisan 2006

Cinsellikle ve cinsel sağlıkla ilgili aklınıza gelebilecek tüm soruların yanıtlarını bulacağınız bu kitaptaki teknik bilgi, öğreti ve önerilerle ufkunuz açılacak, cinsellikte ve yaşamda mutl uolmanın sırlarını öğeneceksiniz. Cinselliğin doğallığını yakalayacak ve sorunlarınıza çareler bulacaksınız. Eşler bu kitabı okuduktan sonra aralarındaki cinsel sorunlara ve iletişimdeki kopukluklara daha olumlu yaklaşacaklar ve önerilerimiz dğrultusunda doyurucu bir cinsel yaşama sahip olabilecekler.

Yıllardır, orgazm olamama, vajinizm gibi cinsel sorunların tedavisini yapan Dr. Akif Poroy, yarısı Amerikan ve Alman ekollerinde olmak üzere, tıbbi seksoloji alanındaki 30 yılı aşkın deneyim ve birikimin bu kitapta kuyucularına sunuyor. Cinsel tekniklerden, aşk ve feromonlara, erken boşalma sorunundan iktidarsızlık yapan ilaçlara, transvestizm ve biseksualite gibi cinsel sapmalarda kalp krizinden sonra cinselliğe, şeker hastalarının cinsel yaşamından yaşlılarda cinsel yaşama, AIDS ve Hepatit B gibi cinsel yolla bulaşan hastalıklardan cinselliğin yüceltildiği Uzakdoğu öğretilerine kadar, cinsellikle ilgili tüm konular ayrıntılı olarak irdeleniyor.

Cinsellik El Kitabı kaynak kitap olarak bütün kütüphanelerde ve herkesin evinde bulunması gereken bir yapıt...

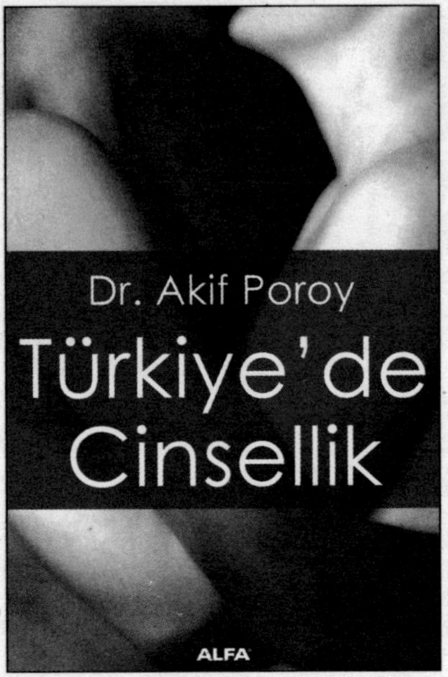

Cinsellik, her ferdi ilgilendiren, hem beden hem de ruh sağlığı açısından insan üzerinde büyük etkileri olan, aynı zamanda çözülmesi zor toplumsal sorunlara neden olabilen hassas bir konudur ve sağlığımızın en temel olgusudur.

Amerikan ve Alman ekollerinde Kadın Hastalıkları ve Doğum Uzmanı olarak uzun yıllar çalışan, tıbbi sosyoloji dalında pek çok araştırma yapan Dr. Akif Poroy, on birinci kitabı olan **Türkiye'de Cinsellik**'te orgazm olamama, vajinizm, erken boşalma gibi cinsel sorunların tedavisi ile ilgili yıllardır uyguladığı çözüm yöntemlerini sunuyor. Çokeşlilik, dulların cinsel yaşamı, cinsel fantaziler, sanat, edebiyat ve modada cinsellik, ünlülerin yaşamı, lezbiyenler, homoseksüeller, transtestit fuhuşu, ensest, AIDS, müzikte tedavi gibi bazı konu başlıklarının yanında karşılaştığı ilginç vakaları da okurlarıyla paylaşıyor.

Türkiye'de gerek toplumsal gerek dini açıdan bir tabu olarak kabul edilen cinselliğin nasıl yaşandığını, inanılmaz örnekleriyle, bütün ayrıntılarıyla bu kitapta okuyacak, cinsel sapmaları, cinsel sorunları, cisle yolla bulaşan hastalıkları ve bunlardan nasıl korunacağınızı öğreneceksiniz.

Türkiye'de Cinsellik kaynak kitap olarak herkesin evinde bulunması gereken bir yapıt....